完全版 検証・免田事件

熊本日日新聞社 編

現代人文社

『完全版　検証・免田事件』の発刊にあたって

　2017年暮れのことだった。
　福岡県大牟田市に住む免田栄さん、玉枝さん夫婦を訪ねた。免田さんご自慢の家庭菜園を横に見ながら向かうと、免田さんは自宅前の小さな椅子に腰掛け、待っていた。訪ねて行った日は小春日。風もなく、大牟田市の工場群からの煙が真っすぐ上がっていた。
　この年、2017年7月15日は、わが国初の確定死刑囚が無罪になった再審免田事件の熊本地裁八代支部判決から34年だった。死刑囚としての免田さんの獄中生活が34年。「自由社会」に出てきてからが34年。やっと同じ時間になった。やじろべえで言えば、ようやく右と左がつり合う形になる。それにしても、である。獄中の34年という時間の長さ。しかもそれは死刑囚としての34年である。なぜこれほどまでに長く日本の司法は誤りを正せなかったのか。何回繰り返しても繰り返し過ぎることのない問いだろう。
　生身の免田さんはしかし、どこかユーモアの漂う人である。玉枝さんは2人の年齢のことも考え、今後のこととして入院した際の例えば病室のことなどを心配するのだが、本人は「向こうではずっと一人だったけんなあ」と、相部屋になっても心配することはないと玉枝さんを気遣うのである。免田さんと玉枝さんが結婚したのは、無罪判決が出た翌年のことだ。三池労組（福岡県大牟田市）で働いていた玉枝さんが免田さんへ講演依頼に行ったのがきっかけだった。2人の二人三脚も30年を超えた。
　「いろんな人に支えられまして」と玉枝さんは言う。2人が出たテレビのドキュメンタリー番組を見たのがきっかけで、米やお菓子、カンパを毎月送ってくれる人がいる。お正月にはカンパの額も増えるという。
　しかし、免田さんにとってやはり獄中の34年は厳しかったに違いない。免田さんは今も寝るとき以外、横になることはない。独房時代の習慣ということのようだ。抜けない癖である。一方で、権力には負けなかった、という密やかな自負をみせる時もある。
　玉枝さんは北九州・八幡の生まれ。米軍の空襲で焼け出され、炭鉱にいた兄

を頼って大牟田にやって来た。その兄も免田さんとの結婚には反対し、結婚式には姪が参列した。

　その玉枝さんがこんな話をしてくれた。免田さんの義母の法要の時。親族が集まった席で、事件の話になり、「あのころは（地元に居づらくて）北海道にでも移住しようかと思った」という声が上がったことから、思わず言ったのだという。「一番つらかったのは免田ですよ」、と。冤罪は罪に問われた人はもちろん、その親族、一族も巻き込んでいく。

　免田さんは90歳を超え、玉枝さんも80歳代となった。本書で詳しく触れるが、紆余曲折の末に年金がようやく下りるようになった。免田さんから見れば、年金一つとっても私たちの社会にはこんな不備がある。

　免田さんがある時、言ったことがある。「人間は自分の背中が見えない」。聞いて、どきりとしたものである。確かにそうだ。だから私たちは謙虚であらねばならないのだ。自分の後ろ姿を見るには合わせ鏡が必要である。『完全版　検証・免田事件』が、私たちの社会を見る合わせ鏡の一つになれば、と思う。

　1983年7月15日の再審免田事件の無罪判決を受けて、熊本日日新聞社の182回にわたる連載「検証　免田事件」を日本評論社から出版したのは1984年だった。その後の免田さんをめぐる熊本日日新聞の連載や記事も入れ、『冤罪　免田事件』として新風舎文庫になったのが2004年。再審公判時の河上元康裁判長のインタビューなどを新たに加えて現代人文社から『新版　検証・免田事件』を発刊したのは2009年である。

　今回は、2009年以降の免田さんと玉枝さんの暮らしぶりや動きなどを入れて、『完全版　検証・免田事件』とした。無罪判決以降、4冊目の本になるが、誤捜査、誤判は今も続いている。その度に少なくない人が激しく大きな渦に巻き込まれ、人生が変わった。裁判員裁判も始まり、司法が大きな曲がり角にある今、死刑囚が再審無罪になった免田事件と免田さんの生を学ぶ意味は一層大きくなっている。本書を編みながらあらためてその思いを強くした。

　2018年5月

　　　　　　　　　　　　　　　熊本日日新聞社論説顧問　髙峰　武

『新版 検証・免田事件』の発刊にあたって

免田さんとの旅

　2009年1月、免田栄さん（83歳）と旅に出た。

　旅と言っても、わずか2泊3日の東京への旅。

　東京経済大学現代法学部の大出良知教授のゼミ講演と、アムネスティ・インターナショナル日本が主催するフィルム・フェスティバル（東京・新橋）での映画監督・作家、森達也さんとのトークを行う旅である。私は、付き添いといった立場で、東京経済大学では学生たちを前に、免田さんと一緒に壇上にも上った。

　2人の珍道中ではあったが、まずは朝早く、JR大牟田駅から列車で来る免田さんを熊本駅で迎えた。免田さんが住んでいるのは福岡県大牟田市。無罪判決の翌年1984年に玉枝さんと結婚以来、ずっと大牟田暮らしである。熊本県には近いが、しかし熊本県ではない。熊本生まれの免田さんの、古里との微妙なこの距離感こそが、無罪判決後の免田さんの"立ち位置"を象徴しているように思う。

　大牟田について免田さんは「暮らしやすいですよ」と言う。かつて三井三池の炭鉱の町として、近代日本を牽引する原動力にもなった大牟田には、沖縄をはじめ実にいろいろな所からさまざまな人たちが移り住んでいる。免田さんの回りにも、それぞれの歴史を持つ人たちがいる。奥さんの玉枝さんも、北九州・小倉の出身だ。「いろんな人たちがいますよ」。免田さん自身もそうした人たちの一員、という風である。

　飛行機はあまり好きではないという免田さんだが、時間の関係で空の旅となった。熊本から羽田まで90分ほどの旅である。

　「あと7年ですよ」。機内で、免田さんの口からそういう言葉を聞いた。「平成が大正より長くなりましたなあ」とも。免田さんは大正14年生まれ、翌年から昭和となった。

　「7年」とは何か。聞き返すのも憚られて、一人自問を続けた。「7年……」。免田さんが獄中にあったのは34年余。無罪判決から2009年で26年。そうか、「あと7年」すれば、獄中にいた時間と、自由になって以降の時間がようやくほぼ同じになるのだ。獄中にあった時間の何という長さだろう。冤罪とは、こんな

にも酷い時間を無辜なる人に押しつけることなのか。返す言葉がなかった。
「日本人は、因果応報という言葉が好きな国民だ」。免田さんの口癖である。裏返して言えば、「更生という視点がない」ということになる。

アムネスティのフィルム・フェスティバルでは「免田栄　獄中の生」（小池征人監督、1993年、シグロ）の上映の後も、免田さんは「更生」ということを語った。私たちは再犯率という言葉を使う。刑を終えて出所した人が再び犯罪を犯す割合である。免田さんが問うているのは、「そういう社会の側の受け入れ体制はどうなんですか」ということである。

晴れて無罪判決を受け、暮らし始めた「自由社会」。しかしそこで免田さんが感じたのは自分に対する「刺すような視線」だった。「しゃばの受け入れ体制はどうなのか。わが身を省みず、安易に再犯の数字だけを語ってはいないか」。そう問うているのだ。

話を聞きながら、私自身の苦い出来事を思い起こした。

北朝鮮による日本人拉致事件が明るみに出たころだ。在日朝鮮人の大学の同級生から年賀状が届いた。年賀状にはおおよそ、こんなことが書かれていた。「拉致事件はひどい事件だ。許せない。しかし、北朝鮮に関する一連の報道でどうしても言っておきたいことがある。戦後、日本から祖国への帰還事業があったが、その時、北朝鮮のことを"この世の楽園"と宣伝したなどと、揶揄気味に伝えられている。しかし、一度考えてほしい。それは、朝鮮人が置かれた当時の日本の状況があまりにも過酷だったためでもあることを。祖国をそんなふうに夢見なければやっていけない日本の現実があった。そこにも目を向けてほしい」

いつも笑顔を絶やさない友人の強い調子の言葉に、自分たちの社会を自省の目で見ることの難しさをあらためて思ったものだ。

東京での用件も終わり、免田さんと熊本に帰った。「次の遠出は、鹿児島の指宿ですバイ」と言う。講演かと思った私に、先回りするように免田さんは笑った。「家内が温泉に行こうと言うもので。荷物持ちですタイ」

「弁護活動の集大成」

1983年の再審無罪判決から2009年は26年目である。当然のこととして、関係者それぞれにさまざまな歳月を刻んでいる。

再審免田事件を担った弁護士は7人だった。当時は黒沢明監督の映画にちなみ、「7人の侍」とも呼ばれたが、今も元気なのは、眞部勉さん（千葉）と古原進さん（長崎・佐世保）の2人だけだ。尾崎陞弁護団長、佐伯仁、倉田哲治、

川坂二郎、荒木哲也の5氏は鬼籍に入った。

　眞部勉弁護士に会ったのは2009年3月。東京・霞が関の日弁連会館。春の雨が日比谷公園の緑を濡らしている。82歳になるが、3年ほど前から弁護士の方は「事実上の休業状態」と笑う。1960年の弁護士登録。青梅事件や有楽町ビラまき事件の弁護人としても知られる。

　再審免田事件の無罪判決を、「物的証拠から事件をみた判決」と評価する。しかし、免田事件の判決以降も冤罪は後を絶たない。それはなぜか。「裁判官に、自白があるから間違いないという思い込みがあるからではないか。（犯行を）やったに違いないという立場から証拠を見てしまう」。眞部さんの分析である。

　気になるのはこのところまた、再審の扉が狭くなったように感じることだ。再審の扉を大きく開けることになったのは、1975年に最高裁が出した「白鳥決定」だが、眞部さんは、「『白鳥決定』が指摘した、証拠の総合評価という考えが重要視されず、昔に帰っているのではないか」と危惧している。

　よく通る声は26年前の判決のころと同じだった。「免田事件は私の弁護活動の集大成ですよ」。そう言う眞部さんと別れた後、不思議なことに気付いた。免田さんと眞部さんは、ほぼ同じ年齢なのだ。片や獄中にあり、片や弁護人、人の軌跡の、何という違いだろうか。

　古原進さん（73歳）は長崎県佐世保市で、今も法廷に通う日々。「そうですか、免田さんはお元気ですか。私は通常の市民生活で惹起する事案をやっていますよ」と笑う。福岡に拘置されていた免田さんを支え続けた古原さんだが、免田さんよりも一回りほど若い世代である。眞部さんの年齢とともに、名状しがたい不思議な年齢の感覚。それは、獄中にあった免田さんの時間が「止まっていた」からだろうか。

風雪に耐える捜査

　再審公判を担当した主任検事の伊藤鉄男さん（61歳）と会ったのは眞部弁護士と会った前日。日弁連会館と並ぶ検察庁舎。最高検次長検事である。

　伊藤さんは再審免田事件の無罪判決を聞いた後、千葉地検を経て東京地検刑事部の本部係となった。警視庁が捜査本部を設けた事件を担当する部署で、前任の千葉時代も含めると丸5年、約50件の困難な捜査一課事件と向き合った。心掛けたことの一つは犯人とされた者の話をよく聞くことであり、もう一つは客観的な証拠物を徹底的に探し、自分で分析し、検討することだった。免田事件を担当したことからの教訓という。

「若い時に（免田事件と）出合って本当によかった。死刑囚が再審で無罪になるという衝撃的な事件。検事にとって、どういう事件を経験するかは大きな意味を持っている」

なぜ、冤罪免田事件が起きたのか。検察官の立場でどう反省しているのだろうか。

「記録を読み直してまず思ったのは、捜査が実に粗い、ということだった」。そう振り返りながら「最初のころは、当時は旧刑事訴訟法から新刑事訴訟法への転換期で混乱があったんだろう、というふうに思っていた。しかし、今でも（捜査に）失敗しているし、そう古い話ばかりではない、ということがある。人間のやることだから、間違えることがあると常に自戒する必要がある」と言う。この言葉は、「自戒を忘れた時に（捜査が）誤る」と言い換えることもできるものだろう。事実、誤った捜査は今も起きている。

財団法人日本刑事政策研究会報『罪と罰』（平成15年8月号）に、伊藤さんが「風雪に堪える捜査」というタイトルで寄せた一文がある。伊藤さんが生まれたのは、免田さんが逮捕されることになった事件が起きた1948年である。

「私が生きてきたのとほぼ同じ約34年ぶりに釈放された『犯人』の人生は何であったか。『もし無罪と言うなら、真犯人を捜してくれ』と言う遺族の声に、我々はただ黙って俯くしかなかった。（中略）この事件を通じ、私は、刑事裁判の怖ろしさ、残酷さを実感した。時の経過に左右されない捜査・公判がいかに大切であるかを痛感し、それ以来、ことあるごとに『風雪に堪える捜査』と言い続けている」

検事としてのモットーを聞かれると、「強く、厳しく、しかし謙虚に」と答えている。『罪と罰』にはこんなくだりもある。「神様でない、人が人を裁く、あるいは刑事責任を追及する。誠に畏れ多いことであり、その畏れの気持ちが我々を謙虚にさせる。この畏れ多いという気持ちは、免田事件から学んだ教訓で、これが私に『風雪に堪える捜査』を唱え続けさせるのである」

裁判員制度について聞いた。精密司法とも呼ばれる日本の刑事裁判を担ってきた検察の現場には、当初、司法制度改革に消極的な意見が多かったとも聞く。

「刑事裁判の目的は、その人が罪を犯したかどうか、そして犯した罪に相応の刑罰を与えるという2点だ。検察としては、裁判の質を維持した上で国民参加を実現させるための分かりやすく核心を突いた捜査をするということに尽きる」。

実際の審理はどうなるのだろうか。控訴審はこれまで通り、職業裁判官だけだ。「高裁も一審の判断を尊重することになるだろう。これまでのように例えば一審

が懲役10年だったのを高裁が8年にするということにはならないのではないか」。そう答えた伊藤さんに、「不安はないか」と聞くと、「未知の世界なので心配はあるが、最初からすぐにうまくいくとは思わない。足りないところがあれば見直し、訂正をしたい」。

東京地検特捜部長、同地検検事正、高松高検検事長を経て、2009年1月、検察の「要」とも言える最高検次長検事となった。

『検証 免田事件』が日本評論社から出版されたのは1984年8月のことだった。それから「冤罪免田事件」というタイトルで、その後の記事も入れて新風舎文庫になったのが2004年9月。今回の『新版 検証・免田事件』は3度目の出版ということになる。『新版 検証・免田事件』には、『検証 免田事件』を再掲したほか、当時の弁護士、検事の再取材と、再審免田事件の判決を書いた河上元康・元裁判長のロングインタビューを新しく行った。

免田さんという、およそ日本人が経験したことのない体験をされた方と知り合って30年近くになる。時代を形作る時間の流れの速さと、その一方での変わらない課題の多さを考えると複雑な気持ちにもなるが、免田さんという一人の人間が生涯をかけて訴える言葉に耳を傾け続ける中にしか、課題の答えはないものと思っている。

2009年5月

熊本日日新聞社　論説委員長　高峰 武

文庫版まえがき

免田さんという人

　こんな書き方をしたら、誤解を受けるかもしれないが、あえて書いておきたいことがある。それは、免田栄さんの人柄に関することである。

　わが国初の死刑囚再審で無罪となった免田栄さん。地元紙である熊本日日新聞の記者たちの間では（私もその中に入るのだが）、再審判決を前にいろいろなことが話題になっていた。その中の一つに人柄に関すること、つまり「どんな人か」ということがあった。

　なにせ、免田さんが連行されたのは1949（昭和24）年1月13日。そして再審判決が1983（昭和58）年7月15日。この間、34年余り。免田さんは獄中から無実を訴えていた。獄中の免田さんと面会した唯一の記者は再審判決当時の平山謙二郎編集局長だったが、それも一回きりである。取材班の誰一人、「素」の免田さんに会ったことはなかった。私について言えば、事件発生の頃にはまだ生まれていない。

　再審公判が開かれるようになって、担当記者はようやく姿を見、肉声を聞くようになるのだが、それでも記者が免田さんと自由に言葉を交わすことなど出来ない相談だ。

　そんな状況での、冒頭の「どんな人か」の話である。誰かが言った。「34年も死と向き合って来た人だから、お釈迦さんではないが、悟りきったような人になっているのではないか」

　この発言に、皆が妙に納得したものだ。死と向き合った孤独な34年。お釈迦さんといえば、当の免田さんがびっくりするだろうが、人生のすべてを包み込み、「悟りきった」ということでは確かにそういう想像が皆に働いたのだった。

　無罪判決、釈放、里帰り、喧噪の日々を経ての社会復帰。そして結婚。各地での講演行脚。こうして今年、無罪判決から21年である。この間、濃淡はあったものの、免田さんの歩みに私たちは自身の歩みの一部を重ねて来た。

　そこで分かったことが幾つかあるが、冒頭の人柄のことで言えば、免田栄とい

う人は、要は、「普通の人」であった。酒も飲めば、カラオケも歌う。興が乗れば大きな声にもなる。冗談も言うし、怒ることもある。ちょっと悪ぶったところだってある。獄中から見つめ続けてきた「社会」というものへの洞察は鋭く、深いが、しかし免田さんは「聖人君子」でもなければ、まして私たちが当初予想した「悟りきって」出て来た人ではなかった。免田さんはどこまでも「生身のまま」であった。

　そして私たちが気づいたのが「生身のまま」だったが故に、「犯人に仕立てられたのではないか」ということだった。獄中体験は精神の深い所で免田さんという人の骨格を作っているが、背骨とも言うべき部分は「普通の人」だ。「普通の人」が犯人に擬せられ、死刑囚とされた。司法に自らの誤りを認めさせるのがどれほど困難なことか。免田さんが獄中で、そして「自由社会」に出た後も自らの生き方で示している通りである。免田事件は、個別、特殊ではなく、「普通の人」にふりかかった事件であった。

自由社会

　免田さんは今、奥さんと福岡県大牟田市に住んでいる。大牟田市は福岡県の南端、熊本県境の街である。

　免田さんの趣味と言えば、家庭菜園と近くの川での魚捕り、ということになろうか。隠れた技は、白菜漬けである。「この頃は物忘れがひどくて。この前も、鍬がすぐ側にあるのに、家庭菜園中を探し回った」と苦笑いするが、しかし、「社会からの刺すような視線」は今も変わらないようだ。先日、タクシーに乗車した時のことだという。運転手が「どこかで見たような顔ですね」と言うので、自分から「免田事件の免田ですタイ」と名乗ったらしい。笑いながら話す免田さんではあるが、しかし、こういう視線に日常的に晒されること一つとっても愉快なことではないはずだ。免田さんは今もそういう日常を生きている。

　「社会の視線」とともに、私たちが考えねばならないのは、免田さんが身をもって問いかけた問題がほとんど解決されることなく残っていることだ。

　法曹三者がスクラムを組んで司法制度改革を進めているが、その中に再審免田事件の教訓を生かそうという声がどれほどあるか。

　本書でも詳しく触れているが、代用監獄一つとっても分かる。

　代用監獄とは、警察の留置場のこと。送検後の身柄は拘置所に勾留するのが原則だが、監獄法に代用監獄の一文が盛り込まれ、留置場の勾留が常態化している。

　拘置所の不足という現実や捜査に都合がいいことなどから留置場の代用が続

いているのだが、警察の管理下に置かれ続けることから、冤罪の温床と指摘されている。しかし今回の司法制度改革で、代用監獄を正面から取り上げる動きはいかにも弱い。拘置所の増設となるとまずは予算が必要になるのだろうが、あるべき方向性とその道筋を示す論議すら見えない。

　免田さんが長年訴えている問題に死刑廃止や年金の問題がある。「保険料を納付していない」というのが国が年金を支給しない理由だが、獄中で年金制度の説明を受けた記憶は免田さんにはない。

　免田さんは、強い疑問を持つ。それは、免田、財田川、松山、島田と続いた死刑囚の再審無罪事件を、司法が「戦後のレアケース」として処理しようとしているのではないか、ということだ。これらの判決以降、再審の門がまた狭くなったように感じるのは、なにも免田さんばかりではない。

マスコミ

　本書の中核となる『検証　免田事件』(本書第2部)が日本評論社から出版されたのは1984(昭和59)年8月。地方紙の地味な連載をきっちり本にまとめてもらった。それからちょうど20年の節目の年に、新風舎から文庫化の話をいただいた。

　文庫化に当たって、今から55年前の1949年1月13日夜に連行された、いわば免田事件の始まりともなった場所まで免田さんと一緒に出向いてインタビューした(本書第1部)のをはじめ、無罪判決以降の熊本日日新聞の報道を紹介した(本書第3部)。

　20年前に本書が出た後、幾つかの書評が出た。概ね好意的なものであったが、その中に、こんな表現があった。

　「しかし、『冤罪の構造に私たちマスコミもまた荷担したという後ろめたさ』を感じている新聞記者自身による"検証　マスコミ"は、私の読み方が誤っていなければ、理論化されないままに終っているところが、惜しむべき点ではある。事件と裁判に対する緻密な筆致があるだけに、もっと踏み込んでほしいと願うのは期待過剰というものだろうか。マスコミと事件についてさらに検証を続行してもらいたい一書である」

　20年ほど前の"励まし"でもあるが、しかし、結論から言えばこの書評が指摘した構造的な分析と理論化という点で、率直に言えば、「未だし」の感がある。

　もちろん、容疑者呼称の工夫や匿名報道の増加、あるいは被疑者の言い分を早い段階で報道することなど、幾つかの点で事件報道は変わってきた。さらに、社内に第三者委員会などもつくられ、社外からの風に報道が晒される仕組みもで

きている。その変化の速度と方向性をどう評価するかは、さまざまな見方があり、その見方によって結論は大きく分かれよう。仮に厳しく評価する立場を取ったとしても、私たちは本書の対談の中で今は亡き横山晃一郎九州大学教授が指摘しているように、前記のような試みは決して賽の河原の石積み、ではないと思う。司法の世界でも、当番弁護士制度などが定着しつつある。

しかし、そのことを踏まえた上でやはり心に残る自らへの問いかけがある。それは、免田事件が今、起きたらどうするか、ということである。凶悪事件で「聖人君子」ではない「普通の人」が逮捕され、しかも警察、検察で犯行を認め、第1回公判でも認めた。こんな時に、果たして報道はどうなるか。21年前のあとがきに「『検証 免田事件』はわれわれにとって現在進行形の課題である」と書いたが、その思いは今も変わらない。

時間と時代

「もう80になりますバイ」。このごろの免田さんの口癖である。

免田さんは大正14年11月4日生まれだから、数えで言えば確かに80歳ということになる。そして続けるのだった。「しかし、80から（獄中にあった）34年は引かにゃいかん」。

免田事件を考える時、どうしても「時間と時代」ということが頭を離れない。

時間ということでは、無罪判決を言い渡した熊本地裁八代支部（河上元康裁判長）の、免田さんへの刑事補償を認める決定の一節にこんな言葉がある。

「逮捕された時点で満23歳の青年であった請求人も、身柄が釈放された時にはすでに頭髪に白いものがまじる満57歳に達しており、春秋に富むべき青年期や、充実すべき壮年期を無実の罪で獄中で過ごし、いわば人生の大半を失ったといっても過言ではない」

法律家の文章というより、一人の人間としての心尽くしの文章であるが、免田さんが歩んできた道のりが裁判官の心を突き動かしたと見るべきなのかもしれない。それにしても、獄中34年という時間の長さをどう表現したらいいのか。

もう一つ、「時代」ということがある。免田さんが生まれた翌年に大正が終わり、免田さんは昭和とともに、軍靴の高まりの中で育った。そして敗戦。20歳の青年は、価値観の大逆転を経験する。

「軍需工場」、「機銃掃射」、「闇市」、「配給」。免田さんから出る言葉には、今では消えてしまった言葉がある。戦時下の統制から一転した、戦後の混乱という「生」がむき出しになった時代。青年・免田さんの目前に広がった戦後まもない「自由」

の風景はどんなものだったか。いつの時代も若者たちは不良っぽさにあこがれるものだ。しかも、全てが「ご破算で願いましては」というような敗戦という大きな転換。20歳の免田さんには人間丸ごと解放されたような実感があったのではないか。免田さんと話していると、この「むき出しの生」の時代への、何とも言えない郷愁がにじむ。郷愁と言う言葉がふさわしくなければ、時代に対する「精神の共振」とでも言うべきだろうか。

今年、現行の警察制度が発足して50年を迎えた。免田さんが逮捕された時は、国家地方警察（国警）と自治体警察という2本立て。自治体警察が市などを管轄とし、残りを国警がカバーするという体制で、免田さんは人吉市警に逮捕された。連携の悪さなどから1954年、現在の体制へと整備、統合された。免田さんが逮捕されてから5年後のことだ。

逮捕後、免田さんは戦後の復興も高度成長も、モノトーンの塀の中から感じるしかなかった。「自由社会」に出てからは、バブルが弾け、自衛隊が海外に派遣される時代となった。

文庫化の作業中に、免田さんから手紙が来た。一緒に55年前の連行現場に行ったことに触れ、「歳月は全てをかえてしまい、ただトロ線の跡のみ熱い思いを残しています」とあった。

トロ線の跡とは、免田さんが連行された木材搬出用のトロッコ列車の線路跡のこと。今は地区の生活道路となっていた。同じ道を歩いたあの時、免田さんの胸には、私たちとはまったく別の「熱い思い」が沸き上がっていたのだった。当たり前だが、風景一つとっても、見る人によって見える風景が違うものだ。

免田さんが生きた年月と時代を、読者のみなさんと共有できればと思う。

2004年7月

　　　　　　　　　　　　熊本日日新聞社　編集局次長　高峰　武

目次

『完全版　検証・免田事件』の発刊にあたって ……… 2

『新版 検証・免田事件』の発刊にあたって ……… 4

文庫版まえがき ……… 9

よう生きてきた、よう生かされとる──35年目の免田事件 ……… 19

第1部　「免田事件」を聞く

河上元康・元裁判長インタビュー
誰もが納得できる判決を目指す ……… 25

免田栄さんインタビュー
本当の民主主義をどう根付かせるか ……… 31

第2部　「検証 免田事件」

『検証 免田事件』まえがき ……… 38

プロローグ──34年目の無罪判決 ……… 40

第1章 ◇ アリバイ ……… 45

1　**全面否認** ……… 47
　　第2回公判で初めてアリバイを主張　／　"白福家、入っていない"
　　焦点の日を浮き彫りに　／　29、30日を検討　／　30日が最大のポイントに

2　**兼田証言──アリバイの決め手** ……… 52
　　兼田供述が支えに　／　検察も訪問認める　／　移動証明書の発行は28日
　　台帳と通帳の重み　／　1枚の領収証　／　移動証明書の存在

3　接客婦証言——二転三転した危険な証拠 ……… 57
　　「丸駒」宿泊は何日か？　／　完全に一致する玉代　／　供述支える職員手帳
4　半仁田証言——33年目の検察側新証人 ……… 61
　　出現した目撃証人　／　不可解な出頭の動機　／　物証が語る免田の足跡
　　論告を痛烈に批判

第2章 ◇ 自白 ……… 67

1　破綻した自白調書 ……… 69
　　6通の自白調書　／　難航した捜査　／　令状、証拠もなく連行
　　手続き面のズサンさ　／　睡眠も与えられず　／　任意性にも残る疑問
2　不明確な犯行の動機・態様 ……… 76
　　弱い強盗殺人の動機　／　白福家、知っていたか　／　持っていなかったナタ
　　利き腕は左なのに　／　トランク、物色したか　／　逃走口にも疑問
3　疑問の多い犯行時刻 ……… 81
　　犯行時刻の不一致　／　時計を持っていたか　／　逃走経路への疑問
　　免田さんの逃走経路とされた道順　／　全くない秘密の暴露　／　幻の六江川？
　　事実と異なる服装
4　鑑定論争 ……… 88
　　再審の突破口になった鑑定　／　ノドの傷はとどめか　／　ナタの血痕をめぐって
　　全証拠を検討対象に

第3章 ◇ 錯乱 ……… 93

1　強いられた自白 ……… 96
　　突然の逮捕、追及　／　健康もすぐれず　／　密室の中での取調べ
　　二つの自白　／　弱さをつかれて……　／　闇から闇へ
　　特殊な状況下の人間
2　ひきつがれた自白 ……… 104
　　第1回公判を検討　／　"だれも取り上げぬ……"　／　打ち合わせもなく
　　激動の戦後混乱期　／　強かった取調べの影響

第4章 ◇ 人間模様 ……… 111

1. **死の恐怖** ……… 113
   戦後の混乱のなかで

2. **無実を信じて** ……… 115
   "名家"の誇り一転 ／ 重苦しい霧も晴れ ／ 心の師
   多くの苦難乗り越え

3. **7人の侍** ……… 123
   1通の手紙から ／ 「疎漏な捜査」 ／ 組織をあげて
   六次再審と7人の侍 ／ 判決生かしてこそ ／ 人権を守って

4. **忘れられぬ事件** ……… 129
   事実認定の重み ／ "法律は常識だ" ／ 確定判決の重み
   風雪に耐える捜査

5. **癒えぬ傷** ……… 134
   判決にかけた願い ／ まるで加害者扱い ／ 一貫しない証言
   同情よりも真実を

インタビュー：死の恐怖──免田さんが語る事件史 ……… 138
   錯乱状態にされ自白 ／ 再審に「やった！」 ／ 処刑の夢に冷や汗

第5章 ◇ 再審 ……… 141

1. **死刑判決** ……… 143
   立ち入った説明のない死刑判決 ／ 証拠物のナゾ
   消えかかっていた証拠に光

2. **幻の決定** ……… 147
   再審の扉、初めて開く ／ 手探りでスタート ／ 未開示記録に光
   "法の安定"が再審阻む ／ "無辜の救済"使命に

3. **再審へ一点突破** ……… 152
   やり直し、きわめて異例 ／ 一点突破の第六次再審請求
   大きかった「白鳥決定」 ／ 甘くみた証拠 ／ 司法の威信
   遅かった「白鳥決定」 ／ 裁判官も十分な反省を

第6章 ◇ 捜査 ……… 163

1 **自白偏重** ……… 165
   新しい刑事訴訟法もスタートしたが…… ／ 県警の中にある奇妙な沈黙
   "古くて新しい問題" ／ とまどい（？）があった捜査

2 **内部資料** ……… 170
   3冊のマル秘資料 ／ 「無罪・不起訴事件の検討」 ／ 「犯人誤認事件の実態」
   「起訴後真犯人の現われた事件の検討」 ／ 生かされぬ反省

第7章 ◇ 冤罪の救済と社会 ……… 177

1 **教訓** ……… 179
   誤判を生む鑑定の誤り ／ 鑑定は全資料を基に ／ 自白作る代用監獄
   拘禁二法案 ／ 再審法の改正を ／ 法のエアポケット
   冤罪防止のために陪審を！ ／ わが国にもあった陪審裁判
   素人とプロの判断 ／ もし、誤って処刑されたら ／ 犯罪抑止力は疑問
   人間の尊厳 ／ 残る遺族感情

2 **補償** ……… 191
   不当、違法だった拘置 ／ 費用補償 ／ 厳しい国家賠償への道

3 **差別社会** ……… 194
   ラベリング理論 ／ 藤本事件

対談：免田事件、今に問う ……… 197
   裁かれた捜査司法 ／ 自白偏重がすべての根源 ／ 問題残した再審公判
   報道はもっと抑止的に

終章 ◇ マスコミ ……… 203

問われた報道姿勢 ……… 205
   怖い記者の思い込み ／ 獄中の免田と面会 ／ 冤罪防止の論理を
   一面的報道の反省 ／ 事件報道の現場で ／ 報道合戦のはざまで
   おわりに

免田事件関係年表 ……… 212
参考文献 ……… 214
『検証 免田事件』あとがき ……… 215

第3部　判決以後の免田栄さん

寄稿　免田栄被告　獄中三十余年　心の遷（うつろ）い ……… 218
　　潮谷総一郎

「ずさんな捜査だった」──最高検が内部文書で痛烈批判──免田、財田川、松山の三大冤罪で報告書 ……… 223

不在証明当初から──最高検の報告書にみる免田事件 ……… 225

無罪判決から10年 ……… 227

九州大学が市民アンケート──2割がなお犯人視。偏見根強く残る ……… 227

連載　免田再審・判決10年の意味 ……… 231

「真の人権回復」認められず──免田さんの"再審請求"、熊本地裁が棄却 ……… 242

冤罪被害受け止め、世代間で格差　20代以下では無罪認識──免田事件をテーマに熊本、人吉市民アンケート ……… 243

対談：免田事件から学ぶ
司法とメディアに残された課題 ……… 244
免田栄 × 大出良知

大出良知・東京経済大教授（当時）に聞く
冤罪の温床、今も──国民が監視を ……… 252

「免田事件」を巡る主な動き ……… 255

潮谷義子元熊本県知事聞き書き
「命を愛する」から ……… 257

座談会
免田事件再審を振り返る──免田栄氏夫妻を囲んで ……… 260

「歴史」になった3通の文書 ……… 304

「あっちで覚えた」 ……… 307

免田さんの年金問題 ……… 310

　　文庫版あとがき ……… 313
　　『新版 検証・免田事件』あとがき ……… 315
　　『完全版　検証・免田事件』あとがき ……… 317

よう生きてきた、よう生かされとる
—— 35年目の免田事件

(2017年7月15日付熊本日日新聞)

「私を見守ってくれた…」

　確定死刑囚だった免田栄さん（92歳）＝大牟田市＝が日本で初めて再審無罪になった「免田事件」は、1983（昭和58）年7月15日の熊本地裁八代支部の無罪判決から35年目を迎えた。

　釈放される57歳まで過ごした福岡拘置所（福岡市）の記憶は今も鮮明だ。その獄中で出会った「恩人」がいる。担当の看守だった故有田保則さんは鉄格子越しに免田さんに声をかけ、気遣ってくれた。「私は小学校もろくに行っとらん。通信簿はいつも、一番下の『丁』ばかり。拘置所では読み書きから始めなんだった」という免田さんに、有田さんは鉛筆と紙を差し出した。ときには卓球に誘ってくれた。冤罪を訴えながら、再審請求制度を知らなかった当時の免田さんに「再審を知っているか」と教えてくれた。再審無罪への出発点は、生死の境に囚われた拘置所にあった。

　免田さんが釈放された後も、二人は年賀状や暑中見舞いをやり取りしていた。それが途絶えた時期を、免田さんは覚えていない。「死刑囚」と「看守」という関係が解け、再会をためらったのかもしれないとも。互いに「お会いできる日を楽しみにしております」としたためながら再会することなく、有田さんは2007年に89歳で亡くなった。

「恩人」の遺影に目潤ませ

　それから10年後の2017年7月。免田さんは有田さんの仏前に初めて向き合った。「お世話になりました」と何度も繰り返し、目をつむり、手を合わせた。獄中の記憶がよぎったのか、「ありがとうございました」と頭を垂れた。

　有田さんは在職当時、家庭では仕事の話を一切しなかったという。だが、再審無罪判決をテレビのニュースで知ると「免田、よかったな」と小声でつぶやいた。「もっと早く、生きているうちに会いに行くべきだった」と悔いた免田さん。「もうすぐ、そっちに行きますが、まだ生きとります」と、目を潤ませた。

「生きたいという希望を花に託して…」

　免田さんは朝8時に起き、自宅わきの畑へ出る。広さは10メートル四方ほど。梅の木の陰に置かれたビールケースがお気に入りの場所だ。そこに腰掛け、夏野菜に目をやる。「ネギがよう伸びとる。雨の多して、草取りができん」。真っ黒に日焼けした頬に汗がすっと伝った。

　「土いじりは『なか』におるとき始めた」という。「なか」とは獄「中」を指す。拘置所には運動の時間がある。青空の下を歩いたり、走ったり。石垣の隙間に花を見つけた。「免田、育ててみらんか」。看守の計らいで、花壇を広げていった。移植ごてを器用に操り、四季の花を咲かせた。夏ならアサガオ、秋には菊。本に挟んで押し花に。「生きたいという希望を花に託しとったのかもしれんなあ」。

ぬぐえぬ不信感

　いまでこそ、そう思えるが、拘置所では生死の境にいた。執行日の朝になると、冷たく固い床に靴音がコツコツと響く。その音が止まった房の死刑囚は絞首台へ連れ出される。穏やかに笑みを浮かべる人、黙っている人、「残念だ」と唇をかむ人も。免田さんは数十人を見送った。もし、自房の前で靴音が止まったら──。「おれは無実。絶対負けん」。自らを奮い立たせても、命の保証はなかった。

　教誨（きょうかい）に行くと「罪を償い、天国で救われなさい」と死刑を受け入れるように諭される。「やっとりまっせんけん」。免田さんは首を横に振った。確定判決を読み返すと、自分の言い分は何一つ書かれていない。「誰のこつば書いてあるかと思うたですよ。でも、判決では私が凶悪な犯人になっとる」。救いがあるとすれば、冤罪（えんざい）を正す再審裁判で無罪を勝ち取るしかなかったのだ。

　30年以上続いた「無罪」への闘い。その第一歩は、1952（昭和27）年6月、初めての再審請求だった。誰の支援もなく、思いの丈をつづってみたが、あっけなく棄却。そして1956年、3回目の請求で待ちに待った再審開始決定が出た。熊本地裁八代支部の西辻孝吉裁判長は、事件当日の免田さんにアリバイがあると認めたのだ。しかし、検察の即時抗告で覆される。裁判がやり直されるまで25年もかかった。もし、1度目の決定で再審が始まっていれば、もっと早く社会復帰できたはずだ。狂わされた人生を思うと、後悔しかない。「いまでも、刑事司法にはぬぐいがたい失望と不信感がある」。

　最近では2017年6月、鹿児島地裁が「大崎事件」の再審を認めたが、検察は即時抗告。福岡高裁宮崎支部も再審開始を認めたが、検察は特別抗告した。

再審無罪判決から34年を迎えた免田栄さん(左)は自宅わきの菜園で汗を流すのが趣味。90歳を迎え、妻玉枝さんと過ごす時間も長くなった =2017年7月11日、大牟田市。

「名張毒ぶどう酒事件」「松橋事件」など、同じように再審開始が阻まれた事件は数多い。「冤罪があり得るから再審がある。法律はそう書いている。冤罪は一番の人権侵害。それを正そうとしない司法には、民主主義がないということです」。

「外」生きづらく

1983年7月、再審無罪判決を受けた免田さんは「自由社会に戻ってきました」と語った。その第一印象は「屋根が違う」。戦後、高度経済成長に至る時代を「なか」で過ごすうち、かやぶき屋根はなくなった。ビルが建ち、道路は広い。34年間も時計の針が進んだ「外」で、免田さんは「日本で初めて無罪になった元死刑囚」として、生き直しを強いられた。

居心地はよくなかった。毎晩、浴びるように焼酎をあおった。飲み屋のカウンターに座ると、並んだ客がこっちをのぞき見る。ちょっとした有名人。街ですれ違った人は振り向く。犯人視するような視線のように思えた。「あんた、うまくやったね」とまで言われた夜もある。冤罪を認めないのは、司法だけではなかった。

その生きづらさを、傍らで支えたのは妻の玉枝さん（81歳）だ。講演を頼んだのがきっかけで知り合い、写真週刊誌にうどん屋での「デート」を報じられた。結婚を決めた玉枝さんは家族に報告すると、猛反対に遭う。「なぜ、あの男と」。

分かってもらえなかった。家族の縁を切り、1984年暮れに結婚した。

　それから現在まで、免田さんは大牟田で暮らす。若くして獄につながれた身だ。手に職があるわけでもない。知人のつてを頼り、弁当配達のアルバイトを始めた。拘置所の野球チームで鳴らしたサウスポーを生かし、少年ソフトボールの打撃投手を務めた。それでも「外」に慣れるのは難しい。ストレスは収まらない。玉枝さんはしょっちゅう怒鳴りつけられた。「訳が分からず、何度も逃げ出した。でも、34年も獄中にいて、外に放り出された免田の気持ちは本人にしか分からん。やっぱり、きつかったっでしょうね」。見つめ合う二人にしか分からない苦悩の日々を経て、いまがある。

「お上」に翻弄

　免田さんは、自らを「民主運動家」と称してきた。司法の誤りを正し、死刑制度をなくす。冤罪被害者の不利益を解消したい——。国内外へ講演に赴き、マイクを握れば「司法の最大の問題は、天皇制に基づく『拝命思想』だ」と語った。嫌がらせの手紙や電話が来るが、信念は曲げない。かつて軍国少年だった。戦時中、長崎県の大村へ勤労動員された免田さんにとって、「お上」は絶対だった。その「お上」は戦後間もなく、免田さんを逮捕、死刑、無罪と翻弄したのだ。

　獄中で加入できなかった年金は払われるようになったが、国は冤罪被害への国家賠償を認めていない。裁判員制度や取り調べの可視化など「刑事司法改革」が進んだとはいえ、冤罪はなくなったわけでもない。死刑廃止の議論も進まぬままだ。2017年7月施行された「共謀罪」法に、免田さんは「さらなる冤罪を生みかねない」と危機感を抱き、街頭の反対デモに週1回参加している。

　「民主主義は遠い」と思いながら、畑に出て、汗をかく。一日を締めくくる晩酌は、薄めに作った麦焼酎のお湯割りをマグカップで2杯。酒量は減ったが、ぐっすりと眠れる。絞首台に連れ出される夢はもう見ない。「元気でこのまま、二人歩いていかなんね」と玉枝さんが言うと、免田さんはうなずく。「よう生きてきた。よう生かされとる。歩くのは遅うなったバッテンな」。「なか」で34年。「そと」に戻って34年。免田さんはまだまだ力強い。

（年齢は2018年3月末現在に改めた）

第1部

「免田事件」を聞く

河上元康・元裁判長

河上元康・元裁判長インタビュー

誰もが納得できる判決を目指す

　2009年3月中旬、大阪市の京阪電車・天満橋駅に隣接するビルの法律事務所に、再審免田事件の裁判長だった河上元康弁護士（71歳）を訪ねた。国民が刑事裁判に参加する裁判員制度が始まるのを前に、刑事裁判官として心掛けたことをはじめ、裁判員制度に対する考えを聞くためだ。

　——再審免田事件の無罪判決で「古色蒼然たる物的証拠が30数年後の事実認定に指針を与えてくれる」と書いてあったのが、印象に残っています。
　「（福岡高裁の）再審開始決定は逃走経路など自白の信用性や血液型鑑定への疑問を呈していた。しかし再審となれば、それにとらわれず、長い年月がかかっている事件だから、誰もが納得できる判決でなければと思った。自分の目でつぶさに証拠を見て、自分の心証を形成しようと、検察庁には原審はもちろん再審請求の記録もすべて出してもらい、とことん調べました」
　——判決はアリバイを認めた無罪でした。
　「調べていくうちにアリバイがポイントだと確信した。被告のアリバイをさりげなく述べた証人の証言が、消費者台帳や賃金の領収証などの古色蒼然とした当時の物的証拠によって裏付けられる。鳥肌が立つような感覚を覚えた。再審開始決定が指摘した事柄は、無罪を補強する支柱になりました」
　「先輩裁判官を批判することにもなるわけだから、批判に耐えられる判決を書かなければという気持ちだった。あの判決には自信あります」
　——6次にわたる再審請求の過程では、第3次の際にアリバイを認めて再審開始を決めた「西辻決定」が出ている。これは検察の即時抗告で取り消され"幻の決定"となりましたが、

「いい着眼だな、と『西辻決定』が参考になったのは確か。ただ西辻決定は変遷している接客婦の証言をアリバイ認定の柱にした。私は、事件があった当日と翌日の被告の行動に関して、翌日の行動を裏付ける物証があったことから、事件があった日にはアリバイがあることは間違いない、と消去法で結論づけた。そこが違います」

——河上さんは大阪高裁時代、無罪を支持した「甲山(かぶとやま)事件」の差し戻し控訴審判決でも、アリバイ成立の可能性に言及しています。再審免田事件の経験が影響していますか。

「それはあると思う。どちらの事件の審理にも共通するのは、できるだけ真実に近づきたい、説明できる判決を書きたいという思いだった。高裁の審理は事後審といわれるが、『甲山』は事実認定が争われた事件だったから、一審とは別の角度から徹底して調べました」

——強姦罪などに問われ服役し、真犯人が現れたため無罪となった富山の事件や、鹿児島県議選をめぐる公選法違反事件など、今も冤罪が絶えません。なぜでしょうか。

「捜査官は早く犯人を挙げるために、一定の見込みを付けて捜査する。その時、容疑者でないことをうかがわせる情報も集まるだろう。捜査機関にはそれを排除するのではなく、冷静に、謙虚に見ることが求められます」

「甲山事件でも施設の園長らを偽証罪で起訴している。同僚の被告をかばうことはないとは言えないが、まず犯人を逮捕してほしいと思うのが普通の人の感覚だ。園児の遺体を見た被告が半狂乱状態だったことも演技と決め付けている。日ごろかわいがっている子どもなら、むしろ自然でしょう」

——冤罪は裁判官も誤っていたということになります。

「裁判官も一定の見込みを持っているものだ。ただ、証拠を調べていくうちに疑問が出たとき、どこまで謙虚になれるか。裁判官は過去の証拠から真実に迫っていく点で、よく考古学者と同じだといわれる。見込みに盲目的になってしまい、結果として誤ってしまうのでしょう」

「合議する際、優秀な裁判官がある見込みを立てたとき、もっと別の角度から考えていいのではないかと思う。でも、自分の意見を貫くことの難しさを感じたこともないわけではありません」

——刑事裁判官にとって、無罪を出すことにプレッシャーはないのですか。

「ひとが考えているほど、ないのではないか。有罪率が高いのは数字の上でのことで、有罪とする証拠に疑問があれば、無罪を出してきた。裁判官として免田事

件、甲山事件に携われ、恵まれていたと思います」
「冤罪にもかかわらず死刑にした場合を考えてみてください。こんな不正義はない。死刑でなくとも社会的に抹殺される。これは避けなくてはならない。裁判員裁判になっても変わらないと思います」
　──その裁判員制度がいよいよ始まります。
「刑事裁判のスピードアップが図られ、市民の良識が裁判に反映されるという方向性は正しいと思う。ただ、経験から言えば、短い審理では判断できない事件や、迷いに迷う事件だってある。そんな事件に裁判員裁判がどうやって対応するのか、心配はあります。拘束時間が長くなることもあるだろう」
　──弁護人の役割も大きいのでは。
「弁護士になってみて感じるのは、弁護人の持てる材料は限られていること。警察・検察が集めている証拠は膨大で、証拠開示は重要です。弁護人の活動は大きい」
　──東京の女性殺害・死体損壊事件の公判では、遺体の切断方法をマネキンで再現するなどの立証方法が、どこまで視覚化を図るべきか論議になりました。
「いくら分かりやすい裁判をといっても、一般の人にはショックが大きい。常識的に考えて、そういう部分はセーブすべきだ。人間がやる制度だから、最初から完ぺきはない。裁判員制度が決まった以上、試行錯誤を繰り返しながら修正していくしかありません」
　──裁判員は事実認定だけでなく、量刑の判断も迫られる。最近は厳罰化を求める国民感情があります。
「職業裁判官が3人いて、多数意見に最低1人は加わらないといけないし、『量刑相場』といわれる統計資料も示されるでしょう。意見が分かれる事件もあるだろうが、職業裁判官だって悩むのだから、一緒に悩むしかない」
　──守秘義務も課せられます。
「誰がどう発言したとか評議の内容のプロセスを話されたら、裁判が成り立たなくなる。しかし、この事件でここが問題になったとか、自分が思い悩んだことなどの経験を語ることは、いいと思います」
　──裁判員になる人にアドバイスを。
「分からないことは、どんどん裁判官に質問すればいい。市民がいることに意味があるんですから、自然体で臨めばいいと思います」
　──免田さんは、いまだに社会にある厳しい目を感じています。その理由の一つは死刑判決が取り消されていないからだと訴えている。冤罪被害者の中で、社会に向かって発言を続けているのは免田さんしかいません。

「そうですか。無罪を官報に公告することが、確定判決（死刑）が間違っていたことを示すことなんですが……。再審の無罪判決は批判されることはないという自信があります」

「ある催しに免田さんと一緒に出席して発言してほしいと依頼を受けたことがあるが、断りました。退官したからいいじゃないかという意見もあると思うが、裁判官としてかかわった事実は消えない。当事者と会うことは判決自体に疑義を抱かせることになりはしないかと、私は思う。言いたいことは判決に書いた。それに尽きます」

〈インタビューを終えて〉

　インタビューに答える言葉の端々に、かつて刑事裁判官だった「矜持」が感じられた。それを最も強く感じたのは、免田さんと同席する機会を断った理由だ。

「辞めたからといって、刑事裁判官としてかかわった事実は消えない。当事者と会うことは判決に疑義を抱かせることになる。言いたいことは判決に書いた」という主張には説得力があった。

　裁判員制度については「方向性は正しい」と前置きして、迅速化が強調されすぎると十分な審理ができず、真実に迫れるのか懸念も示した。免田、甲山両事件にかかわり、徹底的に調べた経験がそう言わせたのだろう。

　　　　かわかみ・もとやす　1938年、サハリン（樺太）生まれ。1964年任官。1980年4月、熊本地裁八代支部に着任。免田事件の再審を担当、アリバイを認め無罪を言い渡した。大阪地裁堺支部長、高知地家裁所長などを経て大阪高裁へ。甲山事件の差し戻し控訴審で、無罪判決を支持した。2003年退官。大阪弁護士会に所属する傍ら、2008年3月まで摂南大法学部教授。2006年4月〜2008年3月、大阪民事調停協会会長。

　　　　甲山事件　1974年3月、兵庫県西宮市の知的障害児施設「甲山学園」で、男女2人の園児が浄化槽から水死体で見つかった。同年4月、このうち男児の殺害容疑で保育士の女性が逮捕されたが、処分保留で釈放の後、不起訴となった。これに対し、神戸検察審査会が「不起訴不当」を議決。神戸地検は1978年、新たな目撃証言を得たとして、同じ容疑で女性を再逮捕、起訴した。1985年に神戸地裁で無罪。大阪高裁は1990年、審理不十分を理由に無罪を破棄して審理の差し戻しを命じ、最高裁も支持した。

1998年、同地裁が再び無罪とし、大阪高裁も1999年、無罪判決を支持し確定した。女性のアリバイを偽証したとして罪に問われた園長と同僚も、無罪が確定した。

連行現場付近で当時の様子を語る免田栄さん＝熊本県球磨村俣口

免田栄さんインタビュー

本当の民主主義を
どう根付かせるか

　日本三大急流の一つ、球磨川沿いにあるJR肥薩線那良口(ならぐち)駅から車で約30分。緩やかな斜面に広がる特産の「一勝地(いっしょうち)ナシ」畑を抜け、車が離合できないほど細い林道を山深く上っていく。2004（平成16）年7月。数日後に参院選の投票日を控え、道路わきには立候補者のポスターが張られている。やがて支流の那良川に沿ってぽつぽつと民家が見えてくる。標高約700メートル。周囲の山々は、びっしりと植林されたスギで濃い緑色をしている。

　熊本県球磨郡球磨村俣口(またぐち)。1949（昭和24年）1月、免田栄さん（78歳）は前年の暮れに隣接する人吉市で起きた祈とう師一家4人殺傷事件の嫌疑をかけられ、23歳の時に、ここから警察官に連行された。34年を超える獄中生活を余儀なくされた冤罪の発端となった場所だ。

　「すっかり景色が変わってしもうたな」。免田さんが当時の記憶をたどる。白髪に、日焼けした顔。額やほおには深いしわが刻まれている。

　終戦後の木材需要を背景に、俣口は仕事と食糧を求める復員者たちでにぎわっていたという。集落のあちこちに林業従事者が寝泊まりする小屋が立ち、彼らはマツやヒノキの伐採や木炭作りで生計を立てていた。「この辺りの山はどこも切り株だらけで、はげ山のようだった。進駐軍もイノシシ狩りによう来よった」。那良川を渡るときに使っていたという丸太の橋があった場所には、コンクリート製の橋が架かっている。人の往来も、免田さんと同い年というミニバイクの男性とすれ違ったきりだ。

　1949年1月13日深夜、免田さんはこの俣口の知人宅にいたところを、人吉市警（当時）の警察官5人から同行を求められた。「いきなり戸を開けて踏み込んできてな。懐中電灯で照らしながら、黙って家財道具を調べ始めた。そのうち1人が囲炉裏にまきをくべながら『(事件が発生した夜の) 12月29日はどこにいたか』と追及してきた。こっちは突然のことで頭が混乱してうまく説明できないでしょう。

それで『ちょっと警察まで来い』ということになった」。

警察官に囲まれ、伐採した木を運び出すトロッコの線路を黙々と歩いて山を下りた。真冬の厳しい寒さの中を、俣口から那良口駅まで約2時間の道のり。「枕木と枕木の間には雪が積もり、山からしみ出た水が流れとる。ぬかるみに踏み入れるうちに両足が凍傷にかかってな。駅についたころには足を引きずらないと歩けないくらい。連行される理由が分からず、ただ不安と恐怖でいっぱいだった」

人吉市警に到着してからの取り調べは、過酷を極めたという。「寝せない、食事をさせない。容疑を認めなければ殴る、ける。限界まで追い込まれた」。この時作成された虚偽の自白調書を覆すのに、34年の歳月を要した。

トロッコ線の跡は、コンクリートと砂利敷きの林道に姿を変えている。辛うじて当時の面影を残す場所に立ち、免田さんは「(獄中の)残酷な世界からよう生きて戻ったと思う」とかみしめるように言う。

「窓越しに70人ほどの死刑囚を処刑台に見送った。死刑執行の日には、顔色を失った職員の靴音が近づいてくる。だれが呼ばれるか分からないから、拘置所の中は針を落とす音でも聞こえるくらい静かになる。最初はどんなに怖かったことか。体の震えが止まらんとですよ」

冤罪・免田事件はなぜ起きたのか。免田さんは「警察がはなから『こいつが犯人に違いない』と決めてかかったのが原因。彼らは拷問のような取り調べで、自分たちが立てた事件の筋書きに沿った自白を強要したのだ」という。

裁判所も、チェック機能を果たすことができなかった。「私の経験からして、捜査段階でいったん自白調書を取られてしまうと、裁判で調書と矛盾する証拠が出てきても、なかなか自白を覆す努力はされない。結局、自白に沿ってつじつまを合わせたような判決が出てしまう。死刑囚の間で『1人の警察官がした事件処理は、最高裁判決に類する』と語り継がれているが、それだけ警察官の行為は絶対ということ。私の人生を一言で表現している言葉だと思う」

免田さんが逮捕された1949年は、容疑者の人権に配慮し、自白中心主義からの脱却を図った現行の刑事訴訟法が発効したばかりだった。「司法の世界に住む人間は、私の冤罪は戦後の混乱期で、新法が捜査現場に浸透していなかったから起きたと言うだろう。時代と共に景色が変わるように、捜査は進歩し、裁判も客観的な証拠を重視するようになった。しかし、根っこにあるものは変わらな

いように見える」

　当時に比べて暴力など露骨な取り調べこそ影を潜めた。それでも自白の誘導や証拠のねつ造など、違法捜査の指摘を受ける無罪判決や捜査機関の不祥事が、たびたびマスコミに顔をのぞかせる。

　「人間は組織の中にいると、必ず競争原理が働く。警察も例外ではない。犯人を挙げれば成績評価につながるから、競争を意識するあまり、時には帳じりをあわせる捜査をしてしまう。その点は警察官1人ひとりの良心に任せるしかないのだが、無実の人間が罪を着せられてしまう可能性は今も残っている」

　83年に再審無罪判決を受けてから、免田さんは裁判に携わった法曹関係者を訪ねたことがある。「（原第一審の）検事は『今ごろ批判するな』と言う。死刑判決を言い渡した裁判長も『ご苦労さまでした』と言っただけ。裁く側が裁かれる側の身に立つ人権意識が必要なのだが、私の裁判に携わった関係者の多くは、人間としてやったことへの反省がまったくみられなかった。国家にとって、私の再審無罪は『戦後処理』であり、『お上の計らいを施してやった』といった程度の認識なのだろう」

　冤罪を防ぐにはどうすればいいか。免田さんには、確固たる主張がある。「密室での取り調べをなくすことだ。自白調書を取るときは、警察官と容疑者以外の第三者を交えてやるべきだ。私は『仮法廷』と呼ぶのだが、立ち会うのは裁判官でも弁護士でもいい。結果的に自白調書の信用性を高めることになる。理想論かもしれないが、そうでもしない限り冤罪はなくならない」。

　免田事件を含めて、死刑確定事件の再審無罪は合わせて4件出たが、国に再審制度の法整備や冤罪被害者の補償を充実させようという動きはない。議論自体も、2004年までに主だった法改正が実施された司法制度改革からすっぽり抜け落ちてしまった。冤罪防止効果がわずかに期待できるのは、検察側が公判で使用しない証拠が、一定の条件下で開示されるようになった点ぐらいだ。

　「人が人を裁く以上、誤りがある。刑事司法はそれを前提にして改革に取り入れるべきなのだが、日本にその発想はない。再審で無罪になっても、一度出た（原審の）確定死刑判決は取り消されないし、身柄を釈放する手続きも、法律に明文化されないままだ」。

　三審制の通常裁判では、上級審で逆転判決が出る際、主文に「原判決を破棄する」という一文が入る。しかし、再審はやり直し裁判という位置付けのため、その文言はない。免田さんにはそれが「過ちをなかなか認めようとはしない裁判所の姿勢の表れ」と映る。

身柄の問題も、免田さんは無罪判決直後に検察官が「釈放指揮書」を提出して自由の身になったが、緊急避難的な措置だった。免田さんの判決から１年後に再審無罪になった松山事件では、仙台地裁から「裁判所の裁量」とする見解が示されたが、これも見解。いわば法の解釈で、依然として法改正には至っていない。

　また、免田さんは「加入手続きをとらなかった」という理由で、年金の支給を受けられずにいる。国民皆年金制度が導入されたのは、獄中にいた61年。この問題は国会でも取り上げられ、日本弁護士連合会も2002年1月、坂口力厚生労働相（当時）に「年金支給のため早期に必要な措置をとるべきだ」との勧告を行った。勧告書は言う。「誤判で年金加入の機会を不当に奪われたと解釈すべきで、特別な法的、制度的手当が必要。老後の唯一の所得保障である年金を支給しないのは『再度の死刑判決に等しい』との非難に値する」

　これに対して、厚生労働省は「年金給付は保険料の納付が大前提」との姿勢で、「本人に周知はした」と言い続けている。

　免田さんは約9071万円の刑事補償は受けたが、しかし、これは獄中にあった期間の補償であって、その後の生活保障ではない。「老後の保障について死刑囚に説明があると思いますか。私は聞いていない。（未支給は）どう考えてもおかしい。再審無罪は人権の復活であり、その意味では私の人権は完全な形で回復されていない」。免田さんは訴える。

　一方で、再審の門戸自体も、広がったとは言えない状況にある。日弁連は現在、6件の再審請求事件を支援しているが、厚い壁にはね返されているのが実情だ。「法律の難しい解釈はよく分からないが、そもそも再審請求しようにも（公的な弁護）制度がないのは問題だ。私選となれば金がいる。一人の人間が国家を相手に闘うことがいかに難しいか。私の場合、潮谷総一郎さん（故人）が支援してくれたことが大きかった。日弁連も（再審開始を決めたが、上級審で取り消された）第三次請求の西辻決定があったからこそ取り組んでくれたと思う」

　死刑制度の存廃の議論についても、免田さんの見解は明快だ。

　「私の場合もそうだったが、無実の人間を処刑したら取り返しがつかない。死刑は廃止すべきだ」。2001年6月、国際人権団体などが主催してフランスで開かれた「第１回死刑廃止世界大会」に招かれた免田さんは、相次いで死刑を廃止、

または刑の執行を停止した欧州の土壌を目の当たりにし、その思いを一層強くしたという。「誤判によって国家権力に命を奪われてしまう恐ろしさ。欧州では市民が事の重大さに気が付いたから、廃止の世論が盛り上がったのだと思う」

　翻って、日本はどうか。ここ数年、治安の悪化を背景にした犯罪抑止効果や被害者感情を盾に、死刑存続の主張が根強く残っている。「日本国民は、冤罪がわが身に降りかかるとは夢にも思っていないから、人ごとでいられる。特に司法の分野では『お上任せ』の意識が強く、捜査から裁判に至るまで基本的に『間違いはあり得ない』と見てしまう。マスコミだってそんな一面を抱えている」

　5年後には国民が刑事裁判の審理に参加する「裁判員制度」が導入される。司法と国民の距離を近づけるために、司法制度改革の目玉に位置づけられているが、免田さんは否定的だ。「理念は立派だが、言うは易し行うは難しという言葉がそのまま当てはまる。『お上任せ』の潜在意識がある日本国民が、天皇から拝命された裁判官と対等な議論ができるのか。欧米で制度が機能しているのは、多様な民族、思想、宗教、歴史などを背景に互いを認め合い、人権を思いやる風土があるからだ」

　免田さんの再審無罪から、20年以上が過ぎた。「判決が出てしばらくは、全国各地の講演会を飛び回って、体験談を話す機会も多かった。当時は財田川事件や松山事件など、私のほかにも死刑囚の再審無罪が続いたから、世間の関心も高かった。それが10年ほど前から、そんな機会もなくなった。触らぬ神にたたり無しで、何とも熱しやすく冷めやすい国民だ。死刑制度や再審制度が抱える多くの矛盾をただしたい思いがあるのだが、行き詰まりも感じている」

　免田さんは今、これまでに見送った死刑囚と自分の半生を重ねた本を書いている。「本当の民主主義、人権意識を社会の中にどう根付かせるか。私にとって、一生をかけた仕事になる」

第 **2** 部

「検証 免田事件」

『検証 免田事件』まえがき

　免田事件の34年は、私たちにさまざまな問いかけをしています。断罪されたのは警察・検察・裁判だけではなく、私たちマスコミもまた同罪だと思います。

　もちろん免田事件は「アリバイのある死刑囚」として、早くから注目されていましたし、日本弁護士連合会の献身的な努力と同時に、マスコミの援護射撃なしには、再審-無罪は実現しなかったでしょう。しかしそれでもなお、冤罪の構造に私たちマスコミもまた加担したという後ろめたさのようなものが付きまとって、私の頭から離れません。

　死刑囚の再審としては初めての無罪判決、そして身柄釈放という画期的な出来事から2カ月、周到な準備期間をとって、「検証　免田事件」の連載を始めたのは、まさにそんなマスコミの一員としての自省があったからです。

　明快なアリバイ成立による無罪であったにもかかわらず、この事件には依然多くのナゾや疑問の声があります。なぜ裁判官の判断がこうも変わるのか、無実の免田さんはなぜウソの自白をしたのか、などなどです。連載ではこうした素朴な疑問に答えるべく、河上判決全文を徹底的に分析しながら、冤罪の構造に迫ろうと考えました。

　連載当初は、暖かい励まし声と同時に、「免田さんを英雄扱いするな」といった批判も頂きました。特に地元・人吉の反応は冷ややかでしたし、「あれはやはり免田さんがやったんだ」といったいわれのない中傷の手紙もしばしば寄せられましたが、回を重ねるごとに、この種の批判は影をひそめました。事実をきちっと押さえ、淡々としたタッチで書かれた文章が、それなりの説得力を持ち、読者に理解されたからだと思います。

　連載は182回に及びました。一つの事件をなぜこんなにしつこく追っかけるのかという疑問があるかもしれませんが、私はかねがね事件報道の一過性に強い不信を持っており、こうした事件のフォローや検証こそ、他のメディアにはない新聞の特性だと考えていますし、この事件がまさにわが国の戦後史そのものだという強い認識があったからにほかなりません。

　連載は社会部の高峰武、甲斐壮一両記者が担当しました。事件発生当時、まだ生まれてもいない若い記者たちですが、この事件とかかわりを持つことで大きく

成長してくれましたし、新聞の新しい報道のあり方を模索してくれたと思っています。

　幸い日本評論社の手で一冊の本になることができたことを深く感謝しています。

　冤罪は二度と繰り返されてなりません。免田事件の教訓を、すべての国民が謙虚に受け止めて欲しいと思います。

　私たちが免田さんをこんな形で取り上げることは二度とないでしょう。免田さんが新しい人生を幸せに送ってくれることを心から願っています。

　1984年6月

　　　　　　　　　　　　　　　熊本日日新聞社　編集局長　平山謙二郎

プロローグ——34年目の無罪判決

わが国初の死刑再審無罪

　昭和58(1983)年7月15日午前10時2分。熊本地方裁判所八代支部。「住居侵入、強盗殺人、同未遂事件について被告人は無罪」——河上元康裁判長のやや小さめの声が廷内に響いた。免田さんは動かない。無表情とも思える姿で裁判長に向きあったままだ。人生の大半を獄につながれ、死の恐怖と闘ってきた男に「生」がよみがえった瞬間は静かだった。
　しかし、静かさもほんの一瞬だった。息を殺していた廷内がどっとわき上がる。「ヨシ、やったぞ」。拍手がわいた。死の恐怖と背中合わせに「無実」を訴え続けて34年余。実に1万2602日目のことだ。「無罪」の実感が廷内をとらえた。免田さんの弟光則さんと妻の文子さん夫婦の目は真っ赤だ。淡々とメモをとる検察官。弁護団からは時折、笑みも漏れた。
　この日、熊本県内には大雨洪水警報が出され、同支部にも叩きつけるような大粒の雨が降り続いた。いつもは静かな同支部だが、前庭には報道陣のテント村も出現、上空にはヘリコプターが爆音を立てた。
　廷外。判決を待つ間の重苦しい沈黙があった。しかし、それもつかの間。10時5分、弁護団の荒木哲也弁護士が「無罪」と大書された真っ白な布を手に飛び出してきた。降りしきる雨の中、同支部を包んでいた重苦しい空気が一気にはじけた。判決を待っていた人たちの輪がどっと崩れ、うなり声のような歓声が上がった。繰り返されるバンザイ。雨に打たれたみんなの顔がほころんだ。
　インタビューを受ける光則さんは泣いていた。死刑囚の兄と、家を守った弟。兄と引き離されたのは19歳の時。埋めても埋め切れぬ空白の何と長かったことか。それでも獄中の鉄格子越しに心を通い合わせてきた兄弟だった。
　そして、「心の師」として免田さんを支えてきた潮谷総一郎さん。「長い長い道のりでした。とうとうやったという感じ」。その口調は緊張が解けなかった。獄中の免田さんから寄せられた手紙は千通を超えた。
　河上裁判長は、いわゆる免田事件で無罪、別件で追起訴されていた窃盗事件に懲役6カ月、執行猶予1年の主文を言い渡した後、理由の朗読に入った。
　「全証拠を検討した結果、被告人にはアリバイが成立するとの結論に達した。

本件記録に残された古色蒼然たる物的証拠が、三十数年後の事実認定に指針を与えてくれ、この物的証拠はことごとく、被告人のアリバイを裏付けており、真実の重さを物語っている。自白調書の信用性は、疑問や客観的事実に反する点が多く到底信用できない。争点ともなっていた血痕鑑定も量の面から信用できない」。

　免田事件は、わが国初の死刑囚再審。起訴状によれば、事件発生はまだ敗戦の混乱の続く昭和23年12月29日深夜、免田さんが連行されたのが24年1月13日夜（当時23歳）。原第一審第3回公判での全面否認から死刑判決－再審請求－再審開始－逆転取消し－再審請求－再審開始－そして無罪判決と、免田事件34年の歴史は、わが国刑事司法を鋭く問い続けてきた歴史でもあった。

　死刑囚への無罪判決は、画期的と言えば画期的だが、どこか怒りとむなしさの残る面を併せ持っていた。

　喜びにわく廷内の最後列には、事件の被害者でただ一人の生存者山本ムツ子さんと夫の淑人さんの姿があった。

　佐賀県唐津市から前日に八代入りしたムツ子さん。「前夜は眠れなかった」と言う。ムツ子さんは、再審公判をほとんど傍聴したが、いつも人目を忍ぶように来て、帰っていた。「無罪」の瞬間、ムツ子さんは思わず目頭を押さえた。免田さんにとっては、雪冤を果たした瞬間だったが、ムツ子さんにとっては、心の中にポッカリ空洞の空いた瞬間だった。「じゃあ、だれが犯人なの」──逃げるように裁判所を去るムツ子さんの叫びもまた重かった。

　判決言い渡しの終了は午後2時50分。報道関係者や傍聴人に退廷が命じられた後、伊藤鉄男検事が「第一審とはいえ、無罪判決が言い渡されたので、刑訴法442条但書きによって釈放します」と釈放指揮書を刑務官に手渡した。刑務官と握手する免田さん。免田さんは文字通り、自由になった。午後3時25分、免田さんは支援者や報道関係者が待ちうける同支部玄関前に姿を現わした。

　「みなさんのおかげで、自由社会に帰ってきました」──免田さんの第一声だった。朝方から降り続いていた雨も、いつしかやんでいた。

事件発生

　事件は、戦後間もない昭和23年、年の瀬も押し詰った12月29日深夜から30日未明にかけて、熊本県人吉市で起きた。同市北泉田町225番地で、祈禱師を営んでいた白福角蔵さん（当時75歳）の四男実さん（同19歳）は、年末警戒のため夜警に出ていた。同日午前3時20分ごろ、2回目の見回りで、自宅前

を通りかかると、母屋の中からウーンウーンといううめき声が聞こえ、妹のイツ子さん（同14歳）が血まみれになって戸を開けた。驚いた実さんが家の中に飛び込むと、中は血の海。角蔵さんは頭や首に傷を受け既に死亡、母トギヱさん（同51歳）、妹ムツ子さん（同11歳）も頭部に重傷を負っていた。

　実さんはただちに、人吉市警に通報。市警は非常線を張って犯人を捜査するとともに、生存していた3人を市内の医院に運んだが、トギヱさんは同日午前8時すぎ、死亡した。イツ子さん、ムツ子さんもそれぞれ頭に3週間から1カ月の大けがだった。母屋から離れた祈禱所に寝ていた実さんの兄三男さん（同21歳）は無事だった。

　人吉市警の現場検証調書によると、角蔵さんはうつ伏せになって死亡しており、頭部付近の布団や畳には大量の血痕が付着。遺体の横に血の付いた刺し身包丁が落ちていたが、角蔵さんらの傷の具合から、凶器はナタか斧のような厚手の相当重い刃物とみられた。包丁は白福家のもので、いつも台所に置いてあった。室内は物色された形跡があった。タンスの上に置いてあるトランクが布団の上に放り出されており、タンスの引き出しが手前に引き出され、両開きの扉も開いていた。折りたたみ式の財布の中に金は入っていなかった。しかし、いくら入っていたのかはっきりせず、盗まれたかどうかは分からなかった。

　イツ子さん、ムツ子さんから事情聴取したところ、「泥棒」というトギヱさんの声で目が覚め、起き上がろうとした角蔵さんがまず切りつけられた。続いてトギヱさんが切られ、イツ子さん、ムツ子さんが受傷したことが分かった。イツ子さんの話では、犯行時刻は実さんが見回りにやってくる30分ほど前で、男は床下から逃げていったようだった、と言う。しかし、床下には何か物を引きずったような跡はあったが、逃走口と断定するには至らなかった。雨戸は閉じられ、裏戸も内側からひもで釘にくくりつけてあった。

　生き残った2人が言う犯人像は、20歳から30歳位で、髪はオールバック、国民服を着た小柄な色の黒い男。ただ、2人とも恐怖とけがのため、記憶はあいまいだった。人吉市警は現場の惨状と2人の話から、強盗と怨恨の両面から捜査する方針を立てた。犯人を複数とする見方もあった。しかし、現場から指紋も遺留品も発見されず、捜査は有力な手掛りのないまま、年を越した。

逮捕

　角蔵さんの祈禱は評判もよく、蓄えもあるという風評もあった。強盗の線ばかりでなく、怨恨説のもとに親戚や祈禱師仲間にも捜査は及んだが、進展はなく

難航した。正月三が日も過ぎた24年1月5日になって、捜査は急展開する。同日、国警八代地区署の例会で、同署宮地村駐在所の巡査が思わぬ報告をした。元旦に宮地村のある未亡人のところに、人吉市警の刑事と名乗る男が訪ねてきて、「人吉市で強盗殺人事件があり、犯人が盗品をこの村に隠しているので捜査に来た」と言い、「人吉市にいるあなたの一人娘と恋仲なので、嫁にくれないか」と相談して立ち去った、というのである。国警八代地区署刑事・木村善次巡査部長はこの報告に強い関心を持ち、男の割り出しに躍起になった。その男が、免田栄さんで、当時23歳の青年だった。

　同年1月13日夜、木村巡査部長や人吉市警の福崎良夫巡査部長ら5人の刑事は、人吉市警の自動車で一勝地村へ向かい、同村那良口で車を降りると、トロッコ道を俣口の伊藤イチさん方へと急いだ。その時、免田さんは伊藤さん方で、布団に入って伊藤さんの長男と話し込んでいた。同日午後9時すぎ、免田さんは木村巡査部長ら5人の訪問を受け、引き立てられるように、伊藤さん方を出た。寒さの厳しい夜だった。トロッコ道は雪でぬかるんでいた。免田さんは5人の刑事に取り囲まれ、約2時間かかって山を下りた。人吉市警に着いた時は、14日の午前2時半を過ぎていた。

　免田さんはまず、玄米とモミを盗んだ容疑で緊急逮捕された。捜査本部の狙いはもちろん、白福一家殺しにあった。16日、いったん釈放された後、強盗殺人容疑で再逮捕。同日夜、免田さんの自白調書が作成される。折しも24年1月1日に、それまでの自白重視を改め、物証重視とする新刑事訴訟法が発効していた。白福一家殺し事件は、重大事件での新刑訴法適用第1号となった。

　同年1月19日付熊本日日新聞は、「犯人19日目に捕わる」と大きく報じている。その後34年余に及ぶ免田事件の始まりであった。

（以後の本文は敬称略）

第1章 ◇ アリバイ

再審免田事件の全記録。この中に免田さんのアリバイを立証する数々の証拠物も含まれている。

第1章　アリバイ

「判決で一番うれしかったのはアリバイを認めてくれたこと」——免田が判決を聞いて最初に漏らした言葉だ。

アリバイは、事件発生の昭和23年12月29日深夜から翌30日未明にかけての免田の動向を問うもの。弁護側は「12月29日から30日未明まで同宿した」という人吉市の特飲店「丸駒」の接客婦と「30日夜はうちに泊った」という兼田又市、ツタ子夫婦の証言でアリバイを主張、検察側は「30日朝、ズブぬれの姿のまま自宅のカマドで暖をとっていた免田を見た」とする半仁田秋義証人を立て、真っ向から争った。

判決は、アリバイ論を正面からとらえた。これまでは、第三次再審請求での「西辻決定」がアリバイを中心に据えて免田の無罪を立証したのみだった。というのも接客婦の証言も二転、三転するなど、「決定的証拠」とは言い難い面があったからだ。判決は「接客婦証言も、半仁田証言も多くの疑問をはらんだ危険な供述証拠」として退け、「33年前の事件当時により近く、しかも変遷を示さない物的証拠や、何気なくあるいはさりげなく供述していると認められる地味な供述証拠を積み重ねること」を事実認定の柱とした。しかも、前段として弁護、検察双方に異論のない免田の行動を消去法によって消していき、問題となる29日、30日を判断する。

こうして判決が挙げた物証が米の配給通帳および消費者台帳、移動証明書、領収証、職員手帳である。物証と客観的裏付けは「証拠によって事実を認定する者のとるべき当然の態度」として「本件記録に残された古色蒼然たる物的証拠は三十数年前の事実認定の指針となる」と強調する。

1　全面否認

第2回公判で初めてアリバイを主張

免田が別件の窃盗容疑で逮捕されたのは事件から2週間以上過ぎた昭和24年1月13日。3日後の16日、強盗殺人容疑で緊急逮捕され、深夜、犯行を

自供したとされている。さらに同月28日、住居侵入、強盗殺人、同未遂で起訴、翌2月17日、熊本地方裁判所八代支部で第1回公判を迎える。

　連行から逮捕、自供にいたる過程は後に詳しく触れるが、第1回公判まではほぼ犯行を認める供述を繰り返す。第1回公判では、事件の大筋を認めたうえで、木下春雄(きのしたはるお)裁判長の質問に対し「殺す気でやったのではなく、発見されたと思って逃げるため無我夢中になって切りつけた」と、殺意を否認している。

　免田が"控えめな"形でアリバイを主張するのは第2回公判からだ。24年3月24日。この日の証人の一人が、警察、検察の取調べで免田の29日犯行説を裏付ける証言をしてきた人吉市の特飲店「丸駒」の接客婦だ。接客婦は、免田の「『丸駒』宿泊は30日」とはっきり証言、さらに「夜中に"エイ"とか"エッ"とか寝言を言った」として、免田が寝つかれなかった様子を述べた。

　木下裁判長が、被告人である免田に接客婦の証言についての意見を聞いたところ、免田は「自分が(「丸駒」に)登楼(とうろう)したのは29日の晩であったと思う」と答えている。さりげない形ではあるが、公判での免田の初めてのアリバイ主張だった。接客婦は当時16歳。この後、30日「丸駒」説を自ら訂正して、「同宿したのは29日」と主張するに至るのだが、免田はこれ以降、事件とのかかわりを全面的に否認。裁判は意外な方向へ動き出す。

"白福家、入っていない"

　第3回公判が開かれたのは24年4月14日だった。

裁判長　29日はどうしたか。

被告人　夕方6時の汽車で人吉に出て、平川飲食店に荷物を預け、孔雀荘(くじゃくそう)で借金を払い、丸駒に泊った。

裁判長　30日はどこに泊ったか。

被告人　兼田又市方です。

裁判長　29日、ナタを持ち歩いたことはないか。こんなナタだが。

(この時、裁判長はナタを示す)

被告人　ありません。

裁判長　12月29日の夜11時ごろ、窃盗の目的で白福方に押し入ったことはないか。

被告人　ありません。

裁判長　当夜の服装は。

被告人　国防色のズボンと上衣は作業服(中略)、黒のズックにはんてんは着

裁判長　第1回公判でははんてんを着て前の方を結んでいたと述べているが。
被告人　人吉市警でそう言ったからやむを得ずそう言った。
裁判長　29日の晩、白福方に金をとりに入り、家人に気付かれ傷つけ逃げたことはないか。
被告人　ありません。
裁判長　第1回公判ではあるように述べているが。
被告人　警察に引っぱられたのは初めてなので嘘をつくってそう言った。
裁判長　ナタで切りつけたと言っているが。
被告人　人吉市警で三日三晩そんなことはないと言ったが、白状せんと腕立て伏せをやれとか板張りの上に座っておれと言われ、嘘をつくって言った。
裁判長　嘘にしては詳しいことは言えないと思うが。
被告人　最初から公判で調べてもらえば分かると思っていました。

　免田の否認はその後一貫して続いた。

焦点の日を浮き彫りに

　河上判決は言う。焦点は「12月29日夜犯行、30日夜『丸駒』泊（アリバイ不成立）か」、「29日夜『丸駒』泊、30日夜兼田又市方泊（アリバイ成立）か」と。そして具体的認定方法として挙げているのが、23年12月から24年1月にかけて、証拠上争いのない明らかな事実を固める、いわゆる消去法だ。以下、アリバイ成立のポイントとなる29、30日を除いた免田の行動を追ってみる。

▽12月12日ごろ　妻アキエが実家に帰った（このころ妻との折り合いが悪く、免田との間に別れ話が持ち上がっている）。
▽同月ごろ　アキエの実家近くに様子を聞きに2回ぐらい行った。
▽同14日ごろ、および22、23日ごろ　アキエを迎えに行って会った。
▽同18、19日ごろ　人吉市の孔雀荘で飲食。
▽同22日ごろ　知人にアキエが帰ってくるよう頼みに行く。
▽同25日および26日　25日にアキエとその兄ら三人が自宅を訪れた。免田は知人宅を訪れていて夜遅く帰宅。三人と話す。
▽同27日　自宅。叔父を通して自分の気持ちを伝える。別れ話が一応まとまる。
▽同28日　叔父宅に遊びに行く。途中、父親の栄策に内証で馬の代金4000

円を取り立てる。午後1時、免田発の汽車で知人宅へ行ったが、不在のため7時の終列車で自宅に帰る。人吉駅で孔雀荘の溝辺ウキエに会う。この日、移動証明書を取り寄せる。

▽31日 「丸駒」を出た後、接客婦と会う（原第一審第3回公判時の供述の時、「泊った翌日の31日」と免田は答えている。そうすると犯行を否認する免田が、30日「丸駒」宿泊を自ら認めたことになり、死刑判決に大きな影響を与えている。この問題は後述する）。人吉市の山並政吉方に泊る。

▽24年1月1日 汽車で八代へ。接客婦の母の家を訪れ接客婦の身請け話を持ち出す。その後、八代郡宮地村の友人宅に3日まで滞在する。

▽同4日 二番の汽車で一勝地村那良口へ向かう。この日から7日まで同村俣口の兼田又市方に泊る。

▽同8日 同じ俣口の伊藤イチ方の長男と二人で人吉へ。免田に帰った後山並方に宿泊。

▽同9日 実家に立ち寄り、ナタとフトン2枚（免田の母・トメノの供述）を持ち出し、その晩は井川政喜方に宿泊。

▽同10日 一勝地へ。雪が深くて仕事ができないと下山中の兼田又市に出会う。免田はそのまま山に入り、伊藤方へ（自白調書ではこの日、犯行に使ったとされるナタを埋めた高原から掘り出している）。

免田はこれから、連行される1月13日まで、伊藤方でたきぎを取ったりして暮らす。

判決は、事件発生の23年12月29日以前と、同30日以降の行動について争いのない日時を"潰して"いって、焦点となる29日、30日を浮かび上がらせている。

29、30日を検討

消去法によって残された、事件発生の12月29日と30日の行動を、捜査段階での自白調書と、犯行否認後のアリバイ主張でみてみよう。

▽29日。客観的裏付けのあるとされたのは午後6時半ごろ、終列車で人吉へ出たが（同7時10分ごろ着）、汽車の中で溝辺ウキエに出会い、人吉市では平川飲食店に作業服、はんてん、米などを入れた黒いふろしき包みの荷物とオーバーを預けた。同8時半か同9時ごろ、孔雀荘を訪れ、約1時間いたことだ。

自白調書 金が少なくなったので、つじ強盗を思い立ち、人通りの少ない通称中学通りを物色したが適当な人がおらず、ふとかねてからはやっていた祈禱師

の白福家のことを思い出した。白福家に着くと雨戸をナタでこじ開けて入りタンスを少し開けたところで、トギエが「泥棒」と声をあげ、角蔵が起き上がろうとしたので、発作的にナタで切りつけた。次いでトギエ、そして二人の娘に切りつけた。最後にそばにあった刺し身包丁で角蔵のノドを刺した。裏戸を突き開け飛び出て、垣を越え夢中で逃げた。

　主張　もともと29日は一勝地に行くつもりだったが、汽車に乗り遅れたため、人吉に1泊して、翌日行くことにした。孔雀荘に1時間ほどいて、その後「丸駒」に行って泊った。「丸駒」へ行ったのは、孔雀荘の客が多かったからだ。ナタは持っていなかった。「丸駒」では、接客婦を相手に登楼し、玉代として1100円を入れた──弁護側によれば、接客婦は、このうち300円を引いた800円を帳場に入れており、経営者が使っていた「職員手帳」にも「29日800円」の玉代の記載があり、明白なアリバイがあると主張している。

▽30日。この日をめぐっても、自白調書とその後のアリバイ主張は真っ向から対立している。

　自白調書　29日深夜の犯行の後、夢中で裏戸を突き開け逃げた。中学通りから東駅(東人吉駅)の前に出て、湯前線伝いに行って、県道に上がり、高原の滑走路の方に行った。ここで凶器のナタを滑走路と旧道の境目の畑に埋めた。その後、免田と深田、木上の境の"六江川"でハッピやズボンについた血を洗い落とした。午前5時ごろのことだ。それから、湯前線の線路伝いに人吉方面へ向かい、人吉城内に午前9時半ごろ着いた。午前11時ごろ、前日に荷物を預けた平川飲食店に行って荷物を受け取り、再び城内へ引き返し午後5時ごろまで休んだ。その後、荷物は城内の石垣の間に隠し、午後8時ごろまで市内を歩き回り同夜「丸駒」に登楼。夜中に角蔵のことが目の前にちらつき目が覚めた。翌31日朝8時ごろ、「丸駒」を出た。──検察側は第8回再審公判(57年1月29日)、第9回同公判(同2月12日)で30日早朝、免田を実家で見たとする半仁田証人を立て補強した。

　主張　(29日は「丸駒」に登楼しており)30日朝8時半ごろ、「丸駒」を出て平川飲食店に行き、預けていた荷物を取って人吉駅に行った。人吉駅発二番の上り列車で一勝地に行き、兼田方へ行こうと進んでいたら、兼田と道で会ったので、一緒に上って、その晩の30日は兼田方へ泊った。その時、兼田に、オーバーを抵当にして700円を借りてもらった。兼田方には家族のほか中村という人がいた。──兼田は、この日、米の配給を受けに行っての帰りに免田と会っている。米の配給日が後に、免田のアリバイを裏付ける最大のポイントになる。

30日が最大のポイントに

　29日と30日。免田のアリバイ成立を決定する2日間をめぐって、この34年間、原第一審から、六次にわたる再審請求、さらに今再審公判と争われてきた。この2日間に、34年に及んだ免田事件そのものが凝縮されているとも言える。判決は言う。

　「アリバイの成否が最大にして唯一の争点といっても過言ではない」。

　幻の再審開始決定といわれた昭和31年の「西辻決定」は、アリバイ論を前面に立てて展開した。「西辻決定」は、30日の兼田方への宿泊を、兼田の消費者台帳や免田の移動証明書などから認定する一方、29日の「丸駒」宿泊についても重点を置き、接客婦の原第一審第5回公判における「29日は『丸駒』に泊った」との証言を全面的に採用。29日と30日の両日にわたって、免田のアリバイを裏付けている。

　河上判決は、「西辻決定」と一部では相似する手法を採用しながらも、30日に力点を置いているのが特徴だ。29日、30日を併記するのではなく、残された証拠、供述が物語るものから見ていこうとする姿勢である。12月下旬から逮捕までの免田の行動を洗うと、疑いのないものが残る。例えば、「丸駒」宿泊がそれだ。そして、弁護、検察双方に争いのない日々がある。さらに、詳しく後述する兼田方訪問が12月下旬であることも明らかとしたうえで、「それではその日はいつであるかという観点に立って証拠を検討することがより木目の細かい事実認定を可能ならしめる」と判決は指摘している。

　29日と30日。30日に免田が「丸駒」以外にいたというアリバイが決まれば、自動的に29日は「丸駒」宿泊が決定する構図で、「30日こそが最大のポイント」（弁護団の佐伯仁）となった。

2　兼田証言――アリバイの決め手

兼田供述が支えに

　免田のアリバイの決め手になった物証を支えるのは、兼田又市、ツタ子夫婦の供述だ。二人は「免田が30日、うちに泊った」と述べている。判決の中で、検察側の「30日『丸駒』宿泊説」はこの供述の前に崩れてしまった。

　免田が逮捕された直後の24年1月17日、又市は警察官に対して「（免田が来たのは）25、6日ごろだったと思う。正確な日は記憶していないが、私が那良口の

配給所で米の配給を受け取った日」とあいまいに述べている。しかし、それから2カ月ほどたった24年3月4日、人吉簡易裁判所で行われた出張尋問では、「30日に栄が山の仕事をさせてくれ、と言って来た。その日私方に泊って翌31日、オーバーを担保に700円借りてやった」とはっきり答えている。裁判所に呼ばれる前の晩、妻ツタ子に確かめた（ツタ子の供述）からだ。免田がさりげなくアリバイを主張した原第一審第2回公判（24年3月24日）より前のことだ。免田の否認に影響を受けていない時期として河上判決は重視する。ツタ子の供述によれば、「30日の午後3時ごろと思う。モチをつくはずのところついにつかず、元日におはぎを作って食べたので覚えている」という。再審第4回公判（56年9月4日）でも、昭和48年に亡くなった又市に代わって同様の証言をしている。

又市の供述が日時の点で一貫していないことは判決も認めているが、免田と最初に会った日が「米の配給を受け取った日」という点では一貫している。判決は「何らかの印象的な出来事と結びついて記憶されている場合、それを追及していくことで逆に月日を特定することが可能ならば、その方がはるかに客観的で正確というべき」と、供述と物証の相乗効果を指摘。又市が「米の配給を受け取った日」を特定する物的証拠として、配給通帳や消費者台帳がある、としている。

検察も訪問認める

消費者台帳や配給通帳には、又市が23年12月下旬に米の配給を受けた日として、23日と30日の記載がある。検察側は再審論告求刑公判（57年11月5日）でこの点をとらえ、免田の兼田方訪問は「23日」と主張した。「25、6日ごろ来た」という又市の捜査段階での供述は、①免田が訪れてからわずか1カ月足らずの、記憶が鮮やかな時期になされ、被告人のアリバイ主張より前だった、②もし30日ならば大みそかの前日で記憶に残りやすいから、捜査段階でも30日と述べるはず、などの理由で信用性が高く、出張尋問での「30日」証言は信用できないと主張。「通帳や台帳に記載された配給日は23日と30日があり、捜査段階での供述はむしろ23日に近い」として、「23日」説を持ち出した。

これに対して、判決は「『25、26日』という供述が信用性が高いとしながら、結局『23日』が正しいとするのは、『25、26日』が正確な記憶でないからこそ、配給日の『23日』にせざるをえなかったのではないか」と検察側主張の矛盾点を指摘する。

ここで問題となるのが免田の自白調書との関係だ。自白調書によれば、兼田方訪問は「翌24年1月4日」となっている。「23日」か「30日」かはともかくとして、

検察側が「23日」説をとったことは、12月下旬に兼田方訪問を認めたことを意味する。つまり自ら自白調書の誤りを認めたことになる。このことが結果的に、裁判所の事実認定に大きな自信を与えた。判決は言う。「検察官としても本件全証拠を検討した結果、被告人が23年12月末に一度、俣口の兼田方を訪ねている事実を認めざるをえなかったことを物語っている」。

こうして、免田が12月末に一度、兼田方を訪ねたことは、検察官も認める事実となった。自白調書にある「24年1月4日」は、又市が「正月、私の留守中に二晩泊って帰った、と妻に聞いた」と供述しているように、2度目の訪問ということになる。

移動証明書の発行は28日

免田が23年12月末に一度、兼田方を訪ねたことは事実となったが、では「23日」か「30日」か。又市の捜査段階の供述によれば、「(免田が)最初私方に来た日、既に妻と別れたという話をしていた」という。既にみてきたように、妻と妻の兄らが離婚話のため、免田の実家を訪れたのは23年12月25日。2晩泊って話をまとめ、27日に帰って行った。これは当事者だけでなく、免田の両親(栄策、トメノ)も認めている。

これらの供述を総合して、判決は「(免田が最初に兼田方を訪れたのは)早くとも別れ話が一応決まった27日以降でなければならず、又市の『25、6日』という供述が間違いであることが裏付けられている」と認定。免田が家を出る動機にも触れ、「妻と別居せざるをえなくなったので、いっそのこと山仕事でもしようという気持ちになって家を出た」という免田の原第一審や再審での供述とも合致する、としている。

免田がいつ家を出たか、については免田の母トメノの供述がある。トメノは「栄は一勝地の方の山仕事に行くと言って、移動証明書も取ってきたと言って、その日何も品物を持たずに出て行った」と捜査段階(24年1月17日)で述べている。トメノの供述中の移動証明書は、免田町役場から28日に発行されている。判決はこの移動証明書を、「(免田が)28日以前に兼田方に行っていないことの有力な物証」と位置付けた。そして、「23日」に兼田方に行っていない以上、残された日は30日しかない、としている。

台帳と通帳の重み

判決が「30日兼田方宿泊」の最大のよりどころ、裏付けとしているのが物証だ。

免田が最初に兼田方を訪ねたのは、又市が「米の配給を受け取った日」で、判決はそれを裏付ける物的証拠として配給通帳と消費者台帳を挙げている。この物的証拠こそが「事実認定の最大の指針」となり、判決の出発点ともなっている。

　消費者台帳は兼田方に配給していた一勝地村那良口の配給所にあったもの。台帳によると、30日に「モチ米3キロ、米4キロ600」とあり、23日には「豆、甘藷（かんしょ）、米」を配給したことがはっきりと記されている。

　又市が、免田の最初の訪問を「30日」と供述するようになったいきさつと、消費者台帳との関係はどうか。又市は捜査段階で「25、6日ごろだったと思うが正確に覚えていない」と述べていたが、人吉簡裁での出張尋問（24年3月4日）では「30日」とはっきり証言している。その点について、妻ツタ子は24年7月9日、「主人が人吉裁判所に呼ばれる前の晩に、栄が山に来た日はいつだったかを私に確かめたので、昨年暮れの30日の午後3時ごろと話した」と捜査員に答えている。そこで判決は、①又市が「30日」と証言した出張尋問の際も、「配給を受けた日だから台帳を見れば何日か分かると思う」と述べていること、②配給所の主人が原第一審で、又市が台帳の日付を確認に来たとは証言していないこと、③ツタ子の供述、などから、「又市は配給を受けた日が30日であることを、台帳などで確認した上で証言したのではなく、30日を記憶をたどって思い出した」とする。

　こうして、又市の「30日」証言は正しい記憶とされ、「免田が最初に兼田方を訪ねた日」＝「又市が配給を受け取った日」＝「30日」が認定された。判決はまた、又市の証言の信用性を、消費者台帳が証拠として裁判所に提出された時期からも判断している。

　免田が明確にアリバイを主張した原第一審第3回公判（24年4月14日）で、弁護人の本田義男（ほんだよしお）は被告人質問が終わった後、「被告人は12月30日に兼田方に宿泊している。それは兼田方が主食の配給を受けた日で、兼田の証言と相まってその事実を立証するため」として、配給所の主人の証人調べと、配給所の消費者台帳のうち兼田方に関する分の取り寄せを裁判所に請求した。これに対して、木下春雄裁判長は請求を認めた。台帳は、次の第4回公判に証人として出廷した配給所の主人が持参。証人尋問の後、弁護人が台帳を証拠として申請し、取調べられている。

　河上判決はこのいきさつを踏まえ、「配給を受けた日（免田が最初に訪れた日）が30日であることを記憶をたどって思い出した」又市の証言が、「後で取り寄せた物的証拠（台帳）によって、正しいと確認された」とする。

前述したように、検察側は再審公判で、免田の最初の兼田方訪問が23年12月下旬であることを認めながら、「30日」ではなく「23日」だ、と主張した。これは「(24年)1月4日」という免田の自白調書を信用していないことになる。判決はこの点を鋭く指摘して、「(検察側が)このような重大な点で自白調書の矛盾点を認めざるをえなかったほど、又市の『配給を受けた日(に免田が訪ねてきた)』という証言及び台帳の記載は信用性の高い証拠というべき」と判断した。
　「印象的な出来事」(配給を受け取った日)と結びついて記憶されていた又市の証言が、「古色蒼然たる物的証拠」(消費者台帳)によって裏付けられたのだった。

1枚の領収証

　1枚の領収証がある。「金　一千八百円也但集材代金　右金額正ニ領収候也　昭和二十三年十二月三十一日　中村友治　㊞」便せんに書かれた簡単なもので、第三次再審請求審で取り寄せられた。
　中村友治は当時、兼田方に同居していた人だ。免田もアリバイを主張した原第一審第3回公判で、「30日、兼田方に泊った時、42、3歳の中村という人がいた」と述べている。この中村は「被告人が来た翌日山を下りて、人吉市青井町の島田保方に賃金をもらいに行った。はっきりは記憶しないが、元日の前日で31日のようだった」と証言した。
　領収証の日付(31日)が「賃金をもらいに行った」日で、領収証は免田の第1回兼田方訪問が「30日」であることを裏付けている、と判決は評価する。証言にある「島田保」は「山(仕事)の支配人」だ。島田の供述によると、「金を払った日は12月27、8日ごろ」となっている。一方、中村も「金をもらいに行ったが、払ってもらえなかった」と証言している。この点をとらえ検察側は「名義人の中村友治は金をもらえなかったと述べているのだから、領収証は何ら証拠価値がなく、領収証の日付の前日、被告人が兼田方に来たことを証明できない」と主張した。果たして領収証の記載通り、31日に金が支払われたのか。
　判決は「人の記憶よりも領収証やメモなどに残された記録の方が、はるかに信用に価する場合が多い。わざわざ日付を工作して書くはずもない」と島田の供述を退ける一方、中村の「金をもらっていない」という証言も「金の支払いの有無を一応切り離しても、支払いを求めに行ったことを推認させる証拠物としての証拠価値を認めるのが相当」との判断を示している。そして、中村の証言自体は、「経過なり被告人と会った状況など細かく供述し、具体的で信用できるもので、領収証の存在を加味すれば一層証明力を増す」としている。

移動証明書の存在

　判決が「12月28日以前には兼田方へ行っていないことの有力な物証」として認定したのが、移動証明書だ。免田が家を出た日について、母トメノが「栄は移動証明書も取ってきたと言って、その日何も品物を持たずに出て行った」と供述していることは、前にも述べた。

　この供述に27年も前に注目したのが、第三次再審請求審（熊本地裁八代支部）の裁判長・西辻孝吉（当時42歳）だ。移動証明書の発行日を免田町に照会した結果、「12月28日」と分かった。「免田が兼田方を訪ねてきた日の翌日、人吉に賃金をもらいに行った」という中村友治の領収証を取り寄せ、日付（31日）を確認したのも同裁判長らだ。西辻は移動証明書や領収証、消費者台帳などから「30日兼田方宿泊」を導き、「29日、一緒に泊った」という接客婦の証言を新証拠として採用。免田のアリバイを認め、再審開始決定を出した。今、西辻は語る。「当時は再審の判例もほとんどなかった。証拠を検討した結果、古い証拠でも証拠価値が新しければ新証拠だと判断した」。しかし、この西辻決定は福岡高裁で「既に原審で取調べ済みの証拠（接客婦の証言）を新証拠として採用しており、新規性の判断を誤っている」とされ、"幻の再審開始決定"に終わる。

　西辻決定で注目されながら30年近くもうずもれていた移動証明書は、河上判決によって再び息を吹き返した。判決は移動証明書の存在について、「検察官はもとより弁護人すらなぜか全く論及していない」と検察、弁護双方に疑問を投げかけ、「当裁判所は、本件アリバイの成否に関し、接客婦や半仁田の供述などよりもはるかに証拠価値の高い、決して無視し得ない有力な物的証拠と解する」と力説している。

3　接客婦証言――二転三転した危険な証拠

「丸駒」宿泊は何日か？

　免田が特飲店「丸駒」に宿泊した日が、29日（アリバイ成立）か30日（アリバイ不成立）か争われてきた最大の原因は、接客婦の供述が二転三転したからだ。

　接客婦は捜査段階から原第一審第2回公判（24年3月24日）まで、「30日、一緒に泊った」と証言している。そして、第5回公判（同7月12日）で再び証言台に立ち、「30日と言ったのは間違いで、29日が本当」と供述を翻した。この間、免田は第2回公判で「『丸駒』に泊ったのは29日と思う」とさりげなくアリバイを主張、第3回公判（同4月14日）で全面否認している。原第一審判決は結局、

「30日」から「29日」に変わった根拠が薄弱であることから、アリバイを認めず、死刑判決を下した。これが福岡高裁、最高裁でも支持され、六次にわたる再審請求においても、「29日」接客婦証言が信用できるとし、アリバイを認めた「西辻決定」(第三次再審)を除いて、変わることはなかった。

河上判決は二つの接客婦証言について、「接客婦自身、はたして被告人が登楼した日を、『30日』とか『29日』とか明確に記憶していたのだろうか」と疑問を投げかけ、「それを明らかにしないで、二つの証言を比較し、一方が根拠がないとか工作の疑いがあるといっても、事の実体を解明できない」とする。証言が、くるくる変わったことも、「当時16歳の少女で記憶力も劣り、年齢を偽って特飲店で働いていたという負い目を持つ接客婦のみの責任ではない」と説明する。判決は接客婦証言を「アリバイの成否を認定するには多くの疑問をはらみ、まことに危険な供述証拠」と言い、過去の裁判所の判断は「接客婦証言を過大視しすぎ、信用性を見誤った」と指摘している。

判決は接客婦の言った「30日『丸駒』宿泊」の根拠をいくつか挙げて検討、その結果、「30日宿泊」には確実な根拠がないことを明らかにしている。接客婦は原第一審第2回公判で、「31日は進駐軍の宴会で鍋屋(なべや)に行き、免田栄が泊ったのはその前日だからはっきり覚えている」と証言している。しかし、接客婦自身、同第5回公判で「30日は間違いで、29日」と訂正しており、「丸駒」の主人・佐伯栄一郎(さえきえいいちろう)は接客婦が鍋屋に行ったことを否定している(24年6月23日付原第一審証人調書)。

鍋屋旅館の従業員も23年12月中にアメリカ兵が泊った日を全部挙げたうえで、「接客婦は来ていない」と証言、接客婦と同じく「丸駒」の別の接客婦も接客婦が進駐軍に呼ばれて行ったことはない、と述べている(同日付証人調書)。佐伯の職員手帳にも「ナベヤ」の記載がないことから、判決は「鍋屋旅館に行った前日、という接客婦の供述ははなはだ疑問」としている。

また、同第2回公判で「30日とはっきり記憶しているか」という弁護人の質問に対して、接客婦は「警察に行く前によく調べたら、帳面に『30日あやしみ1100円』と書いてあったので、30日と思う」と答え、同第5回公判ではその帳面について「帳場にある大きな帳面で半紙二つ折りよりやや大きいくらいのにすじを引いたものだった」と述べている。ところが職員手帳には「30日あやしみ1100円」という記載はない。佐伯は「手帳以外に帳面はない」と断言する。接客婦が言うようにほかにも帳面があるのか――。検察側は「接客婦が作為してまで証言する必要性は全くなく、税金対策などから佐伯がほかにも帳面を作って

いた疑いもある」と主張した。これに対して、判決は「佐伯の供述も作為的とはいえず、信用性の高い手帳の存在によって、接客婦の証言は完全に弾劾された」と言う。

　接客婦が「30日『丸駒』宿泊」の根拠としたものは、「31日ふろに行く途中、免田と会ったことがある」という記憶だ。31日、免田と接客婦が会ったことは、免田も再審公判で認めている。問題は、それが「丸駒」宿泊の翌日か翌々日か、だ。接客婦は「30日宿泊」を証言した原第一審第2回公判で、裁判長の「栄が帰った日の午後また会ったか」の問いに、「ふろに行く途中会った」と答えた。ところが、「29日」と証言を翻した同第5回公判では、「被告人が泊った翌日の30日に会ったので、29日と思い出した」と言いながら、「被告人が『丸駒』を出た日ではなく、31日に会った」とか「一晩寝た翌日会った」、「29日泊り30日に会った」と二転三転している。

　接客婦の同第2回公判の証言に沿う供述をしているのが、同僚の別の接客婦。「接客婦から『きょうふろに行った時、昨夜の客に会った』と聞いた。鏡もちを飾った31日だった」と言う（24年6月23日）。この点について、免田は全面否認に転じた同第3回公判で、検察官の「『丸駒』を出た日に会ったか」という質問に対し「泊った翌日の31日会った」と答えた。これは結局、犯行を否認したはずの免田が、「30日宿泊」を自ら認めたことになり、検察官のさりげない質問に"落ちた"とみられなくもない。

　接客婦証言、別の接客婦や免田の供述に対する判決の判断はこうだ。接客婦証言については、「第2回公判での裁判長の質問がいささか誘導的だ。捜査段階では『栄が帰った日の午後』とは言っておらず、泊った翌日かどうか明確な記憶ではない」とする。別の接客婦の供述は、「大部分が伝聞で、接客婦が言った昨夜の客（再審公判では『ゆんべの客』）も先日の客くらいの意味ではないか」と退けた。免田の供述については、「従来の判決、決定が『30日宿泊』とした一つのポイントとなっていたのではないか」と分析した上で、「同じ公判で『29日宿泊』と答えているのに、検察、弁護双方とも供述の矛盾を追及しないで放置している。29日から30日にかけて『丸駒』に泊り、その翌日の意味で31日と考えていたのではないか。被告人自身、再審公判で泊った翌日は間違い、と否定している」と判断している。

完全に一致する玉代

　判決は「30日『丸駒』宿泊」という接客婦証言の信用性を、玉代や当時の

気象の点からも検討している。

　接客婦は「免田から1100円もらって、そのうち300円をチップとしてもらい、残り800円を帳場に渡した」と一貫して供述。免田の供述も接客婦に1100円渡した点では、完全に一致している。「丸駒」の主人・佐伯栄一郎の職員手帳には、「29日　800円」「30日　700円」と記載されており、判決は接客婦の玉代に関する供述が職員手帳という客観的証拠によって裏付けられた、とする。このことは「30日うちに泊った」という兼田又市の証言が、配給日を記した消費者台帳や配給通帳によって裏付けられた、という関係と同じだ。

　検察側は免田が接客婦に1100円渡したことを認めた上で、「その中にくだもの代の100円が含まれていたとも考えられ、1100円から100円とチップの300円を差し引いた可能性もある」として、「800円を帳場に渡した」とする接客婦証言に疑問を投げかけたが、判決は「接客婦が帳場に納める金を自由に決めることができたとは考えられず、『800円渡した』という供述は一貫している」と退けた。以上の点から、「職員手帳の記載のみによって、『29日宿泊』を認定する必要はないが、少なくとも全証拠を検討しても、手帳の記載を打ち破るほどの反証は見いだしがたい」とした。

　検察官は免田が「丸駒」に傘を持って訪れたことや、人吉測候所の気象状況概況を基に30日夜、雨が降ったことから、「30日宿泊」が裏付けられる、と主張した。しかし、判決は「12月20日から30日の気象状況をみると、29日を除いて雨かくもりで、いつ雨が降るか分からない状況だから、傘を持っていても不合理ではない」として、「30日宿泊」の根拠とは言えないと判断した。

供述支える職員手帳

　接客婦の供述の信用性を解明するカギになる証拠として、判決は佐伯栄一郎の供述と職員手帳を挙げた。佐伯は特飲店「丸駒」の経営者で24年当時、42歳。証人尋問の際、職員手帳のうち23年11月12日から同年12月31日にかけての部分を切り取って提出している。手帳には4人の接客婦が客からもらって帳場に渡した金額が毎日欠かさず記載されている。

　手帳について、判決は「接客婦の氏名も身代も略語で表示され帳簿としての形式を整えていないが、貸金とその返済状況が克明にメモされているなど、作為が入り込む余地がほとんど考えられない」と信用性を認めている。検察側は「税務署に見せるための表帳簿だ」と主張したが、「内容や形態からみて、もし二重帳簿をつけていたとしても、むしろ裏帳簿とみるべき」と退けた。手帳には、「29

日 ○⑧ 30日 ○⑦」と記載されている。佐伯の供述によれば、「ローマ字のO（オー）は免田の相手をした接客婦で、8は（帳場に納めた金が）800円、7は700円」。8と7の丸印は、「接客婦が警察の調べから帰って、犯人が泊ったのが年末の何日ごろか考えていた様子だったので」、佐伯がつけた。丸印を2日にわたってつけたのは、はっきりしなかったからで、「接客婦の記憶が明確なら両日分に印をするはずはなかった」と言う。この点からも、判決は接客婦が「29日」か「30日」かはっきりは覚えていなかった、とする。

接客婦は免田が「丸駒」を訪れた日、「（免田から）1100円もらって、そのうち300円をチップとしてもらい、残り800円を帳場に渡した」と一貫して供述しており、判決はこの供述は、信用性の高い手帳によって裏付けられた、と認定する。そして、「結果として接客婦の『29日宿泊』という証言が正しいことになるが、接客婦の証言のみから導かれるというより、むしろほかの証拠によって認定される結論に、証言がたまたま合致するだけ」と結論づけている。

4　半仁田証言──33年目の検察側新証人

出現した目撃証人

「（事件発生直後の）23年12月30日早朝、午前6時半か40分ごろ、免田町の実家で、免田が衣服をズブぬれにしドロにまみれ、放心状態でかまどに抱きつくような異様な姿で暖をとっているのを目撃した」──33年目の新証人半仁田秋義は、第8回、第9回再審公判（57年1月29日、同2月12日）で「突如として現れた」（判決）。免田事件はわが国初の死刑囚再審。半仁田の出現は、検察の再審公判にかける意気込みを感じさせるに十分だった。半仁田証言は免田の29日「丸駒」宿泊を崩す直接証拠であり、検察側も半仁田証言をもとに三十数年ぶりに免田の逃走経路に関する冒頭陳述を書きかえた。判決も「（検察の）並々ならぬ決断が看取される」と言うほどだ。

半仁田が証言を思い立ったのは56年5月ごろ。免田が福岡から八代へ移監されるのを新聞で見てからという。「間違ったことがきらいな性格で、私の目撃した話が何かの参考になれば……」との理由から、浦和地方検察庁越谷支部に自ら申し出たと主張する。半仁田によれば、当時免田の父栄策とは家畜商仲間で、30日朝、馬の代金の請求に出向いた時のことという。

免田のアリバイをめぐって再審公判では、弁護側の接客婦と検察側の半仁田が鋭く対立。しかも供述とはいえ直接証拠であるだけに注目も集めた。半仁田の

証言が事実であれば、犯行当夜のアリバイが崩れるほか、不自然とされる逃走経路にも説明がつく。

しかし判決は「古色蒼然たる栄策、トメノの33年前の調書が半仁田証言に対し物言わぬ強力な弾劾をしている」と厳しく退け、接客婦証言と同じように、免田のアリバイ成立が正しいことを検算する意味から、半仁田証言が信用できないことを論証している。

不可解な出頭の動機

まず、判決は、半仁田が証言するに至った経緯に疑問を呈している。公判でも河上裁判長は、自ら取り寄せた東京の新聞を示し、埼玉に住む半仁田が免田のことを知ったのは、より大きく掲載された再審開始決定時ではなく、比較的地味な身柄移監のときだったことから、「不自然さ」があると指摘。しかも、検察庁への通報までに「強引な弁明」の感もあるとして、「通報、出頭の動機において不可解な証人」と断じている。

判決が一貫して疑問視するのは33年目にして初めて登場した証人であることだ。時効制度の背景には「証拠が散逸することで公正な裁判ができない」との点もあるとして、証拠の散逸には記憶の減退も入ると言う。33年前の目撃証人とは「大変な危険を伴うもの」とし、さらにこの33年間、半仁田の存在が一度も表に出なかったことから、逆に「もし（証言が）本当とするなら、一体捜査官は何をしていたのか」と問うてもいる。

そのうえで、見た、見ないは水かけ論にすぎないとする判決は、証言内容について「まわりから信用性のテスト」を行っている。その第一が、免田がハッピを着ていたと証言する点だ。判決は「免田のハッピはその時点では平川飲食店に預けてあって、証言は客観的事実に反している」と言う。さらに、半仁田が訪ねて行ったとき、免田の父栄策一人だったとする点も疑問としている。早朝、かまどの火がたかれているなかで、1時間も家族の者の気配がないのは不自然と言い、しかも、免田が姿を隠すふうでもなかったことも不可解と言う。さらに、家の構造、かまどの場所や数、自らの復員の日や埼玉への引っ越しの日など、不正確な記憶しかないとの疑いがあり、このことが「逆に半仁田証言の全体の信用性に影響を及ぼす」としている。その一方、例えば飲んだ焼酎の量など、他の記憶に比べ「その日」のことを詳細に記憶しすぎていて、「かえって作為すら感じられる」とも言う。

「奇手」――判決は、半仁田証言をもとに、検察側が打ち出した「免田の着替え説」を、こう批判した。検察側の主張では、免田は犯行の後、30キロ近い逃

走経路をたどり、途中、川で血の付いた服を洗って30日午前10時か11時ごろ、平川飲食店に預けていた荷物をとったとされていたが、平川ハマエによれば「前日と同じ服装」だった。冬季の、しかも夜間に服を洗い、30キロ近くを歩いたにしては、あまりにもその服装に矛盾が多かった。しかも相当浴びたであろう返り血の血痕もなかった。

この矛盾を一挙に解決するのが、「着替え説」だ。つまり、免田は犯行後いったん自宅に帰り、着替えてまた出て行ったと。しかし、と判決は言う。「着替え説は事件後33年を経て初めて主張された事実で、これを積極的に立証する証拠は全くない」。さらに「着替え説は、本件捜査がきわめて不備が多くかつ不十分であることを念頭においての主張」として、「大胆な証拠に基づかない危険な推論」として厳しく弾劾している。

「出現の経緯は不可解だが、30日以外に似たような光景を目撃したのかも……」と弁護団の一人は半仁田証言について言う。「今も釈然とはしません。大きな時代の流れに流された感じで……」。判決後も半仁田は、戸惑いを捨て切れずにいる。半仁田が証言に立つことが明らかになったころから激しかったイヤがらせの電話や手紙は来なくはなった。「プッツリ静かになりました」。

埼玉県草加市の自宅。夜勤を終えて帰宅したばかりの半仁田は「免田事件は不可解な事件だ」とポツリと漏らす。判決は、勤務先のテレビを見て知った。免田のアリバイ成立を認めた判決に、半仁田の証言はことごとく退けられていった。「自分が見た光景は……」。半仁田の疑問は「もっと早く（証言に）出るべきだったのかも」との悔いにも連なっていく。「事件が風化した」。判決を聞いての半仁田の感想だった。

物証が語る免田の足跡

河上判決は「古色蒼然たる物的証拠」をアリバイ認定の柱とし、「30日、うちに泊った」とする兼田又市の証言の信用性を物証によって裏付け、同日、「丸駒」に泊ったという免田の自白調書が信用できないことを立証した。弁護団の真部勉（まなべつとむ）は「（河上判決は）物的証拠から供述を視る、というだれでもが理解できる手法を採った」と評価し、「過去、免田事件にかかわって免田を救えなかった多くの裁判官は、供述から物的証拠を視る手法に従った」と指摘する。そして「物的証拠から供述を視る手法を採ることで、冤罪に苦しむ人はもっと少なくなるのではないか」とも語っている。

判決が掲げた物証は五点だ。①米の配給日（30日）が記載された消費者台帳、

②同日、米を受け取ったと記された配給通帳、③免田が免田町役場から取った移動証明書（28日付）、④兼田方に同居していた中村友治名義の領収証（31日付）、⑤「丸駒」の経営者・佐伯栄一郎の「29日　800円」と記入された職員手帳。これらの物証をたどって、判決が認定した免田の行動は——。

　免田は妻アキエとの離婚話が決まり、実家を出て山仕事に入ろうと、12月28日、免田町役場で移動証明書（③）を取った。29日人吉に出たが、（最終の汽車に間に合わなくなったためか）夜は「丸駒」で接客婦と一夜を過ごす。このとき、免田は接客婦に1100円渡し、接客婦は300円をチップとして自分で受け取り、帳場に800円（⑤）だけ渡した。30日、兼田方を訪ねる途中、米の配給（①②）を受けて帰る又市と一緒になり、その夜は兼田方に泊る。同宿の中村が「明日山を下りて山仕事の賃金をもらいに行く」と言い、31日、中村が人吉で賃金を受け取った（④）。物証が語る免田の足跡、つまりアリバイである。

論告を痛烈に批判

　消費者台帳、配給通帳、移動証明書、領収証、職員手帳。30年近く前からあった証拠ばかりだが、判決はこれらに輝きを与えた。判決は言う。
「古色蒼然たる貴重な物的証拠は、すべて被告人が23年12月30日に兼田方を訪れた事実に沿うもので、被告人の原第一審第3回公判でのアリバイ主張や又市証言などの供述証拠が、信用できることを裏付ける意味を有することが明らかだ」。さらに、「30日兼田方宿泊の事実に反する物的証拠は全くない」とし、「真実の重みを感じざるをえない」という言葉に、アリバイ認定の自信がうかがえる。
「30日兼田方宿泊」の事実に反するものに、免田の自白調書や、接客婦、検察側のアリバイ崩しの新証人として再審公判に登場した半仁田秋義らの証言があるが、「すべて供述証拠で、客観的証拠による裏付けがなく、極めて信用性に乏しい」と退けた。
「虚心坦懐に見直すならば、30日兼田方宿泊の事実を否定することは証拠上いささか強引のそしりを免れない」とした上で、「その結果、検察官の論告に見られるように、つじつまを合わせるため、重要な点につき証拠に基づかない臆測を重ねる結果に陥ってしまう」と論告に痛烈な批判を浴びせている。

　免田のアリバイ主張は、原第一審から第六次再審開始決定（福岡高裁）までの間、「西辻決定」を除き、認められることはなかった。第六次再審開始決定もアリバイ成立の可能性を指摘した程度で、「アリバイ成立、不成立のいずれとも確定することは困難」と判断した。

この点について、判決は、「再審開始決定に何ら拘束を受けるものではない。証拠価値が高い物的証拠に依拠することを第一に、地味な供述証拠を積み重ね、客観的裏付けの有無を区別して事実認定した結果、アリバイ成立の結論に達した」と説明する。

第2章 ◇ 自白

免田さん(中央)が描いた昭和24年1月13日夜の「連行の図」

第 2 章　　自　白

　自白調書——免田を犯人と結びつける唯一ともいえる"証拠"だ。
　再審公判ではアリバイやナタの血痕鑑定の信用性のほかに、免田の自白調書が信用できるかどうかも争点になった。もともと再審開始決定の根拠はアリバイよりむしろ、自白調書やナタの血痕鑑定の信用性に疑問を投げかけたものだった。
　河上判決は積極的にアリバイを認め、「その余の争点を判断するまでもなく、無罪」とし、ほかの争点については「アリバイの成否と裏腹の関係にあり、アリバイが成立し無罪とする裁判所の判断が正しいことを検算する意味」で、判断を示している。
　判決は自白調書が信用できるかを判断するポイントとして、①犯人でなければ分からない、いわゆる「秘密の暴露」があるか、②自白調書と客観的証拠との間に重大な食い違いがないか、③客観的証拠による裏付けがあるか、④証拠上明らかな事実について説明が欠落していないか、⑤内容に不自然、不合理な点がないか、などを挙げている。
　こうした視点から自白調書をみると、「犯行時刻の記述がなく、犯行の動機も薄弱で迫真性、必然性を欠くと言わざるをえない。犯行態様について、いわゆる『秘密の暴露』が見当たらず、信用性が高いとは到底言えない」と判決は言う。また逃走経路についても、「ナタを埋めたという場所やハッピなどを洗ったとされる川の供述やその裏付けがいずれも不十分だったり、つじつまが合わない事実が述べられている」と、自白調書への疑問を深くしている。そして判決は言う。
　「あたかもアリバイの成立を裏付けるかのように、自白は多くの点で破綻を示している」。

1　破綻した自白調書

6 通の自白調書
　免田の自白調書は全部で 6 通ある。警察段階が昭和 24 年 1 月 16 日付の弁解録取書と同日付補充調書、同 17 日付、同 18 日付の計 4 通。検察による調

書が19日付、そして熊本地裁八代支部判事・木下春雄の勾留尋問調書が19日付である。木下は、この後原第一審の裁判長となる。

警察での自白調書はいずれも当時の人吉市警の捜査主任であった巡査部長・福崎良夫作成のものである。同16日付福崎調書は2枚。「私は今まで何度も何度もウソばかり言って申し訳ありません」で始まり、自分が白福事件の犯人であること、凶器はナタで伊藤方に置いてあること、犯行当時着ていたハッピと地下足袋は金田（兼田又市のこと）方にあることを語り、犯行当時の現場（白福家）の模様の簡単な図面にメンタサカイと片仮名のサインが付けられている。

最も詳しいのは同17日付調書で18枚。免田の経歴から始まり、犯行までの経緯、犯行態様、逃走経路とその状況、そして逮捕されるまでと、順を追った形で供述しており、捜査側による免田事件の骨格をなすものだ。

18日付調書は4枚。17日付調書の補充調書で、高原(たかんばる)に埋めて取り出したナタの刃についていた血を洗ったなどと供述している。判決は、17日付福崎調書について特に触れている。

判決は言う。

「右調書は一見具体的かつ詳細なように思われ、その供述中には犯行現場の状況等客観的事実と符合する部分も少なくなく、一見信用性を備えているように見える」。

しかし、と判決は続ける。「子細に検討すると、重要な事項である犯行時刻の記述がなく（中略）、犯行動機も薄弱で、犯人しか知りえない、いわゆる『秘密の暴露』も見当たらず、客観的事実との重大な食い違いや不自然な供述が随所にみられ、犯行後の行動も客観的事実と多くの点で食い違っている」と批判。さらに、判決は、「自白の矛盾点を指摘していない調書で、取調官が、自分の誤った事実に基づく安易な誘導か強制があったとさえみられても仕方ない」とさえ評し、自白調書が多くの点で破綻していることこそが「あたかもアリバイの成立を裏付けるかのようだ」とも付け加えている。

24年1月19日付の熊本地検八代支部検事・野田英男(のだひでお)作成の調書は5枚。警察段階での調書の要約的要素が強いが、検事の前で免田が犯行をいったんは否認したこと、他の調書になかった犯行の大まかな時刻を供述していることなどが特徴となっている。判決は、検察官の調書も「福崎調書」の破綻がそのまま引き継がれていると言う。

第2部 「検証 免田事件」

難航した捜査

　免田が自白するに至ったいきさつ、捜査経過をみてみる。

　事件発生は23年12月29日深夜から翌30日未明の間。30日午前3時半すぎ、被害者・白福角蔵の四男で夜警に出ていた白福実が惨事を発見した。当時の熊本日日新聞（同年12月31日付）によると、「人吉市警では殺人強盗事件の根本的な捜査方針をたてるため、30日細密な現場捜査を行ったが、指紋や犯人のものと思われる遺留品など有力な資料が少しも発見されず、捜査方針をきめる決定的要素をつかめずに強盗、えん恨の二方針で進んでいる。また4人を殺傷しており犯人は複数ではないかともみられている」とある。

　捜査は手掛りがなく、難航していた。明けて24年1月4、5日ごろ。国警八代地区署巡査部長・木村善次は八代郡宮地村駐在を通じて、同村に人吉市警刑事を名乗る男が現われ、「丸駒」の接客婦の母方を訪れて、「娘さんを請け出したい」と語った、という聞き込みを得た。この男が白福家を襲った犯人の人相、体格、年齢などとよく似ていたことから疑いを抱いた木村は捜査の結果、男が免田であることをつかんだ。免田町や人吉市で素行捜査をした結果、免田が年末から家を出て、事件当夜の12月29日夕方、免田駅から人吉駅までの車中で人吉市内の旅館孔雀荘の溝辺ウキエと一緒になったこと、24年1月6、7日ごろから夜具を持って一勝地村俣口の山奥に行っていることなどが分かった。

　事件当夜は人吉市にいたこと、人相、体格などが酷似していること、事件後の不審な行動──捜査当局は疑いの目を免田に向けた。24年12月13日夕方、木村は人吉市警の巡査部長・福崎良夫ら4人とともに、短銃や手錠を携えて、自動車で人吉市警を出発、免田のいる一勝地村俣口へと向かった。

令状、証拠もなく連行

　24年1月13日午後9時すぎ、免田は一勝地村俣口の伊藤イチ方で、寝床に入って伊藤の長男と雑談していた。突然やって来た木村ら捜査員5人は、「23年12月末には人吉市に行かなかった」と言う免田を取り囲むようにして、人吉市警に連行した。深夜の山道を約2時間かかって歩いて下り、那良口から自動車に乗って、人吉市警に着いたのは翌14日午前2時半ごろだった。事件発生（23年1月29日深夜から30日未明の間）から、2週間が過ぎていた。

　判決直前の昭和58年7月12日、熊本日日新聞社へあてた手紙のなかで、免田は連行の様子を図（本章扉裏掲載）を交えて、次のようにつづっている。

　「（刑事たちは）『これから人吉市警に行くが、途中で逃げたりおかしな態度をした

らこれが後ろから見ているぞ』とピストルと手錠を出してみせた。吹雪が舞うトロ線上を前に2人、後ろに3人、刑事がついて山を下りた。軍隊用のオーバーを着て軍靴をはいている刑事たちに反し、私は作業服上下に黒ズックという薄着でした。泥濘に幾度もふみ込み、靴はズブ濡れになって、凍傷で歩行も困難になった」。

　事件発生後の捜査から免田を連行するまでの経過については、再審の扉を開いた福岡高裁決定（54年9月）が既に、「警察官は白福事件（免田事件）について取調べる意図の下に、令状はもとよりこれといった証拠もないのに、免田を伊藤イチ方から警察署まで同行した」と指摘している。

　河上判決もまた「日も暮れたあとすでに床に就いていた免田に同行を求め、深夜厳しい寒気の中を警察官5人の監視下に約2時間ばかり山道を歩行させたことを考えると、任意同行として許される範囲を超え、逮捕と同視すべき」とみて、免田の連行は「違法拘束で許されない」と非難している。

手続き面のズサンさ

　免田が捜査員に連行され、人吉市警に着いたのは24年1月14日午前2時半ごろだった。ただちに23年末の免田の行動についての事情聴取が行われたが、免田は免田町で玄米とモミを盗んだことを自供する。同署は免田を窃盗の疑いで緊急逮捕し、14日午前3時、人吉簡裁に逮捕状を請求した。請求書には「13日午後9時半、伊藤イチ方で逮捕」と記載されていた。逮捕後、ただちに「弁解の機会を与える」というのが弁解録取書の趣旨だが、窃盗事件の弁解録取書が作られたのは、なぜか逮捕後13時間もたった14日午後3時半だった。同市警は翌15日、自白調書を作成したうえ、「起訴猶予相当」の意見を付けて送検した。

　強盗殺人事件についても、調べが始まっていた。23年12月29日の行動について、免田の返答はあいまいで、免田の弁解に裏付けはなかった。そして15日、免田は犯行の一部を認める供述をする。「凶器は斧で、高原の滑走路付近に捨てた（または埋めた）」。しかし、免田の自供に基づいて2度にわたって捜索したものの、斧の発見はできず、免田も自供を翻した。

　同市警は16日正午ごろ、免田を別件の窃盗容疑についてはいったん釈放した。しかし、署から約1キロ歩いたところで、再び免田は緊急逮捕される。同日午後2時ごろだ。今度は強盗殺人容疑だった。同日夕方からの調べには、巡査・馬場止が当たったところ、免田は全面的に自供。凶器はナタで伊藤イチ方に置いて

あることや犯行状況、逃走経路などを自白した。しかし、この時も、弁解録取書が作られたのは同日午後10時半。逮捕から実に8時間半たってからだった。自白調書は16日付、17日付、18日付と作られ、17日にはナタとマフラーも押収された。

逮捕手続きについて、判決は厳しい。

「弁解録取書が逮捕後直ちに作成されなかったのは、刑事訴訟法の規定に反する。弁解録取書を作成するまでの間に取調べがなされ、おおむね自白を得た上で弁解の機会を与えたことになるのではないか。新刑訴法が施行されて間がないための単なるミス、では済まされない」。

新刑事訴訟法は、24年1月1日発効した。それまでの刑訴法は「自白は証拠の王」と呼ばれるほど、自白を証拠の中心に据えたもので、新刑訴法は自白よりも物証に重点を置いたものであった。白福家での強盗殺人事件の発生は、新刑訴法発効の直前。捜査は、新刑訴法下の重大事件第1号となった。

判決の言う「単なるミスでは済まされない」とは、「刑訴法の変わり目で、捜査当局にも不慣れ故の混乱があった」とする見方への批判である。「デュープロセスといって、法的手続きを厳格にやることで、人権を守るという考え方がある。官憲の勝手な理屈ではなく、法の厳格な手続きこそ大切だった」──免田事件の再審開始決定を認めた時の最高裁第一小法廷裁判長・本山亨（もとやまとおる）は指摘する。

弁護団の佐伯仁（さえきひとし）は「誤判の最大の原因は、捜査にある。自白がどう作られたか、現場状況がどれだけ確認されているか、そして逮捕が適法かを見ていく必要がある」として、「免田事件はおかしい点が多すぎる」と言う。

判決は、このほか、窃盗事件の送致書に、同15日釈放とあるが、実際に釈放されたのは同16日でその間強盗殺人事件の取調べも行っており、違法拘束の疑いが残るとして、「新刑訴法施行直後の捜査がいかに手続き面にうとく、ずさんであったかを示すもの」と断じている。

睡眠も与えられず

免田の取調べは人吉市警の2階で行われた。取調べの状況はどのようなものだったか。判決は、「証拠が非常に限られている」としながらも「自白調書がいかに矛盾に満ち、客観的真実と符合しないものであるかを考えると、何らかの無理な調べがなされたのではないかと疑わざるをえない」と指摘している。

第四次再審請求審の本人調書（38年5月20日付）。

「24年1月14日（未明）、人吉市警に着いてから私がおろおろして答えると、ま

わりを取り囲んでいる人たちが『嘘を言うな、はっきり言え』と言って、手にした警棒で私の身体をつついた。私は警察で調べられたりするのはその時が初めてなので、余計おろおろしてしまった」。

「そのままは眠らず、主に12月29日（事件当夜）のことを何回も尋ねられた。私の返事を聞いては室外に出て行き、暫くして帰ってきて『嘘を言うな』と言って、私の首筋をつかんで机に押しつけたりした。（14日の晩も）一晩中眠らせずに調べられ、途中で机に突っ伏して寝てしまった」。

「15日は窃盗事件で調べられ結局認め、夜はそのまま舎房に帰されて寝た。16日は一度釈放されたが、再逮捕。また狭い調べ室に入れられ、（23年）12月29日（事件当夜）は『丸駒』に泊った、と言うと、『嘘を言うな』と言って私の頬を打ったり、背中をつついたりしていじめた」。

同請求審で、裁判官が「人吉市警で調べられていて一番つらかったことは何か」と質問したのに対して、免田は「夜眠らせてもらえなかったことです。1月13日（連行された日）から18日（送検の日）までの間で、舎房で寝たのは一晩だけでした」と答えている。

また、免田は、検察側が紛失したナタの損害賠償などを求めた民事訴訟本人調書（45年2月18日、19日付）でも、取調べの様子を次のように語っている。

「14日午前2時ごろから15日の午後11時まで睡眠を与えられず、ぶっ続けに調べられた。12月29日『丸駒』宿泊のアリバイを主張すると、床にけ倒して踏んだり、けったりして、とにかく今考えてみるとむごいことをされた。上衣ジャケツを取られシャツ1枚、暖房のない部屋で取調べられ、寒さでふるえ、体が硬直して言葉も出ないような状態になっていた」。

「床の上に正座させられ、30分も40分も座っていたことがある。13日（連行された日）から19日まで、その間監房にはいったのは15、16日の晩2回だけ、その2晩も体が痛くて休まれなかった。弁護人に会った時、殺しなんかやってないと言う余裕はなかった」。

「自分が本当のことを言っても取り上げてもらえそうもないと思っていたのと、『ぼくたちの経験からして君は自分がやったことを忘れてしまう病気がある』、と言われた」。

第六次再審請求審の本人調書（50年8月14日付）にも取調べの様子が出ている。「疲労でふらふらだった。眠れなかったし、取調べが厳しかった。詳しく言ったらもう果てしないけれど、床の上に座らせられたり、腕立て伏せをさせられたりということを繰り返し、夜寝せられなかったから、相当疲労していた。寒かった。

猟銃のことを持ち出して、『進駐軍に渡す』と再三脅された。22年ころ、頭を打ち記憶がおかしくなった。警察で記憶を追及されたときにしどろもどろになったことがある」。

免田は再審公判でも同様に述べているが、検察側は、免田がたびたび述べている取調べの状況について、「内容が供述するたびに変遷し、全く一貫性が認められない。刑事責任を免れるために想定しうるありとあらゆる嘘の事実を、手当り次第に供述したにすぎない」と反論した。

検察官が反論の根拠とした第一点は、免田が原第一審公判で「警察に引っ張られたのは初めてなので嘘を作って言った」とか、「三日三晩そんなことはないと言ったが、白状せんと腕立て伏せをしろとか板張りの上に座っておれと言われるので、嘘を作って言った」とごく簡単にしか述べておらず、その後の供述も内容が変わっていること。第二点は、原第一審で証人に立った捜査員たちが暴行脅迫などの事実を否定し、免田が裁判長から尋問を促されても、捜査員たちに何も尋ねていないことだ。

検察官主張に対する判決の判断はこうだ。検察官が「原第一審の供述は簡単で、その後の供述も一貫していない」とする点については、「原第一審では何よりもアリバイを主張することで頭がいっぱいで、警察の取調べで最も強く印象に残った事実だけを吐露したのではないか。死刑確定後は毎日が死の恐怖との対決だったわけで、いくらかの誇張や思い込みがあったとしても、嘘を手当り次第に言ったとは言えない」と退けた。その上で、「被告人の全供述を通じて、少なくとも『眠らせてもらえなかった』点は一貫している」と指摘している。

「捜査員が暴行脅迫の事実を否定し、公判でその捜査員に免田が反対尋問していない」とする点についても、「捜査員の証言があるからといって、直ちに被告人の言うことが嘘とは言えない。公判で効果的な尋問をすることは法律の専門家でも容易でなく、被告人に尋問をすることができただろうか」と述べ「反対尋問をしなかったことをとらえて免田が嘘を言っている証拠とするのはいささか酷だ」と言う。

任意性にも残る疑問

免田の睡眠時間について、判決は、人吉市警巡査・浦川晴松の証言（第六次再審証人調書49年9月21日付）が免田の供述を裏付けるとする。当時、人吉市警には留置場がなかった。浦川証言によると、「1月16日、白福事件で逮捕した夜、取調べを終えて、係長の命令で下の電話交換室に仮眠のため連れていく。非常

に寒かった。免田から疲れたから長くならせてくれんかと相談があった。手錠は一方は免田の右腕、他方が私の左腕だった。そのうち免田が腰を曲げがたがたふるえだした。毛布とふとんをかけさせた。それでもとまらないのでもう1枚かける。えびが二つ折りになったようにしていた。しばらくしてからぐうぐういびきをかいてぐっすり休み出した」。

判決は指摘する。「1月13日夜、一勝地村俣口の伊藤イチ方から連行されて同月16日夜、強盗殺人事件の自白調書が作成されるまでの間、ほとんど眠らされなかった（机に突っ伏して寝ることはあっても）疑いがある」と。

免田が再三訴えている捜査員の暴行や脅迫、着衣を脱がされた事実はあったのか。捜査員は口をそろえて否定し「わっと男泣きして自白した」と証言する。密室での取調べだから、免田と捜査員といういわば「当事者」の供述以外に決め手になるような証拠はない。わずかに1月18日、免田と面会した親類の蓑毛巌が、「寒そうにふるえていた。ほほのあたり両方がはれ上がるか、むくんだ格好だった」と証言しているだけだ（民事証人調書、45年8月13日付）。

判決は「（血痕）鑑定のため着衣を脱がされただろう」とは認めた。しかし、暴行などについては「存否を断定することが証拠上困難だが、ズサンな信用しがたい自白調書の内容から、被告人の供述もあながち誇張や嘘とは言いきれず、強制や暴行があったのではないかとの疑いは残る」とするにとどめた。

さらに、当時の免田の健康状態についても、「橋から落ちて頭をけがし、ロク膜を患うなど健康状態はすぐれなかった」とした。

違法に連行し、無理な取調べの疑いもある自白調書の任意性について、判決は否定することは留保したが、「少なくとも信用性の判断がいっそう慎重になされるべきで、矛盾に満ちた自白調書の内容から、任意性にも疑いは残る」と強く指摘している。

2　不明確な犯行の動機・態様

弱い強盗殺人の動機

「多くの点で破綻している」と判決が指摘する免田の自白調書。判決は数々の疑問点を挙げている。免田にはたして強盗殺人の動機があったのか──。

自白調書によると、「なぜ私が平川飲食店（人吉駅前）にナタを預けずにいつも腰に差していたかというと、実はその時2400円くらいしか金の持ち合わせがなく、それに孔雀荘の飲み代を1400円余り支払えば残る金が不自由だから、ナタで

人を脅して金を取ろうと……」。「中学通りでは脅して金を取るような人は通らず、ふと祈禱師の白福さんのことを思い出し、あそこならかねて評判がよくにぎわっているから金を貯めておるだろうと考え、家に行って金を取ろうと決意した」となっている。免田の所持金は2400円。「当時の金にして相当大金ではないか」と判決は指摘し、「人から恐喝したり盗みに入ることを決意するほど切羽つまっていたのなら、なぜ孔雀荘の借金を返したり、『丸駒』で遊んだのか」と疑問を投げかけている。

　さらに、疑問は続く。免田が全面的にアリバイを主張した原第一審第3回公判（24年4月14日）。免田は次のように言っている。「12月30日、オーバーを担保に700円、（24年）1月初め、時計を担保に700円、1月7、8日ごろ、ズボンを担保にそれぞれ800円借り、汽車賃などに充てた」。金を盗んだとしたら、直後たて続けに金を借りる必要があるのか。また、免田は「当時としては貴重品とも言える」米2升（平川飲食店に預けた）を持っていた。判決は言う。

　「ナタを用いて通行人から金を脅し取ろうと決意するのは、いささか唐突。ましてや強盗殺人を犯すにしては動機がはなはだ弱いとの印象を免れない」。

白福家、知っていたか

　免田は白福家の位置をあらかじめ知っていたのか。

　逮捕された翌日の自白調書（24年1月17日付）には、「白福さんの家は以前、前を通りがかりに、ここが白福さんの家かな、くらいに思っていた」とある。その2日後の19日付調書では「昨年（23年）8月ごろと思うが、何かの用事で白福方の近所まで来たことがあり、この家が例の白福の家だなあと思って通ったことがある」と少し詳しくなる。

　判決は56年6月12日実施の検証を基に、「白福家を知っていた」という自白調書に大きな疑問を投げかけている。白福家は中学通りを願成寺方向へ行き、ラーメン店の角を左折して30メートルほど入る。人吉消防第五分団の火の見やぐらから右に約50メートル行き、そこから左に折れて約25メートル、さらに右に入ったつき当たりの家だ。「『通りがかりに』見るような場所とは考えにくく、24年1月19日付調書の供述ははなはだ疑問と言わざるをえない」と、判決は指摘。「百聞は一見にしかずの通り、現に通行してみてその感を深くした」と自ら検証の体験で裏付けている。

　検察官は、免田が以前から白福家を知っていた根拠として、「（弁護人と初めて面会した時）白福方の庭先に小さな御宮があった、と言った。人吉市警でそのよう

に言ったので言った」という原第一審第11回公判（25年2月16日）での供述を挙げている。

しかし、検証によると、庭先に「小さな御宮」は存在しない。ほかに祈禱所の目印でもあったのか。白福角蔵の三男、三男（みつお）は「旗などの目印はしていない。10年前から旗は取りはずしてあった」と証言している。「特に目印もなく、はなはだ通りがかりには目につきにくい、奥まった比較的見た目には見すぼらしい白福方を、本当に被告人が知っていて当夜目指して行ったのか」。判決はどうしても見ごせない疑問、と言う。

持っていなかったナタ

免田は23年12月29日（事件当夜）、実家を出る時、はたしてナタを持って出たのか。

自白調書によれば、「29日、実家を出る時にナタを持ち出し、汽車の中でも人吉市に着いて（荷物を預けた）平川飲食店でも、ずっと腰に差し、孔雀荘に入る時だけ、筋向い木炭倉庫の隅に隠した」という。汽車の中では孔雀荘の溝辺ウキエが、平川飲食店ではおかみの平川ハマエがそれぞれ免田と会っているが、2人ともナタを目撃していないことから、判決は自白調書を疑問視している。「木炭倉庫の隅に隠した」とする点についても、「捜査官が事実を十分検討しないまま、手っ取り早い場所の供述を引き出したのではないか」と言う。

原第一審第3回公判で自白を翻した免田は、「29日、家を出る時にナタは持っていなかった。（24年）1月9日ごろ、家に帰り、（山仕事に行くため）ふとんとナタを持って出た」と述べてる。このふとんとは、ふとんと毛布をゴザで包み、縄でくくって免田駅から那良口駅止めで送ったものだ。

判決が、同公判の免田の供述を裏付けるとみているのが、免田の継母トメノの証言。トメノは警察や原第一審の公判で「29日、家を出た際、ナタを持って出たかどうかは知らないが、24年1月8、9日ごろ、家に帰ってきて、『ノコ、ヨキ（斧）、ナタを持っていくが、どこにあるか』と私に尋ねた」と述べている。判決はトメノの証言の中で、免田がナタの置き場所を尋ねている点に注目した。

ナタが押収されたいきさつをみると、疑問はさらに深まる。検察によれば「高原（たかんばる）の飛行場跡に埋めた」という自白に基づいて、人吉市警が2日間にわたって捜索したが発見できず、後日、一勝地村俣口の伊藤イチ方から押収されたとする。本当に犯行に使われたのか。

判決は、ナタの柄に付着していた血痕の鑑定の信用性を判断するまでもなく、

「ナタと犯行との結びつきが切断されている」とさえ言い切っている。

利き腕は左なのに

利き腕にも疑問がある。免田は原第一審初公判（24年2月17日）で、木下春雄裁判長からナタを示され、「このナタを犯行に使ったか」と問われると、「私は左利きなので、このナタを左手に握って白福角蔵らに切りつけた」と答えている。

また、同第4回公判（24年5月19日）でも、「私は仕事とか（ものを）投げる時は左利きだが、字は右手で書く」と供述しており、免田は左利き、ということになる。

しかし、自白調書には、「右手で腰のナタを取り、それを振り上げて切りつけた」とか、「手に持っていたナタは置いて、刺し身包丁のようなものを右手に持って父親（角蔵）のノドを刺した」と記載されている。ナタの使用については記載があいまいだが、刺し身包丁は、はっきり「右手に持って」となっている。

判決は、記載があいまいなナタについても、「左利きは右腰にナタを差していて、右手で取り出し、左手で使うのが自然。調書にはその通り記載されているにすぎない、との見方もあろうが」、と前置きして、次のように判断する。

「調書を素直に読めば、右手で腰のナタを取って、右手で切りつけた、とみるのが自然だ」。「左利きの者が利き腕でない右手で、ほかならぬ殺人の実行行為であるナタを振るったり、刺し身包丁で刺したりするだろうか」。判決が抱く疑問だ。さらに、「一般に右手が利き腕の者が多いとの認識に基づき、捜査官が十分検討しないまま、自己の構想を押しつけたからこのような調書になったのではないか」と指摘している。

トランク、物色したか

被害者・白福角蔵の三男、三男は事件直後の室内の様子を、「かねて東側のタンスの上にあるトランクが、母親の寝ていた布団の上にあり、中をいじった跡があった」と証言。事件発生を報じた熊本日日新聞（23年12月31日付）にも、「四人殺傷の現場、ほうり出されたトランク」という説明が付いた現場写真が掲載されている。

しかし、免田の自白調書の中に、トランクをタンスから下ろして物色した、という供述はない。「タンスの引き出しを物色中に、『泥棒』と声を立てられたので、ナタで次々に切りつけた」とあるだけだ。判決は、「トランクを下ろして物色していることは動かしがたいのに、全く供述が欠落しているのはなぜか」と疑問を投げかけている。検察側は論告で、トランクの物色を認めながら、自白調書と一致し

ないことについて、「被告人は興奮状態にあり、行動を正確に記憶していることは困難だから、自白が現場の状況と完全に一致していないとしても不自然、不合理とは言えない。むしろ、自白が誘導などによらず、任意になされたことを示している」と主張した。

これに対して判決はこう判断した。「タンスのどの引き出しを開けたか、どの開き戸を開けたか、などについては、検察官が主張するようなことが言えるとしても、トランクをわざわざ高い所から下ろして物色しているのだから、同列には論じられない」と。また、「トランクに関する供述の欠落は、記憶喪失とか自己の有利なように供述しようとする犯罪人の心理では説明できない、不合理なことだ」とし、「捜査官がトランクのことを念頭に置いていなかったために、誘導して調書に載せることができず、欠落したのではないか」という疑問すら呈している。

逃走口にも疑問

逃走口も疑問の一つだ。自白調書（24年1月17日付）には、「茶棚のそばの裏戸を突き開け、そこから飛び出して垣を越えて逃げた」と記載されている。この点について、既に再審開始を決定した福岡高裁も、疑問を投げかけていた。

第一に、白福家には裏の出入り口はなく、裏戸とは炊事場横の窓（縦約60センチ、横約1メートル）以外には考えられないこと。第二に、窓から脱出することは可能だが、窓枠の下（高さ約60センチ）には幅約60センチの棚が取り付けられ、棚の上にはすり鉢や茶わんなどが置かれていた。あらかじめ、すり鉢などを取り除いておかない限り、脱出の際体が当たって落としたり、割ったりするはずなのに、そのような形跡はなかったこと。第三に、白福角蔵の長女イツ子と二女ムツ子は、「犯人は床下の方に音をさせて出て行ったと思う」と述べていること、などだ。

判決は、「炊事場横の窓」が逃走口であることの疑問をさらに深め、その証拠として、事件直後の現場検証調書や現場写真、三男の供述を挙げている。三男は「戸（窓）は外から開けられぬようにひもを付け、釘にくくりつけていた。（事件後）戸は開いていなかった。（棚には）茶わんなどそのまま載っていた」と述べている。検証調書には「内部からひもで固定されているので、出入りできない」と記載されており、「三男の供述を検証調書や現場写真が裏付けている」と判決は言う。「床下のはめ板が2枚外され、そのうち1枚には新しい割れ目がついており、床土には内側から何ものかを外に引きずった跡がある」という現場検証調書などを基に、判決は「床下逃走の可能性もある」と指摘。捜査員が「床下から出入りしていない」との結論を持っていたために、「裏戸から逃走した」という自白調書

になったのではないか、とみている。

3　疑問の多い犯行時刻

犯行時刻の不一致

　疑問の多い自白調書の中で、犯行時刻がはっきりしないのも疑問の一つだ。

　起訴状や検察官の冒頭陳述によると、「23年12月29日午後11時半ごろ、白福角蔵方に侵入し、犯行に及んだ」となっている。証拠上は、検察官・野田英男作成の自白調書（24年1月19日付）に「白福方に着いたのは午後11時から12時までの間と思うが、時計を持っていなかったので、正確な時刻は分からない」とあるだけで、警察官が作った自白調書には記載がない。

　また、遺体の司法解剖は世良完介によって、12月30日午後6時から同午後9時すぎまで行われ、鑑定書には「死後経過は20時間以内と推測され、食後経過は4時間内外と推定される」とある。検視した医師・山口宏は「角蔵の受傷年月日は29日午後11時ごろ（推定）」としている。

　しかし、角蔵の四男・実が夜警の途中、惨事を発見したのは、30日午前3時20分ごろ。「2回目の見回りに行った時、母屋の中からウーンウーンといううめき声が聞こえ、イツ子（長女）が血まみれで戸を開けた」という。人吉市警への通報は同午前3時40分で、「午前3時半ごろ、白福方に強盗が侵入」となっている。実とイツ子、二女ムツ子の供述は時刻、事件発見時の状況でも一致。

　判決は「実は夜警の任務についていたのだから、巡回の時刻には特に注意していたはずで、信用性は高い」と判断、イツ子の証言から「実が2回目にやって来たのは犯行後間もなく」とみる。実も「午前1時半から同2時15分までの間、1回目に見回った時は異状なかった」と述べている。

　これらの点から、判決は「犯行は30日午前3時ごろだった疑いが濃厚」としている。

　世良一次鑑定書には、白福角蔵の遺体解剖について、「食後経過時間は4時間内と推定される」と記載されている。角蔵の二女ムツ子は「(29日) 午後9時半に寝て、その時角蔵がアンコを食べた」と証言。同鑑定書によれば、角蔵の死亡推定時刻は翌30日午前1時半ごろ、となる。免田の犯行時刻に関する自白調書は、「29日午後11時から12時までの間で、正確な時刻は分からない」。

　この食い違いについて、検察側は「もともと明確な根拠に基づく供述でない上、仮に犯行時刻を30日午前1時半ごろとしても、自白と1時間半ないし2時間半

程度の差があるにすぎないから、自白全体の信用性に影響を与えるものではない」と主張した。

「しかし」、と判決は言う。孔雀荘を訪れた時間（29日午後8時ごろ）、そこを出た時間（同10時ごろ）、翌日平川飲食店に荷物を取りに行った時間（30日午前10時か11時ごろ）、などは客観的な裏付け証拠があり、免田も比較的正確に供述している。それなのに、「最も重要な犯行時刻について、1時間半ないし2時間半、犯行が発見時刻から逆算して午前3時ごろとすれば3時間ないし4時間も、自白とズレがあるのは不可解で、不合理」と言うのである。

さらに、「警戒の厳しい歳末、寒い冬空に外とうも着ないで、（つじ強盗のため）3時間以上も中学通りを物色することが可能か」と疑問を投げかけ、検察側主張を批判。「（29日）午後11時ないし12時」、という検察官作成の自白調書の犯行時刻は、「検察官が誘導したか、死体検案書に記載された死亡推定時刻（29日午後11時ごろ）に引きずられ、真実に反する供述を引き出した疑いがある」と結論づけている。

時計を持っていたか

免田は犯行時刻について、検察官作成の自白調書で、「時計を持っていなかったので、正確な時刻は判らない」と述べているが、犯行を全面的に否認した原第一審第3回公判（24年4月14日）では、「当時、時計を持っていた」と主張している。

さらに、同第4回公判（同5月19日）では、弁護人の「23年12月29日ごろ、家を出た時、時計を持っていたか」という質問に対し、「持っていた。検察官に『持っていなかった』と述べたのは嘘だ。今年（24年）1月3、4日ごろまで持っていて、（知人の）横山一義の母に頼んで、腕時計を担保に金を800円借りてもらった」と答えている。

横山は次の同第5回公判（同年7月12日）に証人として出廷。弁護人から、「被告人が証人方に泊っている間に、時計を抵当にして金を借りたことはないか」と尋ねられ、「私の家の家主から1000円借りたと、事件が発覚した後、母から聞いた」と答えている。裁判長が「何日か」と問いただしたのに対しては、「2日だったと思う」と述べた。

検察側は「一度腕時計を持っていなかったと供述しており、横山の証言から、腕時計を持っていたとは容易に認定できない」と主張した。

しかし、判決は横山の証言が「腕時計を担保に金を借りた」という免田の供

述を裏付ける、と評価した。「横山の母親に頼んで、腕時計を担保に家主から金を借りた」という話は具体的で、横山は知人だが、免田にあまりよい感情を持っておらず、わざわざ作為して証言するようなことではない、と言う。免田が当時、人吉などへ行くのに頻繁に汽車を利用していた、ともみる判決は、「『父親からもらった腕時計を持っていた』と被告人が言うように、時計を持っていたとみる方が自然だ」と指摘する。免田が事件当時、腕時計を持っていたとすれば、自白調書の中の犯行時刻だけでなく、時間に関する供述がすべておかしくなっていく。

逃走経路への疑問

自白調書の犯行時刻を疑問視する判決は、まず、犯行後の逃走経路を時間的な面から検討、疑問点を指摘している。

起訴状や冒頭陳述によると、犯行時刻は23年12月29日午後11時半ごろ。これを前提にすれば、逃走開始時刻は30日午前零時ごろ、と判決は仮定する。48年12月26日（第六次再審請求）、56年12月25、26日（再審公判）の夜間検証では、犯行現場から古町橋（検察側主張の「ぬっごう」付近）まで、徒歩で約3時間。事件当時と検証時では、「明暗や歩行路の条件が異なっているので確定的には言えないが」、と判決は断った上で、「当時も歩行が可能なら、（24年1月17日付自白調書では）走ったり歩いたりしたというので、ナタを埋める時間を入れても3時間ぐらいで行けるのでは」と言う。

仮定した逃走時刻からすれば、古町橋に到着するのは30日午前3時ごろ、となる。しかし、同自白調書には、「六江川でハッピの血を洗ったのは午前5時ごろ」

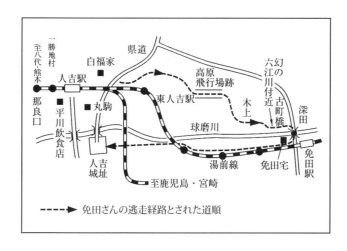

とある。判決は「早朝5時ごろ、果たしてハッピの血を識別できる明るさがあるかも一つの問題だが、寒い暗闇の中で約2時間も何をしていたのか」と疑問を投げかける。逃走経路について、「何よりも、犯行時刻と六江川到着時間の関係が不合理」というのが、判決の結論だ。

　犯行後の足取りについて、自白調書には次のように記載されている。
「中学通りから東人吉駅前、願成寺町を経て、旧人吉航空隊高原飛行場跡地に至り、付近の土中にナタを埋めた」。「その後、東へ向かい、実家がある免田町と木上村（現錦町）、深田村の境界付近の『六江川』で、ハッピに付いていた血痕を洗い落とした。30日午前5時ごろだった」。「（『六江川』から）湯前線の線路伝いに西へ行き、同日午前9時半ごろ、人吉城址に着いた。午前10時か11時ごろ、平川飲食店に立ち寄って、29日預けた荷物を受け取った」。逃走経路は約34キロ（踏破可能とし検察側は、再審公判で、「27キロ」と主張した）。

　しかし、逃走経路についての疑問は、既に第六次の福岡高裁の再審開始決定（54年9月27日）でも指摘されている。①寒気、暗闇の中、悪路を30数キロ、途中暖をとらず、飲食もしないで歩くのは極めて困難。②もし、踏破したとすれば、極度の疲労で半病人の状態になり、衣類も汚れているはずだが、免田が平川飲食店に現われた時、おかみの平川ハマエは「変わった様子はなく、着衣も前日と同じだった」と証言している。③検証（48年12月26日）の結果、周囲が明るくなるのは午前6時45分ごろ。衣類を洗ったとすれば、早くともそのころでなければならない。④もし、衣類を洗ったのが午前6時45分ごろで、六江川とすると、往路と帰路の所要時間の差があまりに大きく、検証結果（帰路の方が時間がかかった）とも合わず、不自然。⑤古町橋付近に「ぬっごう（のづごう）」という河川は存在するが、六江川という名の河川の存在は確認できなかった。

　以上が、既に指摘されていた疑問点である。

全くない秘密の暴露

　判決も、再審開始を決定した福岡高裁同様、犯行後の足取りに関する自白調書は「不自然、不合理な点が多い」と指摘する。犯行後、隠れ場所として故郷を目指すことは、犯罪者の心理として理解できないことではないが、なぜ、再び検問の厳しい人吉市に戻ったのか——「自白調書では一片の説明もなされていない」と、判決は言う。また、実家のある免田町に向かう途中の柳瀬橋付近には、夜警の詰め所があるほか、歳末警戒で私服警察官も出ていたのに、そこを血の付いたナタを下げて通ったと言うのか、と。

自白調書を作成した人吉市警の巡査部長・福崎良夫は「被告人の供述するままを調書にした」と言う。しかし、判決は「不自然、不合理な点は、捜査が既に 33 年前に気づくべきで、裏付け捜査をしていたら、当然真相が判明したはず」と言い切っている。

　免田が 23 年 12 月 29 日午後 8 時半か 9 時ごろ、孔雀荘に行き、同日午後 9 時半か 10 時ごろ、そこを出たこと、翌 30 日午前 10 時か 11 時ごろ、平川飲食店を訪ねたことは、孔雀荘の溝辺ウキエや平川ハマエの供述で裏付けられた事実だ。孔雀荘を出てから、平川飲食店に現われるまでの時間的空白——。

　判決は言う。「捜査官は被告人を（犯行後）、人吉→免田→人吉と周回させざるをえなかったのではないかとさえ推測される。自白を取るのに急で、不自然さや不合理さを全く見過ごし、逃走途中の出来事（ナタを埋めたことやハッピを洗ったこと）について裏付けを欠いた、ズサンな調書だ」。

　自白調書の信用性を判断するポイントの一つは、犯人でなければ分からないような事実、いわゆる"秘密の暴露"が含まれているかどうかだとされる。判決は、「逃走経路と途中の出来事に、"秘密の暴露"と認められるものは全くない」と言い切る。以下、判決に沿ってみてみる。判決が挙げた点は、「もし十分確認されていれば、自白の信用性を裏付ける重要な意味を持つ事実」（判決）となるはずのものだった。

　自白調書　裏の垣根を越えて中学通りに出て、湯前線の線路伝いに約 100 メートル行った地点で、右土手に上がった。

　判決　裏の垣根は、あらかじめ捜査官が現場検証して確認済み。湯前線で右土手に上がる地点は、馬場巡査が自殺者の捜査を担当したことがあり、その地点を過ぎれば土手に上がれない地形であることは、一度、現場付近を捜査していれば、すぐ分かる。

　自白調書　高原の滑走路と旧道の境目のところで、ナタを埋めた。24 年 1 月 10 日、ナタを掘り出し、翌日、俣口の伊藤イチ方に持って行って、竹切りなどに使った。

　判決　何よりもまず、ナタは高原から発見、押収されたものではない。せっかく埋めた凶器を、なぜ、後日わざわざ掘り出して使ったのか。暗闇の中、広大な土地に埋め、その後、雪が積もっていたとも考えられるので、掘り出すことは至難の業だ。場所もはっきりしない。疑問が多く、たやすく信用できず、むしろ嘘を供述した疑いが濃厚だ。

幻の六江川?

　判決は、逃走経路途中の、「ハッピやズボンを洗った」という六江川についても、検討している。

　自白調書によれば、「免田と深田、木上の境の六江川で、ハッピとズボンに付いていた血を洗い落とした。朝五時ごろと思う」。「(24年1月10日ごろ) ナタを掘り出し、深田村の古町橋を渡って向こう岸の、平屋建ての一軒屋のそばで、ナタの刃に付いていた血を洗い落とした」などとある。

　検察側は六江川について、「免田町と旧木上村（現錦町）、深田村の境界付近の『ぬっごう』などと呼ばれる小川」と主張。「六江川は『むつごうがわ』と読めるから、『ぬっごう』の発音に近い六江川という漢字を用いて表現したとしても、なんら不自然ではない」とした。

　「ぬっごう」という小川が存在することは、深田村の前田一男（まえだかずお）が証言してるが、三町村の境ではなく、境から約1キロ離れた所だ。「被告人は、付近の地理には詳しいはずだから、三町村の境から1キロ離れた『ぬっごう』が、三町村の境でないことは分かると思われる」と言う判決は、「六江川が架空の川でないにしても、『ぬっごう』であることに疑いは残る」とする。さらに六江川の存在もさることながら、「暗闇で、ズボンや着ているはずのないハッピ（平川飲食店に預けた荷物の中）を洗ったり、血が付いていたはずのナタの柄を洗わなかったり、不自然、不合理な点が目立ちすぎる」とも疑問を投げかけている。

事実と異なる服装

　犯行時の免田の服装にも疑問がある。自白調書によれば、「国防色の色の白っぽくなった上衣の上にハッピを着て、地下足袋を履いていた。ハッピに付いていた血痕を六江川で洗った」とされている。判決は触れていないが、事件の被害者であり、目撃者である次女ムツ子（当時11歳）の供述では、「（犯人の）着衣は軍隊服の色のあせたのを着ていて、ネクタイを結んでおらず、オーバーも着ていなかった」と言う。

　事件当夜（23年12月29日）、免田と出会った人たちはだれも、「免田がハッピを着ていた」とは言っていない。免田自身、「ハッピは平川飲食店に預けた荷物の中」（原第一審第3回公判）と述べており、判決も「荷物の中に入れていたと認定する以外ない」と判断している。履物についても、免田はアリバイを全面的に主張した原第一審第3回公判や再審公判で、「12月29日、500円でズックを買い、それまで履いていた地下足袋と履き替えた」と主張、12月29日以降に免田と出

会った兼田又市らがそれを裏付ける証言をしていることから、「ズックを履いていた」と認定した。

なぜ、免田は着てもいないハッピを着ていたと自白したのか。判決は「当時着ていた国防色の上衣とズボンに血痕が付着していなかったので、犯行現場を見て知っている人吉市警の福崎巡査部長が不思議に思い、ハッピを上から着ていたことにし、ハッピとズボンを洗ったことにしたのではないか」と推理してみせる。その上で「ハッピを着ていた」という自白調書は「嘘の疑いが濃厚で捜査官が誘導した疑いがある」と指摘、地下足袋ではなくズックを履いていた点とも合わせて、服装に関する自白調書は「客観的事実との食い違いがある」と断じた。

現場検証調書（松本尚之警部補作成、23年12月31日付）によると、現場の畳は血の海で、びょうぶや障子まで血痕が飛び散っていた。自白調書で当時、免田が着ていたとされ、後日押収されたハッピや上着、ズボン、地下足袋、白のマフラーなどから、血痕は検出されなかった。犯人ならば相当な返り血を浴びているはずなのに。なぜか。

判決は言う。

「被告人が全くでたらめをいっているか、犯行現場に行っていない（犯人ではない）ことを疑わせる。『着衣などに血痕証明なし』との（国警県本部の）判定は、被告人の自白の真実性に重大な疑問を投げかける」と。

検察側は再審公判でこの不自然さを"着替え説"で説明しようとした。事件発生から33年経て初めて主張されたことだった。

「押収された着衣は免田が犯行時着用していたものでない可能性が強く、実家に立ち寄って別の着衣に着替え、別の地下足袋に履き替えたものと十二分に推認できる」。だから、「押収された着衣に血痕が付着していなくても、不自然ではない。捜査員に着替えたことを隠し嘘の供述をしたのだ」と言う。"着替え説"の根拠は、「免田が実家に立ち寄り、かまどで暖をとっているのを見た」という半仁田秋義の証言だ。

しかし、判決は半仁田証言について、「はなはだ危険な供述証拠」として信用性を否定しており、「検察官の主張は既に破綻している」と"着替え説"を弾劾している。着衣に血痕が付着していなかったことは、「被告人が犯人とすれば、検察官が急きょ"着替え説"を持ち出さなければならなかったほど、不自然なことだった」（判決）のだ。

4 鑑定論争

再審の突破口になった鑑定

　第六次再審請求で、弁護団が新証拠として提出したのが、名古屋大学教授・矢田昭一、北里大学教授・船尾忠孝の2つの鑑定だ。再審は「無罪を言い渡すべき明らかな証拠をあらたに発見したとき」に開始される。固く閉ざされていた免田再審の門の「一点突破」（弁護団の倉田哲治）として取り組まれたのが2つの鑑定だった。「第三次再審請求でアリバイを認めた『西辻決定』も取り消しになっていたうえ、免田の衣服に返り血がないことがどうしても不自然だったことから、鑑定をやり直すことになった」。松川事件なども手掛けた倉田は振り返る。

　鑑定は2つに絞られた。1つは、自白調書にある白福角蔵へのノドの包丁による刺し傷がとどめかどうか、もう一つが凶器とされたナタに付いていた血痕鑑定が信用できるかどうかである。創傷順序の問題は、そのまま免田の自白調書の信用性を左右するもので、ナタの血痕鑑定も、免田と犯行を結びつける数少ないものだけに注目された。福岡高裁の再審開始決定では、創傷の順序については「包丁による首の傷がとどめでないことは動かし難い事実で、自白調書の信用性に疑問がある」とし、血痕鑑定でも「当時の鑑定結果は極めて疑問で、免田と犯行との結びつきに疑問を投げかけている」と、弁護側主張を入れる形で疑問を呈し開始決定の一つの根拠とした。

　再審公判でも、2つの鑑定論争は大きな争点となった。創傷順序では弁護側の矢田鑑定に対し、検察側は九州大学教授・牧角三郎、血痕鑑定では船尾鑑定に対して、久留米大学教授・原三郎を立て、真っ向から対立、一時は科学論争の感すら漂わせた。しかし、免田のアリバイ成立を全面的に認めた判決は、

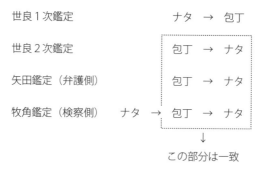

（争点となった創傷順序をめぐって、4つの鑑定が提出された）

鑑定論争を「裁判所の結論が正しい（アリバイ成立による無罪）ことを検算する意味」で検討するとの立場をとった。

ノドの傷はとどめか

　免田の自白調書によれば、角蔵をナタで殴り、次いで妻トギエ、娘二人の順で殴り、ナタを一度置いて、最後にトギエの横にあった刺し身包丁様のもので角蔵のノドを2回ぐらい刺した。これを畳の上に捨て、ナタを持って逃げた、となっている。判決は、自白調書によるノドの傷は「明らかにとどめを意味するものと受けとられる」と言う。

　創傷の順序をめぐつては矢田鑑定（弁護側）は、角蔵の左手に攻撃を避けようとする包丁による防御創があり、包丁 → ナタとするのが自然で、自白調書と矛盾するのに対し、牧角鑑定（検察側）はナタは犯人が持ち込んだもので、家族もナタで受傷していることから、ナタ → 包丁 → ナタとした。また、事件直後の23年12月30日に鑑定した世良鑑定ではナタ → 包丁とされ、ノドの刺傷が「恐ラク死ノ留メヲ刺シタルモノト認メラル」とある。一方、第三次再審請求時の31年、「西辻決定」での世良二次鑑定は包丁 → ナタとして、自ら一次鑑定を訂正している。

　図示すれば左の図のようになる。つまり、最後の傷が包丁によるものではないことは3つの鑑定が同じ結論を出しており、異なるのは世良一次鑑定のみ、と判決はしたうえで、しかも世良自身が自ら第一次鑑定を訂正していることから、「包丁による傷が最後の傷でないことは明白な事実というべく、もはや多くを論じる必要がない」と判断、「自白調書の刺し身包丁によるとどめは明らかに客観的事実に反する」と、明示した。

　続けて判決は、なぜ事実と違った自白調書が作られたかについて論及する。それは「単に興奮、異常心理による記憶の欠落と言うにはあまりに重大な事実の齟齬」があるとの疑問からだ。

　判決は、角蔵、トギエの死体の検分をした医師・山口宏の死体検案書や世良鑑定書（一次）を調べ、免田の自白調書は、「なるほど誤った世良一次鑑定書の説明と非常に似ている。特に『刺し身包丁、死のとどめ』はそうである」と指摘、「捜査官があらかじめ得ていた知識に基づいて誘導し、被告人が経験しなかった事実を調書に作成した疑いがはなはだ強いといわざるをえない」と、誘導による自白調書作成を強く示唆している。さらに「世良鑑定人は、学者としての良心から翻然として前説の誤りを認め、二次鑑定でこれを訂正したが、誤りをそのまま

引き継いだ福崎巡査部長の自白調書は、訂正の機会を得られないまま公判記録に残ってしまった」とした弁護人の意見を「核心をついた言葉」として評価している。

しかし、判決が基本的態度としているのは、免田の有罪、無罪を考えるについて「これ以上の医学的論議が必要不可欠とは考えない」とする点である。創傷順序の食い違いが、自白の信用性の判断に大きな影響を与えるという判決は、「第一撃は何か」という問題では矢田、牧角両鑑定を「あえて論ずるまでもない」の立場をとっている。

しかし、再審公判の争点ともなった論争に、若干の検討を加えている判決は、第一撃が包丁（矢田鑑定）か、ナタ（牧角鑑定）かは「慎重な検討が必要」としながらも、角蔵の左手の傷は防御創とするのが常識的で、「第一撃は包丁ではないかとの疑いを、牧角鑑定の反論によっても払拭できたとは言えないのでは」と手短かに述べている。

ナタの血痕をめぐって

再審公判では、ナタの柄に付着していた血痕の鑑定が信用できるかどうかをめぐっても争われた。押収されたナタを凶器とする唯一の手掛かりがこの血痕だからだ。ナタは免田の自白に基づいて、一勝地村俣口の伊藤イチ方から押収されたとされている。自白調書によると、免田は犯行（23年12月29日午後11時半ごろ）後、高原（たかんばる）の飛行場跡まで行ってナタを埋め、12日後の24年1月10日、人吉市の義兄方から実家に帰る途中掘り出した。同月11日、ナタを伊藤方に持って行って竹切りなどに使った、となっている。

判決は自白調書に多くの疑問点があることを指摘している。①逃げる途中いくらでも捨てたり隠したりする場所があるのに、高原まで持って行って埋めた、②せっかく埋めたのに、後日わざわざ掘り出した、③暗闇でだだっ広い高原に埋めたナタを再び掘り出せるか、④昼間掘り出したナタを持って逃走経路と同じ道を歩き六江川まで来て、血痕が付いていた柄は洗わずに刃だけ洗った、⑤柄に一目で血と分かるような大きさの血が付いていたなら、気づかぬはずはない、⑥その後、ナタを伊藤方に山仕事のため持って行き、人目につくところで使い放置していた、⑦免田は犯行を全面否認した原第一審第3回公判で「ナタを家から持ち出したのは事件があった23年12月29日ではなく、翌24年1月9日」と主張しており、それに沿う複数の供述がある、などだ。

一つ一つ疑問を挙げながら判決は、「ナタと犯行との結びつきは、むしろ証拠

上ない」との立場をとっている。

　押収されたナタを犯行と結びつけたのは、国警県本部の伊藤一夫(いとうかずお)の鑑定結果報告書(24年1月18日付)だ。伊藤鑑定は、ナタの柄に付着していた血痕を被害者・白福角蔵らと同じO型と判定し、免田の自白調書とともに、原審の有罪認定の重要な根拠となった。再審公判では伊藤鑑定をめぐって、弁護側が北里大学教授・船尾忠孝の鑑定を基に信用性を否定したのに対して、検察側も新たに久留米大学教授・原三郎の鑑定を出して"応戦"した。血液型判定に必要な血痕量、時間など船尾、原両鑑定はことごとく対立した。

　判決は伊藤鑑定の信用性を判断するポイントを、血痕量に絞った。「米粒大」といわれるナタの柄に付着していた血痕が盛り上がりのあるものだったのか、しみ状だったのか。「しみ状ならば血液型判定までは不可能」という点では、船尾、原両鑑定とも一致しているからだ。ナタに付着していた血痕はどんなものだったか。当時の捜査員たちの証言は、「米粒大の痕が固まって付いていた」(巡査・馬場止)というものと、「茶かっ色のしみ」(人吉市警唯一の鑑識係・上田勝治)と分かれる。

　検察官は馬場の証言を基に、「ナタには少なくとも米粒大の盛り上がりのある血痕が付着していた」と主張した。しかし、判決は「米粒大の削り口があった」という再審公判での免田の証言と、「もし血痕が盛り上がりのあるものだったら、柄の木質部分まで削り取る必要はない」という原証言から、「しみ状」との上田証言を採用、検察側主張を退け、ナタに付いていた血痕を「せいぜい血痕らしいしみのようなもの」と認定した

　盛り上がりのない米粒大とはどのくらいの大きさか。再審公判での弁護側鑑定人・船尾忠孝の証言によれば、「生米で長径5ミリ、短径3ミリ、炊いた米で長径7—8ミリ、短径4—5ミリ」となる。血液型の判定に必要な血痕量について、船尾は「諸試験を行うために最低2—3ミリグラムの血痕が必要で、そのうち半分に当たる1—1.5ミリグラムはいわゆる血液型検査だけに必要」とし、「米粒大ではせいぜい0.8—1ミリグラムしかないので、どんなに吸収時間をかけても正確な判定は困難不可能」と言う。

　これに対して、検察側の鑑定人・原三郎は「1ミリグラム以上の血痕量があれば血液型判定は可能。米粒大の血痕でも多少盛り上がったものであれば、1ミリグラム強は削りとることは比較的容易で、6時間吸収(伊藤鑑定)でも型判定は可能だ」とした。しかし、盛り上がりが全くなく、しかも色調が著しく薄くなった状態の血痕では、「1ミリグラム以上削り取ることは困難で、型判定はできない」とも証言している。

これらの点から、判決は「ナタの柄に付いた血痕は『米粒大のしみ状のもの』が前提」になるとし、「船尾鑑定によってはもちろん、原鑑定によっても血液型判定は不可能」と結論づけ、血痕を被害者・白福角蔵らと同じO型と判定した国警県本部の伊藤鑑定を、「信用できない」と判断した。

押収されたナタは今はない。死刑判決が確定した後、再審請求を始めた免田は再三、熊本地検八代支部にナタの返還を求めたが、回答は「放棄せよ」であった。38年12月、ナタの返還を求める民事訴訟を起こして、初めてナタの紛失が明らかになった。

全証拠を検討対象に

矢田鑑定（創傷の順序）と船尾鑑定（ナタの血痕）という2つの鑑定は、再審の扉を開けるのに大きな役割を果たした。事実、福岡高裁の再審開始決定では、2つの鑑定は「疑問を投げかける新証拠」と評価された。もともと、刑事裁判において重要な役割を果たしてきた鑑定だが、再審事件を通じて「誤った鑑定がしばしば誤った裁判の重要な原因となり、逆に新たな鑑定で誤判が明らかにされ、再審開始、無罪判決がかちとられている」(54年11月16日、日弁連第22回人権擁護大会) ことから、特にクローズアップされるようになった。免田再審公判でも、弁護、検察それぞれの鑑定人が立って、鑑定論争が繰り広げられた。

しかし判決は、創傷の順序をめぐっては、世良一次鑑定を除く3つの鑑定が、ノドの刺し傷はとどめとはしていないし、世良一次鑑定も後に本人が否定していると指摘。ナタの血痕鑑定でも、血痕量が「しみ状」であるから、弁護、検察双方の鑑定でも「血液型判定は不可能」との結論に達している。このため、判決に対して「鑑定をもっと正面から踏み込んで判断すべきではなかったか」との批判が関係者のなかにある。つまり、判決が弁護、検察双方に異論のない部分のみをとりあげて、「判断するにはそれだけで足りる」としていることへの不満だ。

しかし、アリバイを認めて免田無罪とした判決は、「有罪、無罪を考えるのにこれ以上の医学的論議は不必要」という立場を貫いている。再審開始は、無罪を言い渡すべき明らかな新しい証拠が必要とされるが、一度開始が決まり、再審公判が開かれると、「明らかな新しい証拠」(免田事件での鑑定) だけでなく、全証拠が検討対象となるわけで、一般の刑事裁判と同じ過程をとる。免田再審でも「全証拠を洗いざらいみよう」との裁判所の姿勢があり、これまでの証拠のほか、33年目の新証人まで登場。文字通り「裁判のやり直し」となった。

第3章 ◇ 錯乱

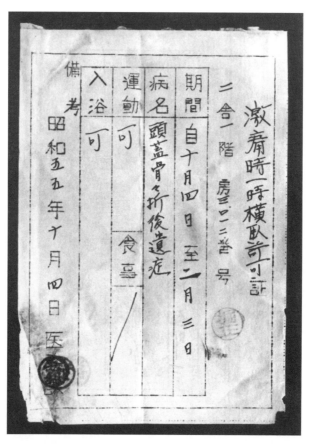

福岡拘置支所在監時代、免田さんに交付された「頭蓋骨々折後遺症による激痛時一時横臥許可証」。昭和22、3年ごろの転落事故の後遺症のひどさを物語る。

第3章　錯乱

　犯人でもないのになぜ自白し、犯行を認めたのか？　昭和58年7月15日の熊本地裁八代支部での判決以降、熊本日日新聞社に寄せられた手紙や電話で一番多かった疑問だ。「犯行をやっていないのなら、やっていないとなぜ言えなかったか」と。この疑問は、34年にわたる免田事件のなかでも、一貫して横たわっている疑問でもあり、免田事件を"わかりにくく"していることの一因でもある。それはまた、いくつもの冤罪事件に共通することである。
　アリバイを前面に立てて、免田の無罪を証明した河上判決は、「自白の構造」にも力を置いた。
　自白調書を「かくも粗雑な矛盾に満ちた内容」と厳しく批判し、自白調書の信用性を否定し、その任意性に疑問を投げかけた判決は、特に、「なぜ自白したのか」について高い関心を示す。
　判決は、検察側が原第一審第1回公判で認めたことを重視する論告を行ったことに対し、「原第一審第1回公判で認めたことについて」とする一項目を立て、その冒頭で言う。「被告人が取調べ段階で自白したことについての被告人の言い訳が相当か否かはともかくとして、もし被告人が本当にやっていないのであるなら、肉親や弁護人と面接した後の原第一第1回公判で自白したのはどういうことであろうかという疑問は当然」とし、「本件では特にこの点について言及する必要があろう」と続ける。というのも、「捜査段階における自白調書は疑問点が余りにも多く到底真実を述べたとはみれない」としても、「第1回公判で罪状を認めた供述は、それなりに具体的なものをもっているが故に、世人を納得せしめるだけの理由が示されねばならない」からだ。
　なぜ免田は自白し、しかも第1回公判で認めたのか。判決は、「なぜ？」の疑問に踏み込む。

1　強いられた自白

突然の逮捕、追及

　自白調書の内容を、重要な点で客観的事実に反し（創傷の順序、1回目の俣口訪問が1月4日になっていること、29日夜、ハッピを着て地下足袋を履いていたことなど）、また反する疑いがあること（犯行時刻、逃走口など）、さらに重要な事実での供述の欠落（トランクの物色など）と指摘している判決は、「しかるに、なぜ」と疑問を呈する。「強盗殺人事件という重大な事件についてこのような自白をしたのか」と。判決は、①捜査段階での自白調書、②原第一審第1回公判で犯行を認めたこと、③同第3回公判で否認したこと、の3つの段階での免田の供述にそれぞれ検討を加えている。

　免田が連行されたのは24年1月13日夜。伊藤イチ方で、伊藤の長男と一緒に寝ていた免田は突然やってきた警察官にいきなり尋問を受けた。判決は言う。「ある日突然、犯罪の嫌疑を受け、身のあかしを立てろといわれた時、約半月前の自己の行動を明確かつ整然と述べ、自己が潔白であることを明らかならしめることは、日記とか正確なメモなどを欠かさずつけたりとったりしている場合はともかく、そうでなければそれほど容易なことではない」。実際、免田も事件のあった12月暮れのアリバイを聞かれ、しどろもどろの返事しかしていない。そのことが逆に、警察官の疑いを増す結果ともなっていく。

　免田が、深夜寒気の中を警察官5人にはさまれた形で約2時間かかって山道を下り、さらに自動車に乗り込んで人吉市警に着いたのは14日午前2時半だった。「それまで被疑者として、警察で取調べを受けたことのない田舎育ちの青年」（判決）であった免田が、1月14、15、16日と続いた取調べの結果、犯行を自白したのは16日の午後10時半ごろとされる。

　この間免田は1月15日になって、一度白福事件（当時はそう呼ばれていた）の犯行を一部自供している。凶器は斧で、高原の滑走路付近に捨てた（または埋めた）との内容で、二度にわたって捜索したが何も発見できず、免田も自白を翻した。その後、また厳しい取調べを受けるが、16日深夜自白するまで「三日三晩舎房で休まされることなく取調べを受けたことになり、この間自己の言い分は全く認められなかったことがうかがわれる」と判決は言う。さらに、免田の当時の心境として「そうだとすれば、被告人が主張するように疲労困ぱいして、ついに前記のような自白調書ができ上がり、起訴され続いて裁判を受ける身になってしまったことになり、そのような立場に立たされた人の心境はやはり通常の者には考えられないものが

あったのではなかろうか」と、"特異な状況"を説明している。

　無罪判決が出た後、熊本日日新聞社との初の単独インタビューで免田は言っている。

　「最初からアリバイを主張したが認めてくれなかった。（警察の方で）一つの筋をつくって、それに応じなければ殴る、けるといった暴力になる。寝せずに、食事を与えないで……。何べん言っても調べてくれないし、悔やしい思いだった。『ウン』と認めた時は錯乱状態だった」。

　しかし、取調べは全く密室の中の出来事。判決は、捜査官の言う「（免田が）改悛の情と共に自白した」との証言に疑問を示す一方で、免田の言う「捜査官の暴行や脅迫的言辞」については客観的裏付け資料が十分ではないとした。しかし、「睡眠時間を与えられなかったことや鑑定のため着衣をぬがされたことは客観的裏付けがある」と認めた。

健康もすぐれず

　「当時の免田は過酷な取調べに耐えうる状態ではなかったんですよ」。弁護団の荒木哲也の指摘だ。免田が頭に大けがをしたのは取調べを受ける前、昭和22、3年ごろの初夏のころ。「闇夜を無灯の自転車に乗っていて橋の上から落ち頭を打ち割った」（免田の第六次再審請求本人調書）と言う。免田は続けている。「冬寒い時とか、梅雨時なんか左半分がわんわんし、深く物事を考えるとぼうっとなってくる。このため警察で記憶を追及された時にしどろもどろになったことがある」（同）。

　転落事故の後、家族に心配をかけまいと免田は1週間黙って寝ていた、と荒木は言う。この後遺症はかなりひどかったらしく、免田は福岡拘置支所在監時代、「頭蓋骨々折後遺症」による激痛時一時横臥許可証」を交付されていたほどだ。判決は「被告人が頭のケガが原因で記憶回想が十分でなく、ためにアリバイを追及されてしどろもどろになったというのであるから、自白をした結果との関係ではやや間接的な原因といえよう」と指摘している。

　免田は、もともと健康ではなかった。免田は、ロク膜を患っており、23年7月、大牟田市の四山炭坑に入坑するつもりで身体検査を受けたが「肺炎」であることが分かり、合格しなかった（24年1月17日付調書）という。現在の免田によれば、四山炭坑には知人がいて遊びに行った際、発熱し「肺炎」とわかったという。また、昭和17年2月から、長崎県大村市の海軍航空廠に徴用されるが、製作中の飛行機から転落、その時背中を強く打った後遺症で、仕事中に時々熱を出して休ん

でいたとも言う。

判決も、取調べを受けた当時の健康状態は「すぐれなかった」としている。免田は再審公判で、裁判長が「なぜ第1回公判で認めたか」と聞いたのに、「非常に警察で追及されまして、体力的には病んでいましたから、それだけはっきり言える勇気がなかったわけです」と答えている。判決を直前にした58年7月12日、荒木を通じて熊本日日新聞社へ寄せられた手紙にも「当時、頭のケガの後遺症とロク膜を患ってなかったら、三十数年も人生を無駄にしなくて済んだと思うこの頃です」と記されてあった。

密室の中での取調べ

「一番つらかったのは眠らせてもらえなかったこと。1月13日から同月18日までの間で舎房で寝たのは一晩だけでした」。判決は免田の「全供述を通じて一貫し、変遷のない」言葉としている。

24年1月18日、免田は熊本地検八代支部に身柄とも送致され、翌19日、野田英男検事の取調べを受けた。免田はここでも、「身に憶えのないことです」と一度は否認するが、結局認めてしまう（24年1月19日付調書）。この間の事情を免田は言う。

「18日の夜、名前を知らない2、3人の刑事が明日は検事調べだが、警察でいった通りに供述しておれば調べの結果許されるかもしれないといったのでそう思った。八代の検察庁に連れてこられる間に刑事から警察で述べた通りのことをいえば執行猶予などで家に帰れるかもしれんといわれた。検事調べのときも初めは否認したが、検事がそんなことをいうとまた地獄に行くぞというので、また警察に連れて行かれるのかと思って警察でいった通りを認めた」（38年5月20日付、第四次再審請求本人調書）。

判決は、自白調書の任意性を全面否定はしていないものの、「かくも粗雑な矛盾に満ちた自白内容の調書であってみれば、自ら任意性について疑いが残る」との立場をとっている。「免田は最初の連行の時から、アリバイを主張して犯行を否認していた。免田にとってこたえたのは、接客婦の『30日に「丸駒」にいた』との調書がとられたことではなかったか」とは弁護団の指摘だ。

全く密室の中での取調べ。その中で何がどう聞かれ、どう答えられていくのか。

「免田の取調べはひどいと思う」。自らも横浜事件という冤罪事件に連座して、偽りの自白調書をとられた評論家・青地晨は言う。「僕ももう一度同じ調べを受けたら、同じようにニセの自白するだろう」。青地の心には、まだ密室での取調べが

強烈に残っている。

　横浜事件は昭和19年、戦時下の言論弾圧事件だ。青地によれば、全く架空の事実の上に作られた治安維持法違反罪の架空の事件だった。

　「私にとって、拷問で嘘の自白をしたというのは恥ずべき記憶」と言う青地は「人間は、弱くてもろいものです」と何度も繰り返した。青地は講演に招かれてはいつも言う。「みなさん信じられないだろうが、みなさんもほとんど嘘の自白をしますよ」と。「自白調書と言うけれど、本人がしゃべったことより、取調官から『こうだろう』と聞かれて出来上がる、いわば刑事調書なんだ。セリフは刑事がつけるのだから。しかも刑事は入れ代わり立ち代わりやって来るが、調べを受けるほうは1人なんだ。きつくて、裁判になって、本当のことを言えばよいという気持ちになる」。青地の「人間なんて弱くてどうしようもないものなんです」との言葉が重かった。

　東京・練馬の閑静な街に、青地の自宅はある。補聴器を片手にしながらインタビューに応じた（58年10月5日）が、言葉は若々しく、率直だった。自ら冤罪事件に連座した経験を持つ青地の怒りは『冤罪の恐怖、無実の叫び』（社会思想社刊）に込められている。冤罪を生む警察、検察への批判は鋭いが、「最近は裁判官が一番責任が重いと思うようになった」。エリートで社会実情を知らない、と裁判官批判を繰り返しながら、「裁判官が石化している」と言う。

　訪ねて行ったころ、青地は、免田が出版を進めていた『獄中記』（同社刊）の準備に忙しかった。すでに免田から1400枚もの原稿が届けられていた。青地は、再審無罪の判決の時も、熊本地裁八代支部に姿をみせ、「無罪判決は評価できる。身柄問題では再審開始決定時の釈放を実現せねば」と力を込めた。

　「拷問というと、暴力的というイメージがあるけど、今は心理的な面が多い」と指摘するのはルポライターの鎌田慧だ。鎌田は、労働現場をたんねんに歩くルポルタージュを主に手がけるが、冤罪事件へのかかわりも深い。弘前大教授夫人殺しや財田川事件についての著書もある。

　鎌田は言う。「眠らせない、食事を与えないことも相当こたえる。密室の中の出来事は経験がないと分からない。そして経験者は少数だから、"自白の構造"がなかなか分からない」。しかも起訴され有罪となると、取り返しがつかなくなってしまう、と言う鎌田は「1度つけられた仮面をはがすのにどれだけ苦労するか。本人がどんなに叫んでも、みんな仮面をみて怖がってしまう」と言う。

　鎌田は、小柄な体をさらに小さく丸めて、訥々と話した。鎌田の故郷の事件でもあった弘前大教授夫人殺し事件。「国家権力がどういう形で個人にかかわってく

るかを見極めたい」と言う。鎌田は時々ゾッとする。「免田さんの場合、日弁連という大きな組織に救われたが、組織の手の届かない、明らかにならない冤罪もあるのでは……」。「起訴有罪率が9割を超えると自慢するけど、そうでないあとの数パーセントはどうなっているのか」。鎌田の疑問は深い。

鎌田は11年にわたって関わった財田川事件の判決に現地高松で立ち会った。鎌田は熊本日日新聞59年3月15日付夕刊に一文を寄せた。無罪判決を「具体的にして明快だが」と評価しながらも「裁判長は警察の過ちを、それと同罪といえる検察のあと押しを、そしてそれを極めて安易に容認した先輩裁判官たちの優柔不断を批判することはなかった。私は、ついに裁判所は裁判所を裁くことはできない、という現実を、またもや知らされたようで、割り切れない思いでいる」。

〈補遺〉横浜事件　戦時中から終戦直前にかけての特高警察による言論弾圧事件。治安維持法違反容疑で『改造』や『中央公論』の編集者ら約60人が逮捕された。30人以上が起訴され、大半は戦後直後に有罪判決を受けた。4人が獄死。元被告は全員死亡し、遺族が起こした4次にわたる再審請求で再審開始が決まったが、治安維持法廃止を理由に「免訴」が2008年3月、最高裁で確定。遺族が2009年4月、刑事補償法に基づく請求を横浜地裁に行い、実質的な無罪として補償が認められた。また遺族が起こした国家賠償請求で東京地裁は2016年6月、国家賠償法施行前だったとして請求を棄却した。

二つの自白

「免田にとってショックだったのは、24年1月16日に、接客婦の供述調書ができあがっていることだった」と話すのは、弁護団の倉田哲治だ。1月16日付の接客婦の供述は、免田の「30日『丸駒』宿泊」を裏付けるもので、免田はその16日に、犯行を自白したとされている。「直接的で唯一のアリバイが崩された形で、免田は絶望的になったのだろう」と倉田は、自白の背景を説明する。

倉田が担当した事件に、一連の"爆弾事件"の一つ、土田・日石事件がある。倉田は言う。「一般的にも言えることだが、記憶が欠落しているところに強い暗示がかかる。例え1週間や10日前の行動を聞かれてもはっきりしないし、記憶が混乱しているところに、捜査官が極めて断定的な言い方をしてくる」。

その土田・日石事件で、犯人グループの一人として、逮捕、起訴されたものの、58年5月19日の東京地裁判決で無罪（東京地検が控訴）となった榎下一雄は書いている。本のタイトルは『僕は犯人じゃない』（筑摩書房刊）。虚偽の自白が、捜査官とのやりとりのなかでどう作られているかを克明に記したものだ。

「僕はまるでキツネにつままれたような気分だ。みんながそう言ってるんなら僕だけ忘れているのかも知れない」。「僕は恐ろしくなってきた。自分の記憶が信じられなくなってきた。刑事はガンガン怒鳴りながら、早く言え早く言えと怒るし、僕は自分の忘れている事でこんなに追及されてつらい思いをするんだったら適当に答えていればあっている事だってあるだろうと思い始めた。そしてついに『そう言えばそんな事があったような気がする』と言ってしまった」。

「この夜もいろいろ考えた。あんなこと本当にあったのだろうか。いくら考えても思い当たらない。しかし他の者が皆そう言っているならば間違いないのだろう。僕だけどうして忘れているんだろう。頭がおかしくなったんだろうか。それとも何かのショックで部分的に記憶喪失になったんだろうか。本当にそう思った」。

「刑事から『お前は利用されただけ。早く認めて申し訳ないと言えば、執行猶予だってなるさ』とか、『知らないでやったり、おどされてやったりした場合は罪にはならない』と言われた。これらの言葉を拒否する気力は僕にはもうなかった。『友人が自白している』と混乱もさせられた。追及のあまりのつらさに、認めれば追及を逃れられるんじゃないかとも思った。そして認めた。すぐに本当のことがわかるだろう、そうすれば僕がやってないこともわかるだろう、とも考えた」。

「嘘の自白をさせられていったあの瞬間は、大のおとなが泣き叫び、エゴ丸出しになり、刑事という絶対権力者に命ごいをして、そして良心をも売り渡す。そうした人間のもっとも醜い部分の集大成が『自白』というものだ」。榎下自らの総括である。

　自白から34年を経た免田は、今、自らを振り返る余裕も少しはできた。「ロボットと同じようなもんでした」。自白した当時を語る免田の言葉だ。「自白と一口に言うが、中身は２つある。１つは本当に犯行をやったというのと、もう１つは警察の言うことを認めたという自白だ」。免田は強調する。

〈補遺〉土田・日石事件　1971（昭和46）年、警視庁の土田国保警務部長宅に届けられた小包が爆発して夫人が死亡した事件と、東京・新橋の日石ビル地下郵便局で小包が爆発した事件を捜査した警視庁は同一グループによる犯行として元活動家とその友人らを逮捕した。しかしその後、容疑を受けた人たちのアリバイなどが明らかになり、最終的に全員の無罪が確定した。

弱さをつかれて……

　免田がなぜ自白したのか？　犯人でもないのになぜ自白するのか？　関係者の

証言を続ける。

「松山事件では、同房者から『否認を続けていると死刑になる。今自白すれば無期になれる』などと言われ、その直後に自白しているんです」。弁護団の荒木哲也は言う。松山事件は30年10月、宮城県松山町で一家4人が焼死体で見つかった事件である。発生から45日後に別件の傷害容疑で逮捕された斎藤幸夫は、逮捕から4日目、強盗殺人、放火事件を自白したとされている。

「だれでも死刑は怖い。その"弱さ"をつかれてしまう」。荒木は言う。松山事件も免田事件と同じく、死刑が確定したものの、58年2月、再審開始が決定された。59年3月6日、検察側が死刑を求刑、同9日、弁護側の最終弁論が終わり結審。59年7月11日には無罪判決が言い渡された（検察側控訴断念により無罪確定）。再審開始決定のなかでも「同房者の示唆による影響を受けて自白するに至った疑いが濃く、換言すれば虚偽の自白を誘発し易い状況のもとで自白した疑いが濃い」と判断されていた。

「平均12時間、最長16時間50分も調べられているんですよ」——41年6月、静岡県清水市で起きた一家4人殺害事件、いわゆる袴田事件に取り組むルポライター、高杉晋吾は、取調べの"異様な"長さを指摘する。高杉は、犯人とされた元プロボクサー袴田巌の無実を晴らすための活動を続けている一人。袴田は55年11月、最高裁で死刑が確定したが、初公判以降一貫して否認を続けており、現在再審請求中。日弁連人権擁護委員会も「本格的に取り組むべき事件」として57年末から、支援活動を開始した。

高杉は言う。「袴田は長時間の取調べを20日以上続けられ、便所にも行かせてもらえかった。取調べの時に眠らせてもらえなかった免田と酷似している」。

〈補遺〉袴田事件の再審請求　1980（昭和55）年の死刑確定後、1981年に再審請求をしたが、1994（平成6）年に静岡地裁、2004（平成16）年に東京高裁、2008（平成20）年3月に最高裁が棄却決定。2008年4月、袴田被告の姉が第2次再審請求を静岡地裁に申し立てた。静岡地裁は2014（平成26）年3月、再審開始を決定、袴田さんは釈放された。しかし、検察が東京高裁に即時抗告し、2018（平成30）年6月11日、東京高裁は再審開始決定を取り消した。弁護側は高裁決定を不服とし、最高裁に特別抗告した。

闇から闇へ

「ありのままに言うことがどんなに難しいことか。取調べは、外部と全くしゃ断さ

れて行われる。そのなかでは誘導や強要もある。アリバイなんてすぐ崩れるものです。例えば『目撃者がいるぞ』などと言われてしまう」。財田川事件の弁護団長・北山六郎の多くの経験から出た言葉だ。

　財田川事件は25年2月、香川県財田村で起きたヤミ米ブローカー惨殺事件。谷口繁義が同年8月、強盗殺人罪で起訴された。谷口は2回にわたって別件で逮捕され、自白まで3カ月と20日余の身柄拘束をされた。56年9月に、高松地裁で再審公判が開始され、58年9月、弁護側の最終弁論が行われ、59年3月12日、「自白全体の真実性に疑問がある」として無罪判決が出され、確定した。

　判決は、「アリバイ成立による無罪」とした河上判決と構造を異にし、「自白にはその真実性を疑うべき多くの理由があり、直ちに有罪の証拠とすることができない」との判断を示し、50年5月の最高裁第一小法廷の「『疑わしきは被告人の利益に』の刑事裁判の原則は再審にも適用される」とした「白鳥決定」の考えを初めて適用したものとなった。

　北山の批判は厳しい。「刑訴法が規定している拘置は、逃走、証拠いん滅の恐れがある場合で、取調べのための拘置は認めていないのに現実は取調べに使われている」。

　「見込み捜査から始まって、自白の強要というパターンがある」と言うのは免田弁護団の川坂二郎だ。川坂の指摘した事件に53年10月から54年8月にかけて、福島県いわき市で起きた事件がある。35歳の主婦が白昼強盗に入られ、警察に届け出た。ところが、気が動転していたこともあって供述につじつまの合わない点もあり、3日間にわたる取調べの末、「狂言だ」とする"状況証拠"を逆に突きつけられた。事件は、いつの間にか"狂言強盗"へと変わったのだ。そして、主婦は軽犯罪法違反に問われ、3000円の罰金刑を受けた。ところが、別の事件で逮捕された男が、この強盗事件を自白したのだ。真犯人が現われたため、再審が開かれ、主婦はようやく無罪となった。

　「聞から闇へ葬られた事件もあるのでは……」――川坂の指摘だ。

特殊な状況下の人間

　東洋大学助教授・稲木哲郎は、社会心理学の立場から冤罪事件に取り組んでいる学者の一人だ。自白を裁判官がうのみにしたことから始まったという徳島ラジオ商殺し事件で、『裁判官の犯罪』（晩聲社刊）との本も著している。

　「特殊な状況に置かれた人間が考えられない言動を取ることがある。偽りの自白

もその1つ。米国で3例の実験データがあるが、ふだんでは信じられない状態になる。その1つに、大学生を模擬刑務所に入れたところ、6日間で異常をきたし強度の発作に襲われた」。稲木によれば、この実験はそこで中止になり、大学生は結局、医者にかかることになったという。

「少年事件でも冤罪は多いはずだ」。熊本県内のある家裁調査官の言葉だ。

「家裁に送られてきて『やっていない』と答えるケースがある。『なぜ認めたのか』と聞くと、（警察で）何を言っても聞いてくれないし、信じてくれない。『やっているだろ』と言われ、そのうちあきらめて『ハイ』と答えたと言うんです」。調査官は続ける。「警察ではすぐ疑ってかかる面があるのではないか。家裁では『やっていないなら、そう言いなさい』と言って調査に入る。その違いがあるのでは……。少年は、話を聞く側の態度に敏感に反応するものだ」「少年の場合、友達をかばって『やった』と言うこともあるが、どういう処分になるかを聞き、怖くなって『やっていない』と、本当のことを言い出すこともある」。

58年9月、最高裁は千葉県柏市の少女刺殺事件、いわゆる"みどりちゃん事件"で、東京高裁に審理のやり直しを命じる差戻し決定を行った。新証拠をもとに決定の取消しを求めていたもので、少年法に規定のなかった再審を実質的に認めたものとして注目された。

しかし、東京高裁は59年1月30日、犯人とされ、冤罪を主張している少年（16歳）の抗告を棄却する決定を下したため、少年は同2月10日、最高裁に再抗告。事件は再び最高裁に移った。

〈補遺〉みどりちゃん事件のその後　少年の再抗告に対して最高裁は1985（昭和60）年4月、東京高裁の「自白は信用できる」とした棄却決定を支持した。このため少年は再び千葉家裁松戸支部に処分の取り消しを求めたが、この間、少年が少年院を退院、保護処分が取り消され、同支部、東京高裁は保護処分の終了を理由に請求を退けた。最高裁は1986年1月、東京高裁の棄却決定を支持する中で、「保護処分が終了した後は、保護処分の取り消しを定めた少年法27条は適用されず、この規定は憲法13条（個人の尊重）、同14条（法の下の平等）などに違反しない」とした。

2　ひきつがれた自白

第1回公判を検討

免田の自白調書に検討を加え、「かくも粗雑な矛盾に満ちた自白内容の調書」

とした判決は、「もし被告人が本当にやっていないのであるなら」と疑問を投げかけている。なぜ、原第一審の第1回公判で認めたか？　なぜ、第3回公判で翻したのか？　というのも公判前には、一応警察の取調べも終わり、肉親や弁護人とも面会した後だからだ。

　免田が住居侵入、強盗殺人、同未遂事件で起訴されたのは24年1月28日。第1回公判は同2月17日、熊本地裁八代支部で開かれた。ここで免田は、裁判長・木下春雄の質問に答え、犯行の大筋を認める供述を行った。免田が否定したのは、「殺意」などわずかで、証拠物の取調べでも、ナタを示され、「このナタを左手に持って斬りつけた」と供述、マフラー、ズボン、地下足袋についても、犯行当時着用していたと答えている。

　判決は言う。「弁護人や肉親と面会して第1回公判に臨み、公開の法廷で黙秘権を告げられた後に、なおかつ自己の犯罪事実を認めたことは、特段の事情がない限り、信用性を備えた自白というべきであろう」。免田が第1回公判で認めたことはまた、検察官も論告で取り上げ、自白調書が信用できる根拠として強調した点でもあった。

　しかし、みてきたように、例えばマフラー一つをとっても、当然付くべき血痕がなく、犯行時には着用していなかった疑いが強いことなど、自白調書への疑問はむしろ多い。判決は次の視点から検討している。「もし被告人が真実犯人でなければ、第1回公判において犯行を認めたことがどうしても納得しがたいことなのか。世人を納得させるような事情はないのか、それとも本件ではそれなりの特段の事情が存在するのか」。

　検察官は、免田が原第一審第1回公判で「自白」したことを、「犯行についての具体的な状況を織り込み、否認すべきは否認し、自白すべきは自白するという有利、不利のけじめをつけた供述」と強調した。

　しかし、と判決は言う。「殺す気はなかった」との供述は「確定的殺意を否認しているにすぎず、実は捜査段階においても確定的殺意を一度も認めていない」。警察でも「発作的に」とか、「無我夢中になり」斬りつけたとある、として、「第1回公判で述べるところと実質的にたいして違いはない。何か特別な供述をしたように受け取るのは行き過ぎ」と指摘した。

　また、証拠物について具体的に供述している点では「自白調書の重大な矛盾をそのまま引き継いだ供述になっている」と判断した。「重大な矛盾」とは、免田が第1回公判で、証拠として示されたマフラーを首に巻いていたこと、ズボン、ハッピも犯行当時着用していたものであること、地下足袋も同じく犯行当時履いてい

たことを具体的に供述したことである。これらはすべて、当時の鑑定で血痕が付着していなかったことが明らかになっていたものだ。「自白調書への疑問は、そのまま第1回公判での供述にもあてはまる」と判決が言う所以（ゆえん）である。

検察官もこの疑問は認め、再審公判では「マフラーは首に巻いておらず（ポケットにでも入れていた）、ズボンなども実家で履きかえた」など主張した。着替え説は事件後33年にして初めて主張されたことである。もしそうだとすれば、免田は第1回公判でも嘘を言ったことになる。判決は「検察官は一方で、殺意のみを否認する供述部分から自供が信用できるとし、一方で、証拠物についての真実に反すると思わざるをえない供述を無視するのは片手落ちではないか」と批判している。

"だれも取り上げぬ……"

免田が、はっきりと犯行を否認し、アリバイを主張するのは原第一審第3回公判（24年4月14日）だが、同第2回公判（同3月24日）で、接客婦の証言（30日「丸駒」泊）に対し「自分が登楼したのは29日の晩と思う」とさりげなく主張している。なぜ、第1回公判で認めたか？　45年2月19日、弁護人尾崎陞（おぎきすすむ）の質問に答えている（民事本人調書）。

問い　裁判所では拷問も受けないから、真実を述べたらよかったじゃないか。
答え　その時は、肉体的な疲れと、私の子供が死んで、妻の離婚がちょうど合致しまして、私、精神的に混乱しておりまして。
問い　なぜ本田弁護人に訴えなかったのですか。
答え　そういうところまでの知識はありませんでした。
問い　裁判所でなぜ裁判官に詳しい説明をしなかったのですか。
答え　裁判という知識をよく理解しておりませんでしたから。
問い　しかし、人を殺したか、殺さないかということは裁判の知識があるということとは関係なく……。
答え　しかし、私が警察の時から主張して来ましたけれども通らなかったから。だれも取り上げてくれなかったのです。

免田は57年6月25日の再審第12回公判でも語っている。

「証拠があるとか、そういうことで非常に警察で追及されましたから、体力的には病んでいましたから。それだけはっきりいえる勇気がなかったわけです」「体力も回復してきた。人から聞き、本も読み、これは自分がだまされていると思ったので第3回でやっていないと供述した」「拘置所内で運動時間内に同じ拘置されている人から雑談のなかでお前は間違っている。アリバイがあったらアリバイを

はっきりしなさいと言われた」。

打ち合わせもなく

「原第一審第1回公判で認めたというのは、警察の調書を認めたという意味です」——免田の現在の述懐である。逮捕から、第1回公判を迎えるまでの免田は一体どういう状態だったのか。

原審の弁護人、故本田義男の証言がある。本田は熊本市在住で、免田によれば、父親の知人の紹介だったという。「父親としては大変君の身の上を心配して弁護の依頼にみえたといったら、本人はそうですか、といってうなずいて下を向いておっただけで、もうあまりそれに深入りしてこんなことをしたのか、あんなことをしたのかということも聞かなかった」。「君は大変なことをしでかしたんだな、といったら本人も申し訳ありませんという答えをした。これはてっきり間違いないんだと私も思い、第1回公判に臨んだ」。「第1回公判前に会ったかどうかはっきりした記憶にない」。「第3回公判で自白調書に書いてある行動とそこで供述する内容がまるで変わってきたのでびっくりした。それではじめてアリバイ立証に取り組む」（45年11月4日付、民事証人調書）。

免田の記憶によれば、本田と会ったのは法廷だけだったという。

判決は言う。「当時の被告人の知識からすれば、警察や検察庁、裁判所、弁護人の役割の違いも知らなかったのではないか」。検察官は、免田が十分な協議をしたのち、公判に臨んでいるとしたが、判決は否定する。「弁護人さえも被告人がやったものと思い込み、1回目の面接に際しては被告人が犯人に間違いないとの先入観と態度を持っていることがうかがわれ、打ち合わせらしい打ち合わせもしていないことが認められる」とする判決は、「独房の中で体力気力を喪失し、本当になすすべも知らないまま第1回公判を迎えてしまったのではないか」と言う。

免田の最初の弁護人となった本田義男が亡くなったのは45年。72歳だった。免田の父の知人の紹介で弁護人となった本田は一方、免田事件の捜査主任であった人吉市警巡査部長・福崎良夫の親せきにも当たっていた。本田の一人娘の礼子(50歳)は今、熊本県本渡市にいる。「父が免田事件を担当しているのは知っていた。裁判のことは家庭ではほとんど話さなかったが、絶対無罪だと言っていたのを聞いたことがある」。礼子の心にも、亡き父と事件への思いは深い。

「免田がアリバイを主張してビックリした」と率直に語っていた本田は、26年8月25日、死刑判決を不服として出した最高裁への上告趣意書に、免田が「丸駒」に宿泊したのは29日であること、30日は配給通帳などから兼田方に泊っている

こと、逃走口をはじめとして自白調書に疑問が多すぎることなど、その後問題となった点を指摘した。「本田弁護士の労は多としたい。第3回公判以降よくやっており、検察官も形勢不利とみて、結審近くなって窃盗の追起訴を行っている」と弁護団の眞部勉は指摘する。

激動の戦後混乱期

「昭和23、4年当時の世相はまさに戦後の混乱期」——判決の指摘を待つまでもなく、事件発生から原審公判に至る時代は敗戦という大きな節目を境にして、政治、経済、社会はもちろん、個々の精神、思想が激しく揺れ動いた時代だった。

判決は言う。テレビもなく、ラジオの普及も少なく、まして裁判の報道とて現在と比べものにならないほど少なかったのではないか、と。「したがって、田舎で育った知識の少ない被告人にとって、裁判で冤罪を強く主張して争うことは、それほど容易なことでなかったと疑われる」。しかし、本当にやっていないのなら、裁判で無罪を主張するのが当然とする見方に、一応の理解を示しながらも判決は「現在の平均的一般市民が裁判に対して抱いている観念とは甚だ異なったものがあったように推測される」とした。

さらに「現在でも一般の人は警察がどのような仕事をするところかは、比較的はっきりした知識があるが、いわばその上の段階である検察庁や裁判所の内容の違い、判、検事の違いなど、十分に認識していないことが多い」としたうえで、「23、4年当時は、裁判所と検察庁が同一の建物で仕事をしていたことも公知の事実」と補足している。

「弁護士という人の立場をよく理解していなかった」、「裁判所、警察、弁護士の区別もはっきりした知識がなかったように思う」（45年2月18日付、民事本人調書）と供述している免田は、57年7月16日の再審第13回公判でも、警察、検察庁、弁護人、裁判所の区別について、「普通でしたら分かっていたでしょうが、非常に疲れていましたから、その時は、だれがだれやらよう記憶しておりません」と答えている。

強かった取調べの影響

警察や検察の取調べから解放されたはずの免田が、なぜ原第一審第1回公判で認めたのか？　判決は強い関心を持って検討した。それは、「重大犯罪では誠に考えにくく、しかも被告人の弁解が必ずしも一貫していない面もあったから」だ。

判決が明らかにしたのはまず警察での取調べによる自白の影響が強かったこと

だ。知人宅にいたところを深夜突然連行され、睡眠時間を制限されて厳しい追及を受け、自白せざるを得ないようになった衝撃から「病身で遅鈍なる当時の被告人が脱却していなかった」。免田にとって、警察での取調べから初公判までは「絶望的心情」だったという。さらに、当時の免田の知識、能力、健康状態、弁護人の活動を併せて考えると、「被告人の弁解はたどたどしく、一見不合理と見られ勝ちのところがあるとはいえ、それなりの迫真性を備えたもの」と判断した。

　判決が重視したことの一つに、同第2回公判で接客婦が「『丸駒』宿泊は30日」と検察側に沿う証言をしたのに対し、「自分が登楼したのは29日」と免田が自然のつぶやきのようにさりげなく供述していることだ。免田が犯行を全面否認し、アリバイを主張する同第3回公判前で、「まだ、弁護人も免田にアリバイがあるなどと考えていなかったと思われるころ、自分自身でどうしても納得できずに意見を述べたとみることができる」と評価している。

「結局、捜査段階での取調べの影響が第1回公判まで承継したと考えられるのであるが、逆にいえば取調べの影響を遮断しないような、特別な事情が余りにも重なっていたとみることもできる」──判決の結論である。

第4章　◇　**人間模様**

無罪判決を聞くこともなく亡くなった父・栄策さん（左端）。
（昭和45年5月、証拠物紛失に伴う民事訴訟臨床尋問で）

第4章　人間模様

　わが国初の死刑囚の再審裁判「免田事件」の無罪判決から2カ月余。免田栄の球磨郡免田町の実家を訪ねた。夏のほてりが残る日、夏水仙の白い花が鮮やかだった。「罪人からはい上がるのにどれだけ苦労したか……」と免田の弟・光則が、ことしの稲の出来を自慢しながら漏らす言葉に、事件の持つ34年の歴史の重みがあった。

　1万2,602日に及ぶ拘束の日から一転して無罪となり、晴れて自由の身となった免田は今、失われた34年間の空白を乗り越え、社会復帰への日々を確かな歩みのなかで送っているが、免田が背負った「元死刑囚」という心の痛みは、想像を超えるものがあるに違いない。一方、免田が冤罪に問われた長い年月に終止符が打たれた日は、被害者の山本ムツ子にとっては、犯人と思い続けた対象がなくなり、心の中にポッカリ空洞のできた日であった。

　免田事件がたどった経過は、そのままわが国の捜査、司法が抱える問題を鋭く指摘する。河上元康裁判長は、免田のアリバイを積極的に認定。「古色蒼然たる物証」を判断の根拠とし、アリバイを前面に押し出すことで免田の冤をそそいだ。事実認定への厳しい姿勢に、河上の判決への思い入れがある。

　判決の日につめかけた親類、知人、支援者、そして免田が「心の師」と仰ぐ潮谷総一郎。津田騰三はじめ、再審公判を闘った日本弁護士連合会（日弁連）と、同免田栄提訴事件特別委員会（後に尾崎委員会と呼ばれる）7人の弁護士たち……。34年にわたる免田事件に携わった人々の数は枚挙にいとまがない。主だった人々を素描する。

1　死の恐怖

戦後の混乱のなかで

　無罪判決から一夜明けた58年7月16日、八代市内で初の記者会見に臨んだ免田は、「免田さんをこんなに苦しめたものは？」と問われて、「時代です。戦争もありましたし……人間破壊です」と即座に答えた。強盗殺人事件発生が23

年の暮れも押し迫った12月29日深夜から30日未明。そして、免田が突然連行されたのは24年1月13日の夜。免田は、23歳の若さだった。

20年の敗戦と、それに続く時代は、混乱を引きずったままの、秩序も社会も解体されたような時代。「事件は、当時の新聞を読んで強く印象に残っている。阿蘇山が爆発したようなショックを受けた」——熊本日日新聞社に寄せられた熊本県本渡市のある主婦（50歳）の電話である。主婦は続けた。「あのころは食べ物もなく、若者は赤線で遊んだり……。敗戦踊りもはやっていた。すさんだ時代でした」。20年、敗戦——。21年にはメーデーが復活（5月）、戦犯を裁く極東国際軍事裁判も開廷（同）した。明けて22年、連合国軍総司令部（GHQ）がゼネスト中止を命令（1月）、熊本県内では初の知事選が行われ、桜井三郎が当選（4月）、日本国憲法が施行され（5月）、財閥の解体も進んだ。

23年になると、「斜陽族」「老いらくの恋」などが流行語となり、街には「湯の町エレジー」や「東京ブギウギ」が流れた。国家地方警察と自治体警察という新警察制度が実施され（3月）、極東国際軍事裁判所で、東条英機ら7人の絞首刑を含む判決（11月）があった。熊本県内では11月、初の県教育委員選挙が行われ、わが国のマラソンの父と呼ばれた金栗四三（故人）らが当選する。23歳で入獄した免田。戦中、戦後はどう映っているのだろうか？

免田は大正14年11月生まれ。農家の二男。高小卒後、1年余り家業に従事したが、17年、長崎県大村市の海軍航空廠に徴用される。仕事は、水上偵察機の部品づくり。一緒に約500人がいた。この大村へ向かう列車で初めて海を見た。山育ちの免田は「ビックリしたものだ」と言う。まだ、戦況は比較的落ち着いていた。宿舎住まいで、18歳の免田にとって、手元に毎月残る現金にはいくらか余裕もあった。各工場から"スカウト"された楽団のメンバーにもなった。

18年の暮れ。残業が始まり、徹夜も多くなった。19年10月、B29の空襲を受ける。6機の編隊だった。青空から、雷のような音をたてて爆弾が落ちてくる。「みじめなものだった」と免田は言う。実は、免田は今、右耳が全く聞こえない。この時の爆風でやられたものだ。免田はまた、製作中の飛行機から転落、背中に大けがをしたこともあった。免田の空襲の記憶は約10回。20年になると、艦載機の姿も目立った。機銃掃射の記憶は生々しい。「アスファルトが、かわらをはぐように掘り上げられた」。頭を打ち砕かれた死体、火の中を逃げまどった人たち。免田もまた、戦争の時代を生きている。

しかし、免田には敗戦のショックは少なかった。「同僚に、坊さん上がりの工員がいて、よく戦況を教えてくれ、おかしいぞ、という気持ちがあったから」と言う。

免田が帰郷したのは20年9月ごろ。実はそれ以前、免田には20年8月16日か17日付で召集令状が来ていたという。帰郷は1人だった。かつて、バンザイと旗行列で出征兵士を送り出したにぎわいはどこにもなかった。雨の降るなか、とぼとぼと歩いて帰った。電灯とてなく、周囲は真っ暗。免田は振り返った。「寂しかった。日本は負けたんだなとつくづく思った」。敗戦の実感だ。

　帰郷した免田は2度の結婚に失敗するが、敗戦直後を評して「張りのある時代だった」と言う。「例えて言えば、今だったら目的地に行くのに信号待ちをし、右折、左折しなければいけないが、ガレキのなかを真っすぐ歩けた、そんな時代だった」。

　農繁期以外は、外出する機会の多かった免田。自転車を愛用し、各地の祭りでは、得意ののどを披露。ご祝儀の"花"もちょっとした金になった。夜、球磨川の河原で、声がかれるまで一人歌の練習をしたこともあった。藤山一郎、霧島昇、市丸らの歌をよく口にしたという。

　ヤミ全盛の時代。23年、熊本日日新聞社が主催していた「広っぱ会議」では、「政府はヤミをしなければ生きられぬ政治しかしていないのに取り締まりばかり熱心だ。そして一方では大きなヤミを見逃している。そんなことで大衆はどう生きればいいのだ。こんな矛盾した政治を早く直してほしい」との声もあった。「ヤミでなければ日用品も手に入らなかった」と言う免田もまた、ヤミ物資売買に手を染めたこともある。「夜、こうこうと明かりがついているので駅かと思って行くとそこはヤミ市。駅はと言えば真っ暗。人吉、八代……みんなそうだった」と免田は言う。新聞にもヤミをめぐっての記事も多かった。熊本市出町は、北九州方面との"ヤミ交差点"。検問所が設けられると、肥桶に入れた米や、薪の中の麦から、ヤミコークスまでが取り押さえられたという。

　24年1月13日夜、免田は連行、逮捕される。以後、閉ざされた獄中から、戦後の歩みを見なければならなかった。「建物に色がついていたのに驚いた」。釈放直後の言葉だ。くすんだ色の世界のまま、免田の戦後はあったのかもしれない。

2　無実を信じて

"名家"の誇り一転

　冠雪の市房山を遠望する球磨郡免田町黒田。冬枯れの田畑の間を国鉄湯前線の赤茶けた列車が走り抜ける。

　その線路のすぐわきに、免田栄の実弟・光則（54歳）の家がある。かつて栄自身が育ち、義母トメノ（73歳）の住む、免田の実家である。今はひっそりと静

かだが、判決日の昭和58年7月15日の前後ひと月、かつてないけん騒のなかにあった。連日のマスコミの取材。家の前の道には、テレビ中継車など車数十台がぎっしり。空には取材ヘリが舞った。庭には2台の電話も特設され、記者が群がった。詰めかける親類、知人、支援者。そして判決後は、帰ってきた栄を囲んで連日の祝宴……。男たちの歓声をよそに、台所で忙しく立ち働く近所の女たち。そのなかに、日焼けした丸い顔に笑みを絶やさぬ、光則の妻・文子（50歳）の姿があった。

「並みのおなごじゃ務まらんじゃった」。光則は少し照れながらも、文子のことを

34年ぶりに帰った実家で、義母トメノさんに声をかける免田さん
（昭和58年7月16日、熊本県球磨郡免田町）

第2部 「検証 免田事件」

そう言う。文子が、"死刑囚"のいる家に嫁いだのが昭和28年。免田の死刑が最高裁で確定した翌年だ。それから30年。文子の歩んできた道のりはつらく、苦しかったに違いない。けれど、"火宅"であるはずの光則家は、働きモンのいる一農家として、周囲から、後ろ指をさされることもなく過ごせてきた。それを支えたのが、光則はもちろん、文子の奮闘だった。

光則は言う。「34年間、ずーっとが苦労じゃったでな。バァさん（文子）な、元は他人じゃったどん、ほんにようしてくれたバイ。あいがおらんば、ここまじゃこれんじゃったかもしれん。『やるしこやって、わからん（だめな）ときゃ、そっでよかタイ。栄さんな無実じゃっで、わしらも頑張ってみゅう』て、いつも言ってくれた」。心を通い合わせ、支え合ってきた妻と夫。

釈放後、帰ってきた栄は文子のことを「ねえさん、ねえさん」と呼んだ。8歳年下、弟の妻を、である。一度、文子は「文子さんて、言うてよかっバイ」と笑って言ったことがある。栄はしかし「んねーっ、文子さんちゃ言いにっか」と言い、今も、顔を合わせれば「ねえさん」である。栄もまた、文子の苦労に一目置いている。「苦労ちゅうたって、経験したモンでなからんば分からん。身内でなからんば……」。判決前、苦労話を聞き込む記者たちに、文子は口癖のように、そう言った。

28年、文子は同じ免田町の福屋家から嫁ぐ。当時熊本市の農家で働いていた19歳の文子は、休暇のつもりで地元に帰った間に知人が勧めるまま、以前から顔見知りだった光則と結婚。「熊本から帰って1カ月もせんうちだった。とにかく早かった。見合いばしたわけでもなか、言わば"おぜん立て結婚"でっしゅか」と笑う。相手が"死刑囚"の弟であることで父方は猛反対、「おまえん子供は就職できんかもしれんとぞ」とまで言った。祝言の日、父方の親族はだれ1人出席せず、ただその朝、草履1足がことづけられて届いただけだった。人生の最良の日となるずの日が、文子にとっては、苦難の日の始まりとなった。

嫁ぎ先には、栄の父・栄策と義母トメノがいた。跡継ぎとなるべき兄のいない家で、光則と文子は働き続けた。3人の子供を育て上げ、家を改築もした。獄中の栄に送金するために、農業だけでなく、日雇いにも出た。再審請求のために、近所を回って署名を集めたりもした。それも、すべて栄の無実を信じていたからだった。そして何より、文子の明るさが、何回も請求が棄却されるなかでくじけそうになる家族を支えた。夫を、文子の実弟・福屋大助（47歳）を、「負けちゃならん」と励まし続けた。文子の実家福屋家も、その後は、栄の無罪釈放に向けて支援を続け、判決が出ると、皆が心から喜んだ。

帰ってきた栄は、文子に言った。「ねえさんと初めて面会した時、ああ、こん人なら家は大丈夫で思うた」。若かったころ、家を顧みることのないまま獄中に入った兄は、長い年月の間に、家のことに心痛める中年になっていた。文子は「おせじでちゃ、あぎゃん言われて、うれしかったあ」と喜んだ。

　免田家には、町指定文化財の古文書がある。町最古のもので、それによれば、同家の先祖は文和2年（1353）大和国（奈良県）に住んでいたが、その後安芸国（広島県）に移り、文安6（1449）年面田村（免田町）に移り住んだことが分かる。「免田町」の「免田家」という"名家"が、事件を境に一転した。栄の父・栄策の無念さは想像を絶するものだった。息子の無実を信じて、再審請求に向けて奔走。裁判費用ねん出のために、先祖伝来の田畑の一部を手放しもした。

　しかし万策尽きた栄策は、病に倒れる前、福岡拘置支所を訪れ、栄に「おれもこの通り体が動かん。お前も苦しかろうが、これを最後にしてくれ。家族もあきらめている」と、最後通告とも言える言葉をかけた。栄は、その時の様子を再審最終弁論の中で、「あの時の父の姿は老いこみ、その痛々しいさまにハラワタがちぎれる思いでした」と、涙ながらに訴えた。拘置所の鉄格子越しに、展望のないまま見放さざるを得なかった父親と、見放され絶望のふちに立たされた息子。これが二人の別れとなった。昭和46年、栄策が74歳で亡くなった日のことを、文子は忘れることができない。夜中の2時ごろだった。床に伏したきりだった栄策の容態が急変した。文子は慌てて水を持ってまくら元に走った。栄策は水をコップ半分ぐらい飲んだ後、光則と文子の手を握って「栄んこたぁ、よかんば頼むぞ」とポツリ。搾り出すような声だった。二人は思わず「分かった、分かった、心配せんでええ」と声を掛けた。光則が親類を呼びに外に飛び出した後、栄策は、静かに息を引き取ったという。

　栄策の孫（光則の長男）徳助（29歳）は、栄策の生前、よくかわいがられた。焼酎を飲む姿もよく覚えている。だから、帰ってきた栄が焼酎を酌み交わす姿を見て驚いた。「じいさんの酒飲ます時と、そっくりとですよ」。

重苦しい霧も晴れ

　58年7月15日、判決の日は朝から激しい雨。免田町の家族、親類20人は午前5時すぎ、車8台を連ねて出発した。7時半、八代着。傍聴券を手に入れるため地裁支部前に並んだ。午前10時開廷。入廷したのは光則、文子、文子の弟福屋大助ら。冒頭、河上裁判長は、「被告を無罪とする」と断じた。廷内のどよめきと同時に、光則らは廷外に飛び出した。光則は、報道陣のインタビュー

にこたえるため、文子らは、他の家族・親族と、いったん傍聴を交代するためだった。裁判所の階段を駆け下りながら、家族の胸は張り裂けんばかり。「やった、やった。無罪だ、無罪」。

もみくちゃにされて、インタビュー台に立った光則は、ハンカチを握りしめたまま言葉が出てこない。「長かった。つらかった」と、とぎれとぎれに喜びを表現するのがやっとだった。文子と福屋の姉弟は、外に出て初めて、こらえていたものが噴き出した。抱き合って泣いた。

あれから6カ月、文子は振り返って言う。「天国に昇る気持ちちゃ、あん時んこつですバイ。生まれて初めて、弟（福屋）の涙ば見ました」。福屋も「裁判長の口から『無罪』の『無』の言葉の出た時が一番感動した。判決前は、ひょっとすっと、"灰色無罪"の出っとじゃなかろうかて懸念しとったのが、ハッキリと白を出してくれた。これまで47年の人生の中、最高の感動だった」と言う。「だれが読んでも、なるほどと分かる判決文になっとる」。

判決の日の午後、釈放された栄は、光則らと八代市内のホテルに入った。その一室で、少し遅れてきた文子は、栄を見ると、思わず抱きついて喜んだ。その後、実家に戻った栄は、その対面の時のことを文子に「あん時はうれしかったあ。ねえさんがあぎゃん喜んでくるっとは思とらんだった」と話した。その言葉が、文子もまたうれしかった。

栄が自由社会の人となって最も長く行動をともにした一人が、免田町農業委員会事務局長で義弟の福屋。東京での再審を考える集い（日弁連主催、58年7月）、金沢市での国民救援会全国大会（同8月）にも同行した。二人は、行く先々——都心の地下鉄の中、空港の待合室などで、見知らぬ人から「免田さん、おめでとう」と声を掛けられた。免田町から熊本市に向かう途中、九州自動車道宮原休憩所では、清掃のおばさんが「長い間、お疲れさまでした」と祝福してくれた。福屋自身、再審に向けて奔走してきた一人だが、この間、地元にいて栄への無責任な中傷を耳にしたこともあった。それだけに判決後、広範囲な人々の激励と祝福と支持は何より心強かった。「（私らの）苦労は報われたよな」と、喜びをかみしめている。

栄は判決直後の7月17日、免田町の光則方に住民票を移した。しかし、その後栄の生活の本拠地は、熊本市にある。実家へは、58年秋、米の収穫時、暮れの総選挙投票日など、特別な用事のある時以外は帰っていない。釈放後、初めての正月にも、2日に1時間ほど帰郷しただけで、すぐに戻って行った。「正月じゃっで、まちいっとおって、焼酎どん、飲んでいったってよかろうにですな。何があげん忙しかっじゃろか。バッテン、実家におれば、取材の人やら、支援の

人やらが家に訪ねてきて、私らに迷惑のかかるて心配しといやっとかもしれん」。兄の心遣いを思ってもいる光則だ。「私らは、兄弟としてできるこた全部してきた。後は、兄貴の思うたごて暮らせばよか」。

光則方は今、あの判決日前後のけん騒を忘れたかのように、もとの静かな一農家に戻った。以前と違うのは、家族の心を覆っていた、死刑囚の家族という重苦しい霧が取り払われたことだ。光則方では今年も、20アールにプリンスメロンを植えつけた。毎日、ハウス内を見て歩く、もとの忙しい農家の暮らしだ。

心の師

潮谷総一郎（70歳）、熊本市の社会福祉施設「慈愛園」園長。免田にとっては「心の師」とも呼べる人だ。免田は釈放後、初の記者会見で、「いま肉親以外に会いたい人は」と問われ、ちゅうちょなく、「潮谷先生とゆっくり話したい」と答えた。二人の心のきずなの深さをうかがわせる場面だった。潮谷にとって免田支援はまさに「大事業」。その大事業を成し得た今、眼鏡の奥に光る目にも一段とやさしさが加わった。

潮谷と免田との結びつきは事件発生から3年後、昭和26年までさかのぼる。当時、潮谷が信仰の道を説いた福岡拘置支所の一死刑囚の便りがきっかけだった。

「第2回公判以来、無罪を主張して犯行を否認続けている男がいます。いいかげんに自分の犯行をざんげするように先生から勧めて下さい」。この文中の男こそ免田である。だが、潮谷の返事はこの段階までは信仰者のそれ。「罪を認め悔い改めよ」と書くしかなかった。潮谷の心を揺さぶったのは免田の一貫して冤罪を訴え続ける姿勢だった。誤字が多く、脈絡をくみとるのに3、4回読み返すことが必要な便りだが、無実の罪をそそぐことに全力を傾けていることが感じられた。

潮谷は昭和10年、「慈愛園」に入園。戦争中の一時を除き福祉に専念。15施設1,200人の福祉向上に心血を注いだ。免田支援に踏み切らせたのも福祉への心と「社会正義」実現への情熱。潮谷は言う。「（犯罪を）やっていないものが死刑に処せられる。許せないことだ。国家権力は一歩間違えば、無辜(むこ)の民を死刑に追い込む。いつ自分にふりかかるかもしれない。それを知った自分が闘わなければだれもやらない。言葉を変えれば人命尊重であり、自分のやっている社会福祉とつながる。だからこそ園長という立場を活用してやれた」。

潮谷の支援は事件の真相解明と、免田個人への支えの両面から進んでいく。なかでも免田のアリバイ立証は大きなポイントだった。カギを握る特飲店の元接

客婦。捜し出すのに1年近くを要した。彼女は事件後、人吉を離れ、最終的には母ともども北九州市に落ちついていた。昭和28年12月、園のケースワーカーと潮谷の関係する牧師の二人を同市に派遣した。「1週間や10日かかってでも捜し出してきて欲しい」。朗報は2日後にもたらされた。元接客婦の母親さえもが、「（宿泊日は）娘の最初の主張が本当で、警察が言っているのは間違いだ。協力しよう」と言ったという。この努力は31年の「西辻決定」（再審開始決定）で実り、最終的には河上判決にたどりつく。

免田の身の回りの世話も潮谷に負うところが大きい。免田

免田被告から判決日決定後にきた電報を手に同被告の心境などを語る潮谷氏。電報は「ケンコウヲイノリマス」と潮谷氏を気遣っていた。

から潮谷にあてた最初の便りは、歯ブラシやせっけん、タオルなどの差し入れに対するお礼であり、無罪判決当日、あるいは「自由社会」への一歩を踏み出したとき、身につけた洋服もまた潮谷が見立てて贈ったものだ。なかでも、点訳は免田自身の獄中生活を随分と張りのあるものにさせた。拘置支所内の午前中の日課は読書と点訳。子供たちに読ませたい本があれば次々に点訳し製本。潮谷の関係する盲ろうあ児施設「熊本ライトハウス」に贈り続けた「免田文庫」は400冊を超す。免田は点訳を日課としている。

多くの苦難乗り越え

潮谷にとっても無罪獲得までにはいくつかの忘れ得ぬステップがあった。最初がアリバイ探し。次は34年4月、「西辻決定」の取消しだ。「（免田の）父親が訪れて、『田畑をこれ以上売ったら食っていけない。裁判費用もない。本人にも（あきらめるよう）言うてきました』と涙を流される。つらかった。でも、あきらめないでくれと励まして、方々に当たった」。

第4章　人間模様

当時の最高裁長官・田中耕太郎に友人を介して手紙を送ったこともある。が返事は、「他人の担当事件にあれこれ言えない。自分の担当事件になったら一生懸命見ます」。芳しくなかった。日米講和条約や皇太子の結婚式などを機に行われる恩赦、大赦も希望ではあったが、強盗、殺人は除外された。もとより、「たとえ罪一等減じられても、自分のやっていない罪を認めることはできない。再審を求めるだけ」の決意があった。光明も差した。36年、当時の日弁連人権擁護委副委員長・津田騰三との出会いから、日弁連が組織を挙げて、免田事件と取り組んでくれることになった。潮谷には津田のそのときの言葉がいまも鮮明に残る。「これは大事業ですよ。死刑囚の再審は前例がないし、しかも、無罪にもっていこうと言うのだから」。潮谷はこの言葉で命を張っても免田事件に取り組むハラを固めたという。

　38年、衆議院法務委員会での故坂本泰良（同事件の弁護人）の質問も今日の免田を生む一助となった。無罪につながる証拠をなくされ、しかも死刑におびえながらでは本当の裁判はできないと迫る坂本に、法務大臣は「急いで死刑にすることはない」と言明した。

　潮谷は無罪判決に、平凡な言葉だがと前置きし、「感無量だ」と目を閉じた。59年3月で潮谷は定年を迎え、「慈愛園」園長を辞めた。在任中の解決は彼にとって「神の恵み」だった。

　潮谷にとって免田事件は河上判決を待つまでもなく冤罪、ズサンな捜査と言うよりも事実誤認そのものだった。それを生んだ理由に日本の警察、捜査制度を挙げる。

　「国民は拷問や誘導尋問を受けると大変弱い立場に立たされる。いつもアリバイを考えて行動している人などいないんだから。特飲店の元接客婦の証言の変転も誘導尋問などの結果だ。警察には、たたけばだれでもホコリが出る、という姿勢がありあり。メンツも加わって無理してでも罪人に、となる。好例が免田事件」。

　潮谷の怒りは司法制度にも及ぶ。「人命は地球よりも重たいと言うのなら、司法のメンツなどにこだわるべきでない。法理論よりも真実の究明が先決だ。6回も（最高裁まで）行って、何をしてたのか、司法の怠惰としか言えない」。潮谷は再審無罪を勝ち取ったいま、下級審でも再審が決定すれば、検察は抗告せず再審に付くべきだと主張する。「西辻決定」が覆された苦い経験を生かしてのことだ。さらに再審を支える（資金面も含めた）制度、司法の独走を許さない、例えば陪審制的なものも、潮谷の頭に浮かんでくる。

　無罪判決の日まで潮谷の元には、「治安維持のためには（冤罪の）犠牲はひとつ

ぐらいあってもいい」といった内容の電話が相次いだ。潮谷はそこに日本人の「あだ討ち」意識の名残を見る。「被害者名が出れば、免田はけしからんとどうしても結びつく。例え冤罪でもだ。マスコミにも"あだ討ち"に加担するような行為は改めて欲しいと思う」。潮谷の"支援"はいまも続く。足しげく顔を見せる免田に向かって、「ゆっくり体を養いなさい」と、かんで含めるように語りかける潮谷だ。

3 7人の侍

1通の手紙から

それは、1通の手紙から始まった。
「自然秋のふかまりを感じる様になり、朝夕大変しのぎよくなりました。(中略) 一面識なき者がお便り差し上げる事をお許し下さい」。
　免田が津田騰三弁護士にあてた手紙はこんな書き出しで始まっている。あて先は、東京・霞が関、日弁連人権擁護委員会内、津田騰三様。免田は福岡刑務所収監中で、日付は9月20日。文面から昭和33年のものとみられている。
　免田のアリバイ成立を認めて、熊本地裁八代支部で再審開始、いわゆる「西辻決定」が出されたのが31年8月。津田あての手紙が出されたのは、「西辻決定」に対して検察が即時抗告、福岡高裁で審理中の時期だ。便せん4枚にビッシリ書き込まれているのは、無実の訴えと不安な日々、あきらめきれずに手探りで再審の準備を進めたことなどだ。津田は人権擁護への思いは深く、刑事弁護では著名。一面識もない免田が思い余って筆をとったのは「色々尋ねておりました時、同じ所におります人から先生の事を聞いた」からだという。津田と免田との手紙のやりとりは以後何回か続く。
　34年4月15日、福岡高裁は「西辻決定」を取り消す。免田は、ただちに特別抗告。津田が免田の弁護人になったのは34年7月のことだ。本田義男、和気寿(けひさし)に次いで、3人目の弁護人だった。
　津田の提言を入れて、免田は35年、日弁連に人権救済を申し立てる。同10月15日、日弁連全体委員会で免田栄提訴事件として第10部会が担当、翌36年9月23日、免田特別委設置が承認され、同11月6日、免田栄提訴事件特別委(永井正恒委員長、7人)が正式に発足。日弁連の本格的取り組みがスタートした。
　津田騰三は明治29年10月、愛媛県生まれ。東京帝大を大正10年に卒業、翌11年11月、弁護士となった。「精力的」というのが一致した津田評。冤罪事件、

再審事件には熱っぽい取り組みをみせた。免田事件に日弁連挙げて関与するきっかけを作ったのも津田なら、34年ごろ、徳島のラジオ商殺し事件を日弁連に持ち込んだのも津田だという。

津田が、免田事件について書いた一文が残されている。『日本週報』の34年7月25日号で、タイトルは「アリバイのある死刑囚」。津田は当時第一東京弁護士会副会長だった。

津田は書いている。「裁判が事実の把握と遊離して、法理論、法律論に飛躍してしまっては、概念の遊戯になってしまう。事実誤認が違憲審査の対象にならない限り、拷問、誘導による誤審の救済は狭い裏小路に、重荷をつけたラクダを乗り入れるにひとしい。しかもこの路が、通り抜けられねば、わが同胞の中から、尊い生命の一つがわれわれの手によって奪われるのである。私はこの免田事件の帰趨(きすう)によって、裁判の真正を試さんとするものである」。

津田は日弁連の人権擁護委の副委員長や委員長も務めた。活動は多岐にわたり、どこまでが津田の行動か、どこまでが日弁連の行動か判別し難いほどだったと言う。青森の再審米谷事件の主任弁護人も務めた。痩身(そうしん)。日弁連の事務局にもよく顔を出し、40年代後半から50年代にかけて、足取りは危なっかしいながらも、各地に足を運んだという。津田が亡くなったのは57年5月29日、85歳だった。弁護士として現役であり続けた津田だったが、「免田無罪」の報を聞くことはなかった。

「疎漏な捜査」

日本弁護士連合会は、会員1万2500人。全国各地に52の弁護士会を組織する。「公の組織が出てきてくれて、ホッとした」——日弁連の取り組みを、免田は率直に振り返る。36年11月、日弁連の免田栄提訴事件特別委が正式にスタート、37年、津田騰三を特別委嘱として加えた。38年、後藤信夫が委員長に、翌39年には大塚喜一郎(おおつかきいちろう)が委員長になった。後藤は「日本のがんくつ王」と呼ばれた吉田石松事件の主任弁護人、大塚は、免田の第四次再審請求時の弁護人ともなったほか、後にナタの紛失などを明らかにし、再審にも大きな手掛りを与えることになる民事訴訟提訴をアドバイスした。大塚はその後、48年2月、最高裁判事となり、55年2月、定年退官するまでその職にあった。

明治43年2月5日生まれ、74歳。昭和7、8年ごろ、旧制三高時代。大塚は、学生ストライキをめぐって、警察の取調べを受けたことがある。角材三本の上に正座させられ、刑事が足を踏みつけた。足には、3本の跡が残ったほどの拷問

体験だ。バケツを目の高さの位置で持たされたりもした。「僕には覚えがなく、追及されても答えようがなかった。（免田の場合）拷問があったかどうかは別にしても、取調べはきつかったと思う」。大塚は実感を込めて言う。「疎漏な捜査」。大塚は免田事件をこう言い切った。「強盗殺人で起訴しながら、金をいくらとってどうしたかなどの追及もない。物色した、と言いながら指紋も出ない」。大塚の記憶は鮮明だった。「当時の自治体警察に問題があったのだろうと思うが、それにしても本人の人権にはかえられない」。「無罪となり、免田君もよかった」——大塚の率直な感想だ。

組織をあげて

　日弁連の免田栄提訴事件特別委員会。現在（1984年）の弁護団長尾崎陞（80歳）が委員長になったのは44年のこと。尾崎は、免田再審公判判決に至るまでの14年にわたって委員長を務めた。この間、毎年8〜10人の委員が参加、尾崎は委員たちの意見をまとめながら、厚かった再審の扉を開き、長い公判を闘い、無罪、そして免田釈放をかちとった。日弁連の免田特別委、"尾崎委員会"は、再審公判が始まると、そのまま弁護団になった。当時のメンバーが、尾崎も含めて7人。冤罪と闘う"7人の侍"、と呼ばれるようになる。

　免田特別委のメンバーなった弁護士は全部で38人。延べにして約200人にも上る。直接経費だけでも3000万円を超えたと言われ、免田事件を日弁連人権擁護委が丸抱えしたことについて、日弁連の内部からさえ、「（免田事件は）金食い虫」という批判が起きたほどだった。

　「確かに批判もあったが、わが国初の死刑囚の無罪をかちとって、やってよかったとの声もでてきた。日弁連の自由と正義を守る闘いが報われたと思うと感無量だ」。前日弁連会長・山本忠義（62歳）は感慨深げだ。その山本は、免田判決を振り返りながら、「誤った裁判をなくすことがわれわれの務めの一つ。公正に迅速な裁判を受ける権利を確立しなければ」と強調する。免田事件は、日弁連にも多くの教訓を残したとも言える。

六次再審と7人の侍

　尾崎委員会は、再審の壁を前に、捜査全般の洗い直しから始めた。「記録を読んでも、これは無罪の事件と思った。ただ再審開始は、新しくて明らかな証拠がないとできない。新証拠集めに苦労した」。ちょっと赤ら顔の尾崎、80歳とは思えない若々しさだ。

判決後、記者会見する山本忠義日弁連会長（当時）と免田弁護団。
前列左から倉田哲治、山本会長、尾崎陞（団長）、佐伯仁。
後列左から古原進、荒木哲也、眞部勉、川坂二郎。

　　自白調書の矛盾を突くための現地調査をはじめ、当時の捜査関係者をシラミつぶしに調べあげた。奥深い球磨の山中を無実の証を求めて歩き、かすかな記憶をたどるための関係者捜しも必死だった。事件全体を問い直そうとのねらいだった。例えば「1年のうち200日近くも免田事件で奔走した」と言われた弁護士・手代木進（62歳）。手代木は44年から52年まで免田特別委のメンバーだった。「手代木君には現地調査を頼んだ」と尾崎。手代木は30年に弁護士になった。免田特別委の後53年4月、裁判官に転身。現在浦和地家裁判事。免田無罪には、深い思いがあるに違いない。「今は裁判官の立場なので……」。取材も丁重に断る手代木だ。
　「免田弁護団の中興の祖」（弁護団の眞部勉）とも呼ばれるのが安倍治夫（63歳）。安倍は44年から46年まで免田特別委に。45年から2年間、副委員長も務めた。安倍は元検事。42年、福岡高検を最後に退職、弁護士となった。検事時代から幅広い活動を続けた安倍。がんくつ王といわれた吉田石松事件では、現職の検事のまま再審請求書の大部分を書いたという。安倍は、わが国の再審理論で、「ラクダとワラ」にたとえた証拠の全体的評価の理論を展開、先べんをつけた。36年ごろ、獄中の免田から手紙が来たこともある。38年、文藝春秋に「もう一

人のがんくつ王」としてペンネームで免田事件を紹介する。第六次再審請求で、新証拠とした鑑定の導入を示唆したのは安倍とされている。「検察は公益の代表、被告人に有利なものがあれば出すべきで、真実発見の義務がある」——安倍の持論だ。

7人の侍——再審公判を闘った尾崎陞をはじめとする7人の弁護団はいつのころからかそう呼ばれるようになった。49年に熊本在住の荒木哲也（49歳）が参加、55年から現在の7人に。「チームワークのよさに特徴があった」。尾崎が弁護団を語るときに決まって自慢する言葉だ。尾崎は元判事。昭和8年、治安維持法違反で、いわゆる"赤化判事"として逮捕された経歴を持つ。25年に弁護士。日弁連人権擁護委員長を務めたことも。「坪内逍遙ゆかりの熱海の双柿舎で、何度も弁護団の合宿をした。いろんな意見が出てね」。尾崎は懐かしそうに振り返った。

佐伯仁（58歳）は36年に弁護士。44年から免田特別委のメンバー。岩手県教組学テ闘争裁判で、捜査の問題にぶつかる。「誤判の最大の原因は捜査にある」と言う。倉田哲治（57歳）は29年に弁護士。48年からメンバーになった。松川、青梅、60年安保の各事件に取り組む。一審で無罪となった土田・日石事件の弁護も。鑑定にも詳しい。眞部勉（56歳）は、四国の離島で中学教師の後、夜学を卒業し35年弁護士に。48年からメンバー。「免田の衣類に全く血が付いていないのがおかしい」。記録を読んだ眞部の第一印象だ。川坂二郎（55歳）は、九州で11年間の裁判官生活の後43年に弁護士になった。47年からメンバー。「弁護士になって思ったのは、裁判官は知らないことが多すぎること」。以上五人は東京。

古原進（47歳）は、現在、長崎県佐世保市。40年に弁護士。47年からメンバー。福岡時代、福岡拘置支所在監の免田を励まし続けた。荒木は、熊本からただ1人の参加。42年に弁護士。地元弁護士として、免田への面会、連絡に奔走。多いときは月に20日以上も獄中の免田に面会して激励するなど細やかな心遣いもみせた。

個性豊かな7人の侍。いずれも弁護士歴15年を超えるベテランだが、無罪判決が出て、「生涯忘れられない事件になるだろう」と口をそろえる。

判決生かしてこそ

判決の日、にこやかな表情をみせた弁護団だったが、再審請求から公判まで、弁護団の議論も激しかった。「何度となく準備書面を書き直した。厳しい勉強もし

てきた。感情的対立の一歩手前だった」。川坂の述懐だ。

「自白中心の捜査は今も変わっていない。予断と偏見による見込み捜査。免田事件で捜査陣は、真犯人を逃したことと、免田を逮捕したことの2つの過ちを犯した。権力が犯人をつくりあげていく怖さが免田事件にはある。判決を一過性のものにしてはいけない」と佐伯は指摘する。「それにしても」と佐伯は言う。「これだけの時間と人と金をかけて、ようやく無罪となった。やっぱり再審はしんどいよ」。佐伯の実感であろう。

「免田判決にマスコミは熱狂したが、三十数年、無実の者が獄中にあったわけで、国民全体の基本的人権が侵害されたことを忘れてはいけない」。倉田は、国民の権利が警察、検察、裁判所の権力によって損なわれた事件として、免田事件を位置付ける。眞部は言う。「弁護は、これでもか、これでもか、というぐらい徹底しなければと思った」。34年間にわたる免田事件史をみて、弁護士としての自戒でもある。荒木は、判決以後も自由の身となった免田の相談相手となっている。死刑囚の弁護人となったのは免田が初めて。「初動捜査を誤ると、致命傷になることを免田事件は示唆している」。

「34年6カ月を経過してようやく無実が証明されたが、それ以上にこれまで多数の裁判官が過ちを犯したことも事実だ。判断の過誤で、無実の人の一生が犠牲になることは許されない」——判決直後の弁護団声明だ。

人権を守って

　日弁連人権課。日弁連の活動のなかでの、人権を守る文字通りの窓口である。職員9人。人権擁護委、公害対策委、再審法改正実行委、接見交通権確立実行委、女性の権利に関する委員会がそれぞれ組織されている。

　人権侵害として、申し立てられる事案は年平均60件。うち5〜10件が調査開始になるという。調査結果に基づき、事件ごとの委員会が設置されるが、再審関係では現在23の委員会がある。無罪が確定したのが免田をはじめ米谷、加藤老、弘前大教授夫人殺し、財田川、松山の各事件で6件。公判中が、徳島ラジオ商殺し事件で、このほか再審請求中が9件、準備中も7件を数えている。

　日弁連の人権擁護活動を財政的に支えているのが「人権基金」だ。免田弁護団団長・尾崎陞が人権擁護委員長時代に提唱して設置された。会員の寄付が中心だが、再審で無罪をかちとった人々からの寄付もあり、基金額は約5400万円（59年7月末現在）。免田も刑事補償と費用補償のなかから約3200万円を基金に寄せた。「免田特別委では、人権擁護委の予算の1割強を毎年つぎ込んだ。直

接経費だけでも3000万円前後になる。誤った判決が出ると、人権救済にいかに金がかかるかの例でもある」。前日弁連事務総長・樋口俊二(62歳)は言う。樋口は、現在起訴されてからでないとつかない国選弁護人制度の充実も急務と力説する。「自白調書が出来上がってからでは遅い。捜査段階から国選の弁護人制度が必要だ」(2006年より、死刑など重大事件について逮捕段階から国選弁護人がつくことになり、2009年5月対象事件が拡大された)。

「再審開始や無罪判決が司法への信頼を崩すとの議論もあるが、むしろ、誤りを率直に認めて訂正することこそ司法の健全さを示す」。前日弁連会長・山本忠義の主張である。

〈補遺〉徳島ラジオ商事件　1953(昭和28)年、徳島市のラジオ商経営者が刺殺された事件で、有罪が確定した冨士茂子さんが5回にわたって再審請求。冨士さんは69歳で死亡、親族が引き継ぎ、1985(昭和60)年に裁判史上初の死後再審無罪となった。

4　忘れられぬ事件

事実認定の重み

58年7月15日。わが国初の死刑囚の再審、免田事件の歴史的とも言える無罪判決を言い渡した熊本地裁八代支部の裁判長・河上元康(46歳)。晴れて無罪の判決を言い渡したのだが、その声はくぐもりがちであった。免田判決に関与したのは河上のほか、裁判官・豊田圭一(54歳)、松下潔(30歳)の2人。56年5月15日の第1回から判決までの17回の公判、4回に及んだ出張尋問、そして夜間の現地検証と2年2カ月の再審公判をこの3人が裁いてきた。

判決が、その事実認定の中心にすえた「古色蒼然たる物証」。免田事件の裁判記録、とりわけ24年からの原審の記録は、すでに表紙も変色、さわればポロリと崩れるほどだった。「古色蒼然」の言葉は、34年目の真実を求めた河上らの率直で、実感的な肉声だったのかもしれない。

河上は、樺太生まれ。北海道大学法学部を卒業後、39年、神戸地家裁判事補を振り出しに大阪、京都の各裁判所を経て55年4月から八代支部長となった。ことしが、ちょうど裁判官生活20年である。豊田は福岡県出身。長崎簡裁などを経て55年4月、熊本地家裁八代支部へ。松下は熊本県出身。55年、熊本地裁判事補がスタート。免田判決を前にした58年4月、神戸地家裁姫路

支部へ転勤した。

「裁判官は弁明せずで、個別の事件ではなく、あくまで一般論として」と断りながら、河上は電話によるインタビューに答えた。

「法律の実務家は、客観的証拠を重視しながらその事件の事実認定をどうするかに全力投球するもの。事件の事実認定をいかに納得してもらえるかに腐心している」。

河上の口からは、事実認定という言葉が幾度となく漏れた。残された物証のなかから、免田のアリバイ成立を認め、無罪を言い渡した河上判決。事実認定への厳しい姿勢に、河上の判決への思いが込められているようにもみえた。

「請求人（免田）は強じんな精神力を持って幸いにして34年間にわたる獄中での生活に耐えぬいてきたのであるが、逮捕された時点で満23歳の青年であった

現地検証をする河上元康裁判長

第2部　「検証 免田事件」

請求人も、身柄が釈放された時にはすでに頭髪に白いものがまじる満57歳に達しており、春秋に富むべき青年期や、充実すべき壮年期を無実の罪で獄中で過ごし、いわば人生の大半を失ったといっても過言ではい」。

　58年11月21日、免田の9071万2800円の刑事補償を認めた熊本地裁八代支部の決定理由の一節である。決定理由のなかに、河上らの事件への思いの深さをみる者は多い。

「請求人の無罪をだれよりも喜んでもらえたであろう父親を失い、再審で無罪になった事実を同人に告げることのできない請求人の無念さ。また34年間獄中で自己の主張が通らないことについての焦燥感に孤独感、絶望感などその心情は筆舌に尽くし難いものがあったであろう。さらに請求人の肉親も、弁護のため多大の出捐(しゅつえん)を余儀なくされ、34年間強盗殺人犯もしくは死刑囚の家族として諸々の不利益に耐えてきた」。

　判決前も、取材に詰めかける記者を断り続け、陪席判事への配慮もみせた河上。恐らく、免田事件は思い出深いものとして刻まれているに違いない。河上は裁判所裏のテニスコートでよくラケットを振る。酔えば民謡からニューミュージックまで幅広くこなす面もある。「健康に気をつけて、これから自分にあった仕事を見つけてもらいたい」。免田への河上の言葉である。

"法律は常識だ"

　河上が再審事件を手がけたのはもちろん初めて。歴史的裁判に対する意気込みからか、公判を前に好きな酒、たばこを断ったとも言われた。同支部職員によると「ケジメをはっきりつける典型的裁判官タイプ」。訴訟指揮については「事実審理が厳格」との評で、弁護団も「丁寧な調べで、よく話を聞くタイプ」と言う。公判では、事件への踏み込みの深さをうかがわせる場面が何回もあり、時には、法廷での証言と記録との食い違いを指摘する鋭さもみせた。

　最高裁で死刑が確定した事件が30年近くたって、その確定判決に疑問が出され、一転して無罪となった免田事件。しかも、免田事件だけでなく、松山、財田川など他の事件でも確定死刑囚の再審を迎えるという事態は、わが国司法の根幹を問うている。「刑事裁判官は、大変なこととして受けとめている」。河上の言葉には、法衣をまとった者の厳しさがある。それは、司法として容易ならざる事態である、との思いなのかもしれない。

　判決前にも、インタビューを断って、書面で回答したのみ。そのなかで「再審裁判は3人の合議体でなされており、裁判官は法に従い、証拠に基づいて審理

判決をするだけ」と答えている。米の配給通帳と消費者台帳、移動証明書、特飲店の職員手帳……。免田を犯人とする物証はなく、逆に免田のアリバイ成立を明示するものばかり。しかも、物証を支える供述が相乗効果となっている——。判決文を読むと河上らが、免田無罪への心証を形成していく過程がくっきり浮かび上がっていくようでもある。

河上は言う。「事件は、全証拠を総合的に判断していく。法律は常識です」。河上は59年4月1日付で大阪高裁へ、豊田も熊本地家裁玉名支部へそれぞれ転出した。

確定判決の重み

強盗殺人や殺人など重大事件の再審が相次いでいる事態を、検察当局が深刻に受け止めていることは、58年春に出された最高検公判部長・臼井滋夫の論文からも明らかだ。死刑という確定判決がある事件に対する初めての再審、免田事件。その免田事件でさえも、ある関係者によれば、既に公判前、検察内部に「アリバイが問題になる」との見解があったと言うが、公判に臨んだ検察の姿勢は、威信をかけた"強気の検察"に見えた。

熊本地検検事・伊藤鉄男（35歳）。免田事件が起きた23年、岐阜県に生まれた。中央大学卒業後、50年に検事となり、東京地検を振り出しに、岡山、東京地検を経て56年3月末、熊本地検へ。再審初公判のひと月前だった。着任早々、免田事件を担当。再審公判の検察の布陣は、伊藤のほか福岡高検の清水鉄生（51歳）、熊本地検三席検事・奥真祐（41歳）の3人。奥が57年3月、公安調査庁に異動した後は、清水と伊藤のコンビで、弁護団と対峙した。

「確定判決の重みは無視できない。再審開始決定があった以上、やれることを精いっぱいやった」。アリバイ崩しの証人を立てたことも、「やれること」の1つだったとする。一般には突然の証人の出現を疑問視する向きもあったのだが、「（検察としては）全くやましいところはない。証人が自ら連絡してきたものだ。証拠としての価値が認められる以上、証人とするのは当然。検察としてできる限りの証拠を出して、それでも、なおかつ無罪になったのだから、逆に本人（免田）にとっても良かったのではないか」。全国民の耳目を集めた裁判を担当した伊藤は、苦悩と安ど感が入り混じった複雑な表情を見せた。

風雪に耐える捜査

再審公判は56年5月の初公判以来、判決を迎えるまでに2年2カ月を要した。

その間、検察は弁護側の新鑑定に対抗する新たな鑑定、アリバイ崩しの新証人を繰り出した。

「再審公判自体は決して長くない。再審なのだから審理を尽くすのは当然だ」。伊藤はこう言った後で、「一般論だが」と前置きして、「長い年月を経過することによって、改めて有罪を立証することが困難になることもありうる」と言葉を継いだ。

判決は、自白に頼るズサンな捜査に反省を迫るものだった。「結果を見ても捜査が不十分であったことは否定できない。免田事件から得た教訓は、風雪に耐えうる捜査、公判をしなければならない、ということだ」。

相次ぐ誤判、冤罪事件を防止するには、事実認定を国民に任せる陪審制度を導入すべきだ、という声が刑訴法学者や弁護士の中にある。

「真実は多数決で決めるものではない。われわれ法律家は法律のプロではく、事実認定のプロだ。そういう教育を受けてきた」。検察官としての自負ででもあろうか——。その伊藤が常々、口にしていることがある。「検事は、裁判における真実を社会でいう真実に近づけるための仕事をしている。検事にとっての真実とは証拠だ」。「自白は大事だが、それがなくとも有罪にできる証拠を集めなくてはならない。初めから自白した事件の方が危ない。自白を得たことに安心して、証拠固めを怠ることもありうるからだ」。

「あなただったら、免田さんを起訴したか」という問いに、伊藤はウーンとうなったが、首を縦には振らなかった。

判決から、半年近くたったある日、熊本地検の一室で、伊藤が感慨深げに言った。「私が生まれて満1歳になる前に（免田は）捕まったんだな、私が生きてきたのと同じ年月獄中にいたんだな、と事件を担当してから、いつも思っていた」。伊藤は免田事件が発生した23年の生まれ。因縁めいたものを感じているのかもしれない。

判決後、伊藤のもとに1通の手紙が届いた。差出人は被害者であり、遺族である山本ムツ子だった。文面にはやり場のない悲しみ、怒りがつづられ、「司法の権威は何人にも左右されないことを確信しています。真犯人を捜してください」と結ばれていた。同じ文面の手紙は熊本地裁八代支部にも届いていた。伊藤は口には出さなかったが、被害者の手紙に心を痛めたに違いない。話が被害者に及ぶと、顔を曇らせた。

伊藤は、熊本地検では免田事件のほかに、主に知能犯事件を担当している。いわゆる"サンズイ"（汚職）や選挙違反、脱税事件などで、"大胆かつ緻密な捜査"として地検、県警の中で評価が高い。特に"サンズイ"ではこの3年間に、

1市4町の首長汚職を手がけた。なかでも57年春、イモづる式に3町長が摘発された事件で、伊藤は「多発する汚職を防止するには厳罰をもって臨むべき」と論告。2人の町長が実刑判決（1人は控訴審で執行猶予が付いた）を受けた。

担当した免田事件については多くを語らない伊藤だが、「免田事件は多くの教訓を残した。私の検事生活の中で最も忘れられない事件になるだろう」と言う。

5　癒えぬ傷

判決にかけた願い

58年7月15日、判決当日。前夜から降り始めた強い雨は、この日も断続的に降り、熊本県内には大雨洪水警報が出されていた。被害に遭った白福家の4人のうち、今も生存しているのは山本ムツ子（46歳、旧姓白福、佐賀県唐津市在住）だけ。ムツ子は判決日の朝を、裁判所がある八代市で迎えた。報道陣の取材攻勢から逃れて、前日の14日、夫の淑人（50歳）とともに八代入りしていたという。「14日の夜は眠れなかった。雨が強かったでしょ。朝、起きてみると、球磨川の水かさも増えていた。判決が延びればいいが、と思った」。

ムツ子は再審公判をほとんど傍聴していたが、いつも人目を忍ぶように来て、帰って行った。「（裁判の流れから）無罪になるんだろうなあという気はしても、有罪であって欲しいと願っていた。だから、判決をこの目で、耳で確かめたかった」。黒のブラウス、白のスカートに髪を後ろで束ねたムツ子は、傍聴席の最後列に、淑人と並んで座った。開廷までのわずかな時間、両手をヒザの上に組み、必死に平静を装おうとしていた。午前10時きっかり、開廷。しばらく間を置いて、裁判長河上元康が低く聴き取りにくい声で、「無罪」と宣告した瞬間、ムツ子は目頭を押さえた。ハンカチを取り出し、目や口にじっと押しあてたまま、身動き一つしなかった。「悲しいというより腹が立ってしょうがなかった」。

「じゃあ、だれが真犯人なの」。開廷から10分後、判決の朗読が続く法廷に、ムツ子の姿はなかった。淑人に抱きかかえられるようにして法廷を出たムツ子は、待たせてあった車で逃げるように去って行った。

現在、山本姓を名乗る白福角蔵の二女ムツ子は、当時、小学5年生。11歳になったばかりだった。一瞬にして両親を失い、姉イツ子（当時14歳）も48年、病気で他界。今となっては、ムツ子が生き残ったただ1人の被害者だ。ムツ子は、角蔵と先妻ウメヲとの間に生まれた子だ。角蔵が60歳を過ぎてからの子供だったため、随分ムツ子をかわいがったようだ。事件の夜も、角蔵と同じ布団で寝て

いた。
「私の言うことはなんでもきいてくれた。今でも、父の写真を肌身離さず持っている」。ムツ子は財布の中から色あせた写真を取り出し、「（父と）よう似とるでしょ」と言って、ニコッと笑った。

角蔵の祈禱は繁盛していた。1日に14、5人の信者が訪れ、その信者も人吉市内はもちろん、球磨郡内、さらには八代、県外にまで及び、祈禱師としての収入も月1万2、3000円あったという。白福家には、祈禱所のほか、母屋と離れの3軒があった。ムツ子が角蔵の布団で寝ていたのは母屋だ。何一つ不自由ない暮らしが、事件を境に一変した。ムツ子には、姉イツ子と4人の兄がいたが、いずれもウメヲの連れ子だった。ムツ子とは異父兄姉になる。
「事件があるまで、兄や姉とは父親が違うことを知らなかった。それを知って、自分が横着（な性格）になった」。

事件後、人吉市内の長兄に引き取られ、中学3年のころには、長崎県佐世保市の次兄宅へ。中学卒業後、美容院に見習いで住み込む。18歳で、理容師だった淑人と結婚。30年に夫の郷里の唐津市に移って共働き。44、5年ごろ、ホテル内に喫茶店を開き、58年1月、市役所から歩いて10分ほどの所に、小さな喫茶兼スナックを構えた。働きづめの毎日。
「言うに言われぬ苦労だった」。

まるで加害者扱い

ムツ子は事件のことは努めて忘れようとしていた。しかし、再審開始が決まって、報道陣の取材攻勢が始まると、いや応なく、渦中に投げ込まれた。

いやがらせや匿名の脅迫電話が相次いだ。「何千万円か積んで免田さんに謝れ」と脅されたことや、夜中まで電話攻めに遭い、両親の法事で人吉に行くのに、人目を忍んで真夜中に唐津を立ったこともあった。人吉に行けば、白福家の墓に供えた花は必ず倒され、再審公判を傍聴に行くたびに、免田の支援団体から冷たい目で見られたという。

多くを語らないムツ子に代わって、夫の淑人が言った。「私らは被害者なんだ。なぜ、こんな目に遭わなければいけないのか。まるで加害者みたいじゃないか」。

ムツ子には、再審公判で真実が明らかにされるという期待があった。再審公判担当の検事・清水鉄生と法廷前の廊下で顔を合わせたことがある。「福岡から来ていた検事さん（清水のこと）が、『私たちも精いっぱいやりますので、あなた方も頑張ってください』と、声を掛けてくれた時はうれしかった」。淑人はそう言った後、

「それにしては、判決はあっけなかった」と言葉を継いだ。

判決の日。失意のうちに法廷を去るムツ子に報道陣が群がった。ムツ子をかばおうとした淑人は、もみくちゃにされ、踏まれた右足のかかとが化のうした。ムツ子が吐き捨てるように言った。「腹が立つ。人間みんなに腹が立つ」。

一貫しない証言

河上判決がムツ子に与えたショックは大きかった。言わば、"親の敵"がいなくなったのだから。ムツ子はずっと免田が犯人だと思い、特に再審公判以降、「あの目と髪の感じが忘れられない」と言い続けていた。しかし、法廷でのムツ子の証言をみると、決してそうは言っていない。順を追ってみる。

▽原第一審(熊本地裁八代支部)の証人尋問(24年3月4日)。「(泥棒は)帽子はかぶっておらず、顔はよく見えた。髪はボサボサで、丈はあまり高くなく、若い男だった。上下とも同じく黄色い兵隊服のようなものを着ていた」。

▽原第二審(福岡高裁)の免田立ち会いの下に行われた証人尋問(25年12月10日)。「背の高さや体付きはこの人(免田)に似ていた。年齢もこの人ぐらいで、服もこのような服を着ていた。顔は隠していなかったが、この人だったかどうか分からない」。

▽第三次再審請求審(熊本地裁八代支部)の証人尋問(31年3月23日)。「怖くて顔はよく見なかった。検証の時、(警察官に意見を求められた)免田が『意見はない』と言ったので、私はこの男に間違いないだろうと思った。はっきり(顔を)見ていないので自信はなかったが、それで安心した」。

河上判決はムツ子の供述について、「必ずしも一貫せず、被告人が犯人であるというはっきりした自信がなかったことが認められる」としたうえ、「当時満11歳の少女であったことや頭をたたかれ大けがをしていることを考慮すれば、被告人を犯人と推定するに足りない」と断じている。

同情よりも真実を

ムツ子は判決後、裁判所や検察庁、報道機関だけでなく、中曾根康弘首相にまであてて手紙を書いている。「いつか犯人には必ず天罰がくることを願いながら、毎日のどん底生活を悲しい思いですごしてまいりました。私たちは同情より真実を、犯人をと願うものであります。どうかこの切実な訴えを聞きとどけてください。真犯人を捜してください。お願いします。お願いします」。文面には、ムツ子のわらにもすがりたい思いがにじんでいる。しかし、当然のことながら、あて先からはな

しのつぶてか、あっても「当局の関知するところではない」という通りいっぺんの答えしかなかった。

　そんな中で、検察側が控訴断念を明らかにした58年7月28日の数日後、1通の手紙が佐賀県唐津市のムツ子のもとに届いた。差出人は、熊本地検検事・伊藤鉄男。再審公判の主任検事だ。便せん5枚に、1行おきにしたためてあった。

「お手紙をいただきましたが、（判決が）ご期待に反する結果となり、私としても残念です。ご遺族のお気持ちを思うと、申し述べる言葉もありません」。「この事件は私が生まれた年の事件で、三十数年間のご苦労に加え、判決によってさらに深く傷つかれたと思い、責任を痛感しています。お会いできる機会があれば、控訴断念のいきさつを詳しくお話しいたします。ご両親のごめい福をお祈りします」。日付は控訴断念の日だった。検事からの手紙は既に、ほかの手紙と一緒に、箱につめてしまい込んであった。

　佐賀県唐津市は人口7万8000人、佐賀県第二の都市だ。ムツ子が夫淑人の郷里であるこのまちに移り住んだのは、もう約30年前になる。

　判決後、ムツ子のもとには、1日に10通近い手紙と何本かの電話が相次いだ。励まし、同情、いやがらせ。なかには、「免田が刑事補償で金をもらうのに、なぜ黙っているのか」とか、「免田に会いたいなら会わせてやろう」という無責任な内容のものもあった。その度に、ムツ子の心は揺れ動いた。「励ましの手紙でも、本当はその逆じゃないだろうかと思ってしまう」とムツ子は言った。見知らぬ老人が、「力になってやろう」と訪ねてきたこともあった。そんなとき、ムツ子には「気持ちは悪いが、訪ねてきた人を追い返すわけにもいかない」と一晩泊めてやる、人の良さがある。

　58年10月末。唐津くんちを数日後に控えたある日、ムツ子は25歳になる1人息子の結婚準備で忙しかったが、顔はにこやかだった。淑人も、「最初で最後のことだから、段取りが分からなくて」と笑った。佐賀市であった結婚式にはムツ子の兄たちも駆けつけたという。失意の中にも喜びのひとときだった。ムツ子の頭には今も、2つの傷跡が残っている。時折、激しく痛むため頭痛薬を手放せない。店のたなには、故郷の球磨焼酎が並んでいた。

第4章　人間模様

インタビュー：死の恐怖――免田さんが語る事件史

昭和58年8月11日、免田さんは熊本日日新聞社との初の単独インタビューに応じた。報道機関としては初めてだったが、34年ぶりに自由の身になって1カ月足らずの免田さんは、事件や拘置所の生活について率直に語った。インタビューは熊本市の「慈愛園」で、「心の師」として免田さんを支えた同園の潮谷総一郎園長、義弟の福屋大助氏を交えて行われた。

（真っ黒に日焼けした免田さん、「もうすぐ寝込むバイ」などと冗談を言いながらインタビューは始まった）。
　――「自由社会」へ帰られて1カ月近くなります。この間、「警察の書類などをみれば（真犯人の）察しはつく」などの微妙な発言などもありましたね。
「（真犯人については）言い足りない面があった。六次再審や今回の公判で証拠とされた中に、事件翌日の記録などがあって、それが私の自白と食い違っているわけです。侵入口とか、逃走口とかが違うわけですよ。真犯人に名乗り出て欲しい気持ちはありますよ、私のためにも被害者のためにも……」。

錯乱状態にされ自白
　――一般には、犯人でもないのになぜ自白するのかという疑問があります。
「うーん、捜査員は1つの筋を作って、それに応じなければ暴力をふるうわけです。刑事の1人は甘い言葉をかけ、別の1人が厳しくやってくる。認めないと、被害者や近くの人が見ていたなどと言って寝せない、食事を与えない。殴る、けるもありました。応じないと、（警察官が）合議してまた問い直す。一昼夜も二昼夜もです。自分がこうだと言っても調べてくれなかった。何べんも言ってるんです。当時の法律は、疑わしきは罰するもので……。悔しい思いだった。『ウン』と認めた時は、もう錯乱状態だった」。
　――原第一審でも最初は、犯行を認めていますが……。
「認めた、というのは警察の調書を認めたわけです。説明が足りなかったと思って、第2回公判から自分の気持ちを主張しました。あの時の気持ちになれと言っても……。法律も分からず、弁護士も面会に来ないし、だれに相談しようもなかった。独房で頼りになるのは自分1人と思いましたよ。死刑判決も実感はなかった。自分はやっていないと思ってましたから」。

――その後再審請求を出されますね。
「そりゃ、死刑への恐怖はありましたよ。死刑が確定した時は、混乱もしました。再審は、カナダ人の外人教誨師が教えてくれました」。
（「確定する前に免田さんに会いました」と潮谷さん。潮谷さんは、免田さんの無罪を信じて奔走、第三次請求で再審開始の「西辻決定」を引き出す。潮谷さんは「弁護士の坂本泰良代議士が国会で法務大臣から刑の執行はしないとの言質をとってくれました。恩赦も3回出したが、強盗殺人は除かれました」と言う）。
「『西辻決定』の時はうれしく、これで助かったと思った。甘い考えだったが……」。

再審に「やった！」

――日弁連が免田事件特別委員会をスタートさせたのは36年11月。
「それまで孤軍奮闘でしょう。期待と不安はあったが、日弁連という公の組織が出て来てくれてホッとしました」。
（潮谷さんは「日弁連も財政的に苦しい。支援者も同じ。日弁連も安い法務省の寮などで合宿の勉強会をやったんです」と付け加えた）。
――それだけに六次再審請求が認められた時はうれしかった？
「事実審理さえしてくれればと思ってましたし、もう、うれしかった。福岡高裁の開始決定（54年9月27日）の時、拘置所内で時間ごとに割りあてられたテレビを見てまして、荒木弁護士が「○印」の旗を持って出てくるでしょう。『やった！』と思いましたよ。どうなるかと思ってただけに、涙が出て……。3、4人いた死刑囚も刑務官も一緒になって、『よかったね』と喜んでくれました」。
――拘置所は何カ所？
「八代が2回で福岡拘置支所など通算6カ所。その間、70人ぐらいの死刑執行を見送りました。死刑囚？　普通の人間と変わりませんよ。みんな人間はいいが、単純なところがある。私だって死刑囚だったんだ（笑い）」。
――免田さんは野球が得意だったようですね。
「死刑囚だけで2チームできてました。『ドンキーズ』に『シャークス』。ユニホームも役所から支給されましてね。背番号はクジびき。なにしろ夢中になって気分晴らしをするんだからケンカになることだってある。1日1時間、それを毎日。軟式だが、4連投したことだってあります」。
――点訳も気分転換の意味から始められたんですか。
「死刑囚の約半数ぐらいがやってましてね。死刑囚の古い人から教えてもらった。

器材は潮谷先生に贈っていただきましてね。毎朝5時から9時まで。その時だけでも死の恐怖を紛らすことができますから」。

処刑の夢に冷や汗
　——拘置所内で一番つらかったことは？
「原審の死刑判決を最高裁が認めたときから三次再審請求までの3年間ですね。明日なき運命ですから。死の恐怖です。自分が処刑された夢も見たし、うなされて、ビッショリ冷や汗をかいて起きたことだってありますよ、幾度となく看守にあたったり抵抗したりいろいろありましたよ」。

　執行される朝は、8時半ごろ、呼び出しがあります。1時間ぐらいして執行です。出ていく者は一人一人あいさつして、鉄格子越しに握手します。多いときは20人ぐらいの刑務官に囲まれて……。針が落ちても聞こえる静かな時です。送る側は言葉も出ませんよ」。

　——お父さんたちが別れに来られたこともありましたね。
「35、6年ごろ。あきらめてくれとね。子の前で、"これが最後だから"と泣く姿がたまらなかったですよ。私も期待と不安、半々だったが、日弁連に訴えてたでしょう。でも、それを言っても父に理解できる話ではないしね」。

（潮谷さんは「父の栄策さんがその足で慈愛園に寄られましたよ。『あきらめるよう言ってきた』と、さめざめと泣きながら。それで、金はなくても、後押しはして下さいと励ましたんですよ」）。

　——それだけに（無罪を言い渡した）河上判決はうれしかったでしょう。
「あれを聞いた時が一番うれしかった。無罪になるとは思ったが、どこまで（判決に）それを出すか、灰色ぐらいになるんではないかという気もしてました。完全無罪のはっきりした判決には敬意を表しています」。

第5章 ◇ **再審**

免田事件が裁かれた熊本地裁八代支部（写真は、昭和14年撮影）。当時は八代裁判所。この建物は、昭和35年、新築するまで使用された。
──昭和14年11月1日発行の『司法省及び裁判所庁舎写真帳』より

第5章　再審

　免田事件の刑事裁判は19回、再審請求は6回に及んでいる。昭和24年2月17日の原第一審から27年1月5日、最高裁で死刑が確定するまで、さらに27年6月10日の第一次再審請求から55年12月11日、最高裁で再審が確定するまで、そして、熊本地裁八代支部の再審公判と、大きく3つの段階に分けることができる。

　関与した裁判官は70人近い。うち免田の死刑判決に疑いを持ったり、「疑わしきは被告人の利益に」と無罪や再審開始にした裁判官は14人である。

　再審は、有罪となった確定判決に対して、裁判のやり直しを認める制度である。免田事件のように最高裁で死刑が確定した重大事件で、再審が開かれるのはわが国の刑事裁判では極めて異例のケース。昭和50年の「白鳥決定」以前は、名古屋の吉田がんくつ王事件や長野の小平事件などほんの数例しかない。吉田がんくつ王事件の吉田石松は無実を叫ぶこと50年に及んだ。「開かずの門」と呼ばれる所以である。

　再審開始の要件は、「無罪を言い渡すべき明らかな証拠をあらたに発見した時」(刑訴法435条)とされ、「明らかな証拠」を明白性の要件、「あらたに発見した」を新規性の要件と呼んでいる。2つ要件では、厳しい見方がとられ、例えば真犯人が名乗り出るか、完全なアリバイが証明されねば再審開始とはならなかった。

　本章では、幻の再審開始決定となった「西辻決定」と再審開始となった第六次請求を中心に、原審と再審請求の全過程をふりかえる。

1　死刑判決

立ち入った説明のない死刑判決

　スタートだった熊本地裁八代支部。昭和24年2月17日に始まった裁判は、24年1月1日に施行された新刑事訴訟法にのっとって行われた。裁判長は木下春雄。実は木下は、24年1月19日、熊本地検八代支部が免田の勾留を請求したのに対し、勾留尋問を担当した当の裁判官だった。その時免田は、犯行を

ほぼ認める供述をした。裁判所関係者によれば、地裁の支部では以前、同一の裁判官が勾留尋問と公判を担当することがあった。しかし、公判前に裁判官が予断を持つのではないかとの指摘があり、最近では、同一裁判官が受け持つことを避けているという。木下らが結審を考えていた第3回公判の24年4月14日。免田は、犯行を全面否認する。以後、木下らは予定を変更、証人などを呼んで調べ直し、審理回数を増やした。しかし、25年3月23日の判決は「死刑」。

死刑判決は、ほぼ起訴状に沿った理由で、立ち入った説明はない。ただ、有罪とした20項目の「証拠の標目」のなかに、わずかにその基礎となった考えをうかがうことができる。その標目は「①犯行を否認した第3回公判を除く当公廷での供述、②1月17、18日付の警察での自白調書、③福崎良夫の証人尋問調書、④警察官4人の当公廷での供述、⑤検察官に対する供述調書、⑥裁判官に対する陳述調書、⑦1月15日付の警察官に対する供述調書、⑧白福イツ子、ムツ子、平川ハマエ、山並政吉、溝辺ウキエ、免田栄策、段村アキエの証人尋問調書、⑨警察官作成の検証調書と題する書面（添付の図面及び写真も）、⑩当審における検証調書（2回共）、⑪現場写真14葉、⑫世良鑑定書、⑬医師山口宏の被害者の各診断書、⑭世良完介の当公廷の供述（2回共）、⑮山口宏の当公廷の供述、⑯山口宏の血液型鑑定、⑰国家地方警察県本部の鑑定結果回答書、⑱刺し身包丁1本とナタ1挺、⑲酒井喜代治の盗難届、⑳犬童清作の当公廷供述」である。

このうち、自白調書は再審公判でその信用性が否定され、任意性にも疑問ありとされたもので、ナタの鑑定結果も、血痕量から「鑑定は不可能だった」と判されたもの。またノドの傷がとどめとする世良鑑定も、その後世良自身が否定、二次鑑定を出すことになるものだ。「すんなり死刑の結論に達したとは思われない」とは公判記録を読んだ関係者の感想だ。免田の否認、変わる接客婦の証言。結審直前の25年1月16日、窃盗罪で追起訴されていることに検察側の動揺をみる向きもある。

木下らは、免田の否認などをどう判断したのだろうか？　木下はその後福岡地裁所長を最後に退官。福岡市で弁護士となっているが、「一切ノーコメント」の姿勢を崩さない。原第一審をよく知るある裁判関係者は言う。「今となっては、免田事件について何も言えない。木下さんは、入念な審理をする人だった」。

一方、当時陪席判事だった立山潮彦（85歳、熊本県八代市）は「なぜ初めに犯行を認めたのか。なぜ急に否認したのか。その疑問がいつまでも頭に残った。接客婦のアリバイ証言もあやふやだった」と振り返り、「新刑訴法になり替わったばかりの当時、"自白は証拠の王"とされた旧法の体質は根強く残っていた。自

白偏重の危険性はその後の弁護活動を通じ痛感するばかり」と言う。
　「やっぱり決め手になったのは自白ではないか。自白があると、今の裁判官でも安心するものですよ」——裁判官から弁護士に転身した弁護団の川坂二郎は、「自白に引きずられてしまった裁判の実態」を自らの経験に則して指摘する。
　さらに、死刑を支持した福岡高裁判決（26年3月19日）は、アリバイ主張については、第1回の接客婦証言や「丸駒」の主人などの証言から、「丸駒」宿泊は12月30日とし、さらに自白調書についても「警察官の先入主観に基づく誘導ないし強制によってできたものとは認められない」とし、「原第一審冒頭で犯行を自白しており、弁護人も同様の陳述をし、証拠に現われた事も自白の真実性を裏付けている」と判断している。また、死刑を確定させた最高裁判決（26年12月25日）は、免田の拘禁は適法だったとし、「警察官の強要等による自白であることを認むべき証拠もない」とした。
　「物証から自白をみるか、自白から物証をみるかで事実の見方が全く変わってしまう」——弁護団が強調することの一つだ。「自白があると安心してしまう。新刑訴法間もないころで、人の頭は急には変わらない。自白の後で裏付け捜査が必要なのにズサンだ。侵入口や逃走口にしても、本当に入れたか、逃げられたか、詰めてなく、初動捜査がまずい。誤判の原因は、証拠を甘くみたことではないか」。元最高裁第一小法廷で免田の再審開始を決めた時の裁判長・本山亨の指摘だ。
　免田の無罪判決が出た後、原第一審の裁判長・木下春雄からある最高裁判事に1通の手紙が届いた。その手紙には「無罪判決がでてよかった」との内容の言葉がつづられてあったという。

証拠物のナゾ

　27年1月5日、最高裁で死刑が確定する。いつ、執行されるかわからない死の恐怖。自ら六法全書をひもとき、再審について勉強する。「とにかく必死でした」。今、免田は振り返る。27年、免田は3つの行動を起こした。1つめはキリスト教の洗礼を受けたこと、2つめは初めての再審請求を福岡高裁へ提出したこと、3つめは、凶器とされたナタなどの証拠物の返還を求めたことだ。免田が置かれた当時の立場と心の葛藤がみてとれる。
　証拠物の返還請求が民事訴訟へつながっていく。27年、熊本地検八代支部に免田は証拠物還付願を提出した。「無実を晴らす証明になればとの気持ちだった」と言う。しかし返ってきたのは逆に「放棄せよ」との要求書だった。さらに30年3月30日付で、免田は再請求する。これに対する回答は「いまだ事件記

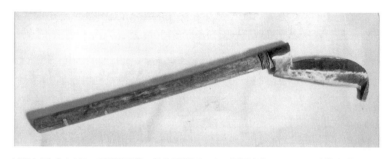

凶器とされたナタは、死刑確定後、行方不明となった。冤罪事件につきものの証拠紛失は、この事件にもあった。写真は同型のナタ。

録が最高裁から送付がなく、押収物は未処理であり、かつ押収中の物件は血痕付着のため腐蝕し物の用に立つと思われぬ」。逆に所有権の放棄書送付を求めてきた。

ナタの血痕鑑定は正しかったのか、犯行当時着ていたとされるマフラーなどに血が付いていないのもおかしい。もう一度調べれば……、免田が有体動産(証拠物)引き渡し請求訴訟を東京地裁に起こしたのは38年12月のことだ。押収された証拠物はナタのほか、紺色木綿製袢纏（はんてん）、国防色木綿製上衣、薄茶色毛糸製チョッキ、白色絹製マフラー、地下足袋、軍隊手袋、褐色ラシャズボン、それに毛髪若干の9点である。うち、袢纏、地下足袋、ズボンの3点は38年に返還された。

39年6月、一部訂正、整理された訴訟が求めたものはナタ、上衣、チョッキ、マフラー、手袋の5点である。弁護団によれば、証拠物は原審の裁判所から没収の措置がとられてない以上、あくまで所有者に返すのが当然のものだった。ところが、熊本地検八代支部からの回答は、「ナタなどは紛失してありません」。以前は「血で腐蝕し使い物にならないから」と放棄するよう要求した同支部が、実はなくしてしまっていたことが明らかになったのだ。このほか、5点のうち、チョッキと軍隊手袋は人吉市警から同支部に送付がなく、同市警でなくなったこと、ナタ、上衣、マフラーの3点は、送付を受けた同支部でなくなっていることもわかった。ある地検関係者によると、このナタは死刑確定後、同支部のマキ割り用に使われ、そのうちなくなったとも言う。

消えかかっていた証拠に光

ナタの紛失が明らかになったことから、免田は39年12月10日、損害賠償請求（100万1000円）に切り替え、検察の責任を追及。東京地裁は46年7

月31日、検察官の紛失責任を認めたものの、慰謝料は退けた。判決が認定した紛失状況は次の通りだ①ナタは、遅くとも30年ごろ、同支部係官が所有者の承諾を得ないで廃棄した、②白色マフラーは36年1月ごろ、同様にして廃棄された、③上衣は遅くとも36年1月ごろ亡失した。

　この裁判は、最高裁で係属中だが、免田事件では証拠物のナゾは多く、もう一つの凶器とされた刺し身包丁の出現もナゾの1つだ。第六次で再審を開始した福岡高裁は、検察官に包丁の所在調査を嘱託したが、その回答は「27年2月22日に熊本地裁八代支部から同地検八代支部に引き継ぎがあったが、その後、所有者に還付された形跡はなく、放棄書徴収後廃棄されたものと推定されるが、その時期は明確でない」だった。ところが、再審公判になって検察官は、その包丁を提出した。釈明では、「廃棄物を収容する容器に入れておいたが、再審請求があったので必要と思い保管していた。53年2月2日、福岡高検へ送ったが、引き継ぎが行われなかったため、前記の回答となった」と言う。

　「民事訴訟の意義はナタの紛失責任を明らかにしたことはもちろんだが、第五次請求棄却(42年)から第六次請求(47年)までの空白を埋めたことだ」と弁護団長・尾崎陞は言う。開かない再審の扉を前に、五里霧中だった弁護団にとって民事訴訟で初めて見ることのできた記録は貴重なものだったと言う。特に第三次再審の熊本地裁八代支部(西辻孝吉裁判長)が取り寄せた記録は新たに日の目を見ることになった。「検察は自らに不利な証拠は公開しないが、民事訴訟のなかで新しい証拠も発見できた。これらが第六次再審を組み立てる柱になった」。弁護団の佐伯仁の述懐だ。ナタの紛失を明らかにし、消えかかっていた証拠に新たな光を当てたのも、免田の執念と言える。

2　幻の決定

再審の扉、初めて開く

　「請求人に対する標記確定判決に対し再審を開始する。請求人に対する右確定判決による死刑の執行を停止する」。

　31年8月10日。熊本地裁八代支部の第三次請求での再審開始決定である。後に「西辻決定」と呼ばれるこの決定は、その「先見性」にもかかわらず、むしろ「先見性」故に、当時ほとんど顧みられることはなかった。後に、関係者の間で「幻の決定」とも呼ばれることになる。

　「西辻決定」は、わが国初の確定死刑囚に再審の扉を開く画期的なものであっ

たが、検察側の即時抗告で福岡高裁で破棄された（34年4月15日）。「（『西辻決定』は）証拠の新規性を誤り、既に原審で取調べ済みの証拠を新証拠として採用している」。「法の安定」を重視する高裁の激しい調子の破棄理由であった。

「西辻決定」にいう新証拠とは、接客婦の証言（29日「丸駒」宿泊）にほかならなかった。再審は「有罪の言渡しを受けた者に対して無罪を言い渡すべき明らかな証拠をあらたに発見した時に」（刑訴法435条6号）開始される。西辻は「接客婦証言が真実であることは、

再審開始決定を出した故西辻孝吉裁判長

他の新証拠の取調べで新たに発見された」とした。つまり、免田のアリバイの全面認定であった。そして、27年間——。同じ熊本地裁八代支部でアリバイが認められるまでには、長い道のりがあった。捜査段階もアリバイが成立したはずと言う弁護団の倉田哲治は「百歩譲っても『西辻決定』においては完全にアリバイは立証し尽くされていたのである」（日弁連『再審通信』）と語っている。熊本市で弁護士となった西辻は、慎重に言葉を選びながらも「無罪判決は本当によかったと思う」と話す。西辻はなんとも言えずうれしそうな笑顔になった。

西辻のアリバイ認定は、河上判決が中心とした移動証明書、消費者台帳、領収証などの物証による「30日兼田方宿泊」と、接客婦証言の検討による29日「丸駒」宿泊の、2日間をそれぞれにわたって認定した。移動証明書、領収証は西辻が新たに取り寄せたものだった。

今、西辻は言う。「再審請求の申し立てはアリバイの主張だったから、アリバイを中心に調べることにした。移動証明書は母のトメノの供述のなかにあったので照会して取り寄せた。中村友治の領収証は検察の未提出記録の一部だったが、大事な証拠と思って取り寄せた」。裁判官時代、「戒心に戒心を重ねて」をモットーに裁いてきた西辻は、アリバイを中心にして調べを進めたが、積極的な西辻の調

べは、世良二次鑑定を引き出すことになる。

　熊本大学医学部教授（法医学）・世良完介（当時）は、被害者、白福角蔵、トギエの死体を鑑定（一次鑑定）、角蔵の死が、ナタで頭を殴られた後、包丁によるノドへの「死ノ留メヲ刺シタモノ」とした。免田の自白調書は、この世良一次鑑定と"奇妙にも"一致する形で出来上がっている。しかし、西辻の依頼を受けた世良は31年1月から204日間にわたる二次鑑定に取り組み、第一次鑑定を自ら取り消し、創傷の順序も包丁→ナタと訂正した。包丁によるノドの傷は最後の傷、とどめではなくなったのだ。

　創傷順序の食い違いは、免田の自白調書の信用性を疑うに十分だった。自白が誘導された疑いも出てきた……。「（二次鑑定は）大変な意義がありました。あれだけの権威ある学者が、自ら前の誤りを認めたわけで、実に立派な態度でした」。西辻は、何度も繰り返した。

手探りでスタート

　有罪が確定した事件だけに、再審の壁は厚く、「西辻決定」までの道は暗中模索であった。免田が再審請求に取り組んだのは27年。自ら六法全書をひもとき、第一次請求（27年6月10日、福岡高裁）を提出する。その時免田は再審の要件も明確には知り得ず、「不適法」を理由に棄却されることになる。この後、第二次請求（28年2月11日、熊本地裁八代支部）を提出する。これも同8月、最終的に棄却された。このころ免田は、以後「心の師」とも仰ぐことになる潮谷総一郎と出会う。無実を訴える免田に理解を示した潮谷は、アリバイのカギを握る接客婦を北九州で捜し出した。「事件のあった29日夜、（免田は）私と一緒だった」。接客婦のアリバイ証言を引き出した潮谷は、アリバイを新証拠として29年5月、第三次再審請求を熊本地裁八代支部に提出する。裁判長・西辻孝吉、陪席・森岡光義、森永龍彦。西辻は民事担当が主だった。「普通の事件を普通に扱っただけ」と言う西辻だが、免田の申し立てに基づいての調べは徹底したものだった。

　西辻は言う。「接客婦の証言は、『丸駒』泊が29日と30日と2つある。本人（免田）はアリバイを主張しているし、結論は別にして調べてみようとなった」。免田には会わなかったものの、接客婦や免田の両親も呼んで調べ直した。「裁判所としては、もう一度きちんと調べなければ、との気持ちでした」と振り返る。「暗中模索」、「手探り」。西辻が語る言葉には、再審の門が閉じられたも同然だった当時の状況がうかがわれる。西辻たちの孤軍奮闘は続いた。

未開示記録に光

　免田のアリバイを調べていた西辻たちは、数多くの記録を取り寄せた。「未開示記録」がこうして光を当てられることになる。捜査段階で警察官や検察官が関係者からとった供述調書は、すべてが公判廷に出るわけではない。検察側に不利なものは、通常日の目を見ることはほとんどない。西辻らの努力は、こうした記録を引き出した。例えば、犯行があったとされる23年12月29日午後に免田と会った平川ハマエが、免田はナタを持っていなかったと証言していることなどである。西辻の取り寄せた記録は中村友治の領収証、免田の緊急逮捕手続き書、弁解録取書、送致書、警察官調書38通、検察官調書13通、検察官に対する中村友治の未完成の供述調書など、多数に上った。29年10月7日を第1回として31年7月26日まで50人に及ぶ証人を取調べた。

　西辻らの心証は、確定判決（死刑）とは別のかたちをとり始めた。「申し立てはアリバイだったが、自白していることが気になり、自白が正しいものかどうか間接事実として調べた」と言う。免田にはアリバイがあった——西辻らが達した結論だったが、再審開始決定を出すに当たってどう表現するか。決め手とも言える接客婦のアリバイ証言は既に原第一審でも出され、証拠として調べ済みのものであった。再審にいう新規性、明白性のある証拠ではなかった。「実際、どういう表現にするか困った。大正13年に大審院決定でゆるやかに解釈したのがあって、この判例をよりどころにした。学界も今と違って未開の分野で学説とてなかった」。

　古い証拠でも、証拠価値が新しければ新証拠になる——再審での新しい見方であった。31年8月10日、再審開始決定が出され、獄中の免田に一筋の光が差し込んだ。

"法の安定"が再審阻む

　「西辻決定」に対して、検察側は福岡高裁に即時抗告を行った。34年3月15日、福岡高裁が下した決定は「（再審開始の）決定を取消す。本件再審の請求を棄却する」。「西辻決定」から3年を経過して、また再審の重い扉は閉じられたのだ。なぜ、「西辻決定」は受け入れられなかったのか？

　福岡高裁の取消し決定に、当時の司法の置かれた状況がみてとれる。まず、再審制度を「刑事裁判における実体的真実と、具体的法的安定という相矛盾する要請の間に調和を見いだそうとするもの」と位置付ける。そして判決においては法の安定というものが、真実の前には相当の譲歩をなすべきではあるとしながらも、次のように「西辻決定」を批判する。

「さればとて、原決定(『西辻決定』)のように裁判所において既に評価を受けた証拠それ自体(たとえ右証拠に関連する新たな証拠の登用によりとの条件付きではあっても)を新たに発見された証拠として再審を許すことは、通常の訴訟体制を著しく破壊する結果となり、また確定判決の法的安定性はほとんど保ち得ない結果を招来する」。

「法の安定」を強調するこの決定は続けて、「西辻決定」で接客婦証言の証拠価値を新しくした取り寄せ記録についても、公判でも同じことが述べられていると判断、「新たに発見された証拠とは全然なり得ない」とした。一度確定し判決が揺るがないことに象徴される「法の安定」を、見事に表現した決定だった。

"無辜の救済" 使命に

「下級審は上級審の決定に従うべきだから」との姿勢を崩さない西辻だが、再審開始要件の見方でも、「無辜の救済か、法の安定かの考え方で分かれてくる」と指摘する。

「法律も流動し、進展していくものでしょうが」と言う西辻が挙げたのは、50年の「白鳥決定」だった。「古い証拠でも総合的にみて、(有罪判決に)疑いがあれば再審開始をするという考えは『白鳥決定』によってはっきり出てきた。総合評価が出てから、やりやすくなったし、安心して調べられるようになったと思う。私らの時は、とにかく手探りだった。(『白鳥決定』)以前は、"疑わしきは確定判決の利益に"的な立場が強かったと思う」。「裁判は実体的真実の発見」と言う西辻。「テレビの大岡裁きのように、自分が犯行現場を見て、起訴して、判断するのと違う」と笑いながら、「裁判は証拠の中のこと。(確定判決に)合理的な疑いがあれば、再審すべきと思う」と語った。

「幻の決定」とも呼ばれることになる「西辻決定」は、当時、ほとんど話題になることはなかった。免田はその後も、第四次請求(36年12月16日、熊本地裁八代支部)、第五次請求(39年10月28日、同)と再審の門をたたき続けるが、いずれも棄却されている。そして第六次請求(47年4月17日、同)で福岡高裁が開始決定(54年9月27日)を出すまで、実に20年以上の年月がたつことになる。再審開始は、無罪を言い渡すべき明らかで新たな証拠が必要。アリバイ成立を認めた「西辻決定」が取り消されたことで、アリバイ主張は、新たな証拠ではなくなった。「西辻決定」の取消しは、弁護団にとって再審の門がさらに狭められたことも意味していた。

自慢の庭の梅を背に西辻は、「免田事件は一生忘れられない事件になりました」

と感慨深げだった。「無罪の者を救済するのが再審の使命。『法の安定』は大事だが、日本の国家は無実の者は罰しないことを明らかにしてこそ『法の安定』があると思う」。「普通の事件を普通に取り扱っただけ」と語る西辻の口調には、凜とした響きがあった。「『西辻決定』は、真にシャープな洞察のもとに事件の核心に迫っている」――再審公判を審理し、判決を出した熊本地裁八代支部にあてた取材班の質問に、熊本地裁八代支部庶務課長名の書簡は答えている。

　西辻は、宮崎県都城市出身。中央大学を卒業後、18年に福岡地裁をスタートに裁判官生活。長崎、八代、熊本などを経て、38年2月、体調をこわして退職、以後弁護士になった。現在は主に民事事件を中心に扱い、法廷に通う日々を送っている。司法修習生から、免田事件について話をしてくれと依頼されても、「審理中だから」と断り続けてきた姿勢に、裁きの庭にいた者の決意がみてとれた。「無罪が確定したから、今後は若い人にも話せますね」との問いに、和やかな表情になる西辻だ。以前好んだテニスや剣道に親しむ機会は少なくなった西辻だが、58年、古希を迎えた。「仕事が趣味ですから」と元気なところをみせる西辻だが、一度、免田の無罪に反対する者からと思われるいやがらせのはがきが届いたことがある。

3　再審へ一点突破

やり直し、きわめて異例

　再審は、有罪となった確定判決に対して、裁判のやり直しを認める制度である。最高裁の資料によると、52年から56年の累計で、再審請求があったのは416件。うち267件は棄却となったものの、31％に当たる129件が再審開始となっている。このうち95％、123件は簡裁の事件。再審開始決定となった129件のうち、67件が道交法違反、48件が業務上過失致死傷事件で、全体の89％を占めている。これらはほとんどが、交通事故の際、身代わり運転などが後になって発覚したことによるもので、検察側から再審請求が出されるケースも多い。しかし、免田事件のような重大事件で、再審が開かれるのはわが国の刑事裁判ではきわめて異例のケース。

　重い再審の扉に向かっては、日弁連をはじめとして数多くの試みがなされてきた。その一つに、43年国会に提出された「死刑の確定判決を受けた者に対する再審の臨時特例に関する法律案」がある。法案は、昭和20年から27年までの占領期間中に起訴され、死刑確定するに至った者で執行されていない者に、より

ゆるやかな要件で再審を認めようとのねらいがあった。神近市子議員らとともに、法案成立に向けて動いた弁護士・安倍治夫は「戦後の混乱期には誤認捜査が多かった。免田事件もその一つ」と指摘する。結局、この法案は不成立となったが、日弁連はその後再審問題研究会を発足させ（47年）、52年には、独自の再審法改正案も発表した。

　再審の流れを決定的に変えたのが「白鳥決定」である。白鳥事件は27年1月、札幌市で当時の市警警備課長・白鳥一雄警部が短銃で射殺された事件。警察は日本共産党による計画的殺人事件として、当時の党札幌地区委員長だった村上国治らを逮捕した。村上は終始犯行を否認。刑確定後の40年10月、再審請求。最高裁は50年5月20日、申し立て棄却を決定する。いわゆる「白鳥決定」である。「白鳥決定」は、証拠に疑問を呈しつつも、全体としては確定判決を維持したが再審開始に新しい考え方を示した。「決定」では、再審を開始すべき新証拠について、①確定判決の事実認定を覆すに足る蓋然性のある証拠で、②明らかな証拠かどうかは他の全証拠と総合的に評価し、③この判断に際しても「疑わしき被告人の利益に」の刑事裁判の鉄則が再審にも適用される、とした。この考えは翌51年10月12日、同じく最高裁第一小法廷の「財田川決定」でさらに具体化。「疑わしきは被告人の利益に」の原則は犯罪の証明が十分でないことが明らかになった場合にもあてはまる、とした。

　50年の「白鳥決定」、翌51年の「財田川決定」という最高裁第一小法廷の2つの判断は、再審の流れを大きく変え、再審の門は確実に開き始めた。主なものだけでも、免田（54年9月）、財田川（同6月）、松山（同12月）、徳島ラジオ商殺し（55年12月）、梅田（57年12月）の各事件が再審開始決定となっていった（上記（　）内は再審開始年月）。「『白鳥決定』は一つのメルクマール（指標）になった。裁判所も一つの流れの中にあり、厚くとるか、薄くとるかの違いはあっても、『白鳥決定』の考え方そのものは変えられない」。免田の再審開始を認めた時の最高裁第一小法廷裁判長・本山亨の述懐である。

一点突破の第六次再審請求

　第六次再審請求で熊本地裁八代支部へ弁護団が新証拠として提出したのは、2つの鑑定だった。

　弁護団はこれまで、免田が犯行後歩いたとされる逃走経路を何度も歩き、時間の矛盾や六江川が存在しないことなどを指摘しながら、44年から47年まで、弁護団は「土台づくり」とも言える作業を続けた。犯人がつくられていく捜査のプ

ロセスをたどり、かすかな記憶を求めてアリバイ証人捜しに奔走。「事件全体の真相に迫って裁判官を動かす」(弁護団の佐伯仁)ねらいがあった。

2つの鑑定はそれらを基礎として、「鑑定で一点突破を図った」(弁護団の倉田哲治)ものであった。というのも、再審開始には鑑定が重要な役割を果たすとの"読み"もあったからだ。2つの鑑定は、ナタの血痕鑑定を疑問とする北里大学教授・船尾忠孝によるものと、ノドの刺傷はとどめではないとする名古屋大学教授・矢田昭一によるものである。

第六次請求は51年4月30日、同支部で棄却されたものの、54年9月27日、福岡高裁で、再審開始が出された。この決定は55年12月11日、最高裁第一小法廷で支持され、確定。わが国初の確定死刑囚再審となった。同じ証拠の同じ申し立てが、棄却と再審開始という全く逆の結論になった第六次再審請求。同支部の棄却と、福岡高裁の開始決定を比べてみる。

矢田鑑定が犯行態様について「ノドの刺傷はとどめではない」とした点について、同支部は「(自白調書が)事実と異なっている点が見受けられるとしてもその大筋において信用性が肯定されれば足りる」と判断。「とどめの点はともかくとして、その他は大筋において符合する」とし、矢田鑑定は新証拠としての明白性を欠く、としている。これに対し、福岡高裁決定は、「ノドの傷はとどめでないことは動かし難い事実で、犯人が犯行時の異常な心理状態だったとしても、軽視しがたいこと。矢田鑑定は自白調書の信用性に疑問を投げかける新証拠として明白性がある」と判断した。

「大綱とか、大筋とかいう言葉を、伝統的司法官の体質を身につけた裁判官がよく使う。そこには、事実を事実として見ていこうとの姿勢がない」と倉田は、熊本地裁八代支部の考え方を厳しく批判する。弁護団には「鑑定結果をねじ曲げられてしまった」との思いが強い。例えばそれは同支部の次のような言葉に表われていると言う。「自白調書の他の部分で信用性を否定すべきような事情もうかがわれないこと等を総合すれば、矢田鑑定でノドの刺傷がとどめでないことが証明されても、自白調書の信用性を否定するものということはできない」。

「供述を重視するか、物証を重視するかで、見方が全く違ってくる」と弁護団の眞部勉は言う。「供述を重視するタイプは、事実と合わない客観的証拠を推測で判断する。熊本地裁八代支部の棄却決定も、創傷の順序はナタ—包丁—ナタだけど、(免田が)最後のナタを言い忘れたのだろうとの推論が根底にある」と指摘する。

眞部には、26年から翌年にかけて国鉄青梅線で起きた5件の列車妨害事件、

いわゆる「青梅事件」の苦い記憶がある。中心は４両の貨車が流失し脱線損壊した事件で、全部で共産党員ら10人による計画的犯行として起訴された。青梅事件の弁護団の一員だった眞部は言う。「４両の貨物が流失した事件では、自白は『２両ずつ切り離した』となっていた。しかし、写真で見れば４両はつながっている。供述と客観的証拠が食い違ったわけだが、第一審判決は写真ではわからない特殊な手段でやったと推測した」。原判決を破棄、差し戻した最高裁の上告審判決は「（被告人らが）変則的な連結切りはなし方法をとったとの直接の証拠は、記録上少しも存在しない」と断じた。眞部は言う。「こうした推測を加えていく方法が、冤罪を生む原因でもある」。

大きかった「白鳥決定」

前述の50年５月、「白鳥決定」の影響は大きかった。第六次再審請求に対する熊本地裁八代支部の棄却決定のなかにも「白鳥決定」の考えがいくらか導入されてはいるが、「疑わしきは被告人の利益」との刑事裁判の鉄則に立って決定を下したのは、福岡高裁決定である。福岡高裁の再審開始決定は、証拠の明白性、新規性の考え方について、「他の全証拠と総合的に評価して判断すべきで、その判断に際しても再審開始のためには確定判決における事実認定につき合理的な疑いを生ぜしめれば足りる」とし、さらに、以前の再審請求で出された証拠も、「新証拠との関係で再度全体的心証形成の素材として判断資料となる」とした。この考え方に立った福岡高裁は、ナタの血痕鑑定、創傷の順序、逃走経路をはじめとする自白調書など細かい点についても疑問を指摘、さらに免田のアリバイについても、成立の可能性をも示唆し、再審開始の決定を出したのである。

事件発生から30年。「西辻決定」からでも23年。免田再審の重い門がこうして開いた。「めぐり合わせですよ。山のような証拠があっても、裁判官に適切な人がいなければどうにもならない。西辻さん、そして福岡高裁。決定的だったのは『白鳥決定』。それに日弁連の取り組み。免田は運がよかった面もある」。検察官を経て弁護士になったある法曹の率直な述懐である。確かに、それが司法の一面を示していることではある。しかし、「免田の運」というより、免田が叫び続けた無罪の主張が、ここまで司法を切り開いたことも事実である。免田事件34年の歴史が重い。

甘くみた証拠

福岡高裁の再審開始決定を不服とした福岡高検は54年10月２日、最高裁

へ特別抗告を申し立てた。しかし、最高裁第一小法廷が下した決定は、棄却。55年12月11日のことだ。決定は「（再審開始の判断は）正当として是認できる」としたのである。免田事件の再審開始が、確定した瞬間であった。最高裁第一小法廷は、「白鳥決定」を出した法廷でもあった。

元最高裁判事・本山亨は52年9月から5年間、その職にあった。免田事件を扱った時、第一小法廷の裁判長となったのは本山だ。「免田事件は大変な事件だった。裁判は迅速さも結構だが、慎重さはもっと忘れてはいけない。誤りが万々ないようにしないと。……死刑事件ではなおさらだ」。57年8月、70歳の定年で最高裁判事を退き、名古屋で弁護士となった本山だが、免田事件をはじめとして最高裁時代の印象は鮮やかだった。

「第一小法廷の『白鳥決定』の考えは動かせない。再審を開始すべき理由があったかなかったか——免田事件の場合はあったとして（福岡高裁の）決定を認めた。1人の人間の生命を考えれば果たして、死刑とされるだけの犯行が免田にあったかどうか、もう一度裁判をやって欲しい、という気持ちだった」。しかし、一度最高裁で死刑が確定した事件。本山は口には出さなかったが、「最高裁の権威が疑われる恐れがある」との声も意識せずにはおれなかったに違いない。本山によれば、第一小法廷5人による評議も5回以上開いた。「福岡高裁の開始決定はよく調べてあった。（免田事件は）初動捜査が不十分だったようだ。新刑訴法発効間もなく、自白に力点を置きすぎ、補強する証拠が不十分だった。よく、こんな調書ができたという気もした」。本山の述懐は続いた。

「例えば自白調書にある侵入口や逃走口。あれで本当に入れたのか、あるいは本当に逃げられたのか、またその後の逃走経路や、服を洗った川など、とにかく疑問が多い。何といっても初動捜査がまずい」。本山には、「初動捜査の甘さ」への批判が根強くある。自白中心主義だった旧刑訴法から物証を重視する新刑訴法へ変わったのは24年1月1日。「そのころの事件は同じ傾向があり、松川事件なども一緒」と本山は言う。

本山にも戦争直後の思い出があった。占領の日本。名古屋で弁護士となっていた本山だが、当時の国家地方警察と自治体警察の人手不足や連絡のまずさは著しいものがあった。それは検察庁にも同じことが言えた。「恐らく熊本も同じ状況ではなかったか」。本山の疑問である。「最高裁は、『白鳥決定』があり、決まったルールがある。私らがやったのは草を刈ってその道を広げたこと」。本山は、免田の再審開始決定をそうたとえ、「『白鳥決定』の考えは定着していると思う」と指摘した。

「刑事裁判は『疑わしきは被告人の利益』の原則でしっかりやって欲しい。それにしても、一私人が組織としての権力に立ち向かっていくのは大変。この点では日弁連のご苦労を思うし、弁護団は大変な働きをした」。弁護士に返った本山の感想である。

「無罪を言い渡すべき明らかな証拠があった」として最高裁から認められた免田の再審開始決定。免田の無罪判決への確かな道が一本、はっきりと引かれたことを意味した。「私は私なりの考えで決定を出した」と言う本山だが、誤った裁判となったそれまでの免田事件での裁判については「証拠を甘くみたことが誤判の原因」と説明した。

白髪、短軀。丸っこい笑顔にパイプの煙が絶えない。最高裁判事から弁護士に戻った本山亨を名古屋の自宅に訪ねた（58年10月）。今、トヨタや地元新聞社などの法律顧問も務める。家の改築中で、「記録が手元にない」と言いながらも、事件の記憶は実に鮮明だった。第一から第三まで3つの小法廷に分かれる最高裁。各法廷とも5人ずつの構成で、小法廷では順ぐりに事件の"主任"が決まり、その事件の裁判長となる。本山が再審免田事件の裁判長となったのも、こうした機械的振り分けのためだ。大法廷のみ長官が裁判長となる。

新潟市生まれ、京都大学を卒業して昭和10年、弁護士になった本山は、親せきのいた関係で名古屋で開業した。民事専門、しかも労働関係が中心で、労働事件などではタカ派の評をとっている。

本山が懐しそうに言った。「岸先生とは最高裁入りして半年のつきあいだったが、厳格な半面、話せばいい人だった」。岸先生とは、故岸盛一最高裁判事。最高裁事務総長などを経て最高裁入りした刑事裁判のベテランである。本山には岸との個人的な思い出もあった。本山が名古屋弁護士会長時代、最高裁事務総長だった岸と、人事をめぐって"対決"したこともあった。岸の持論は「裁判の生命は真実にある」で、「白鳥決定」には、この岸と団藤重光両判事の考えが色濃く投影されているという。「逮捕や法の適用など手続きを厳格に見ることで人権を守っていくことの姿勢を2人から教わった」。本山の感想は率直だった。

司法の威信

「もし、間違っていたのなら、それを正すのが司法への信頼を高めることになる」——元最高裁判事・団藤重光は言う。満70歳となり58年11月8日付で最高裁を定年退官した団藤は、東大教授、東大法学部長などを経て、49年10月から最高裁判事となった。定年で退官するまで9年1カ月余、その職にあった。

この間、自ら主任となった事件が民事約1000件、刑事約1500件。最高裁判事として扱った事件は全部で1万件を超える。

団藤は、免田事件をはじめ二審の公訴棄却判決を支持したチッソ川本事件や大阪空港公害訴訟など、関与した裁判は数多いが、なかでも再審の門を広げる一大転機となった「白鳥決定」には深くかかわった。団藤は言う。「従来は、無罪を言い渡すべき高度の蓋然性のある証拠、例えば真犯人の出現とかが必要だったが、どうもきつすぎる感じがあった。今までの証拠と新規の証拠と総合してみて新しく合理的な疑いを生じせしめることになったら再審の事由があるとみるべき、と考えた」。現行刑訴法生みの親でもあり、刑法学者として第一人者でもある団藤。最高裁入りする前からの持論だった。実は北海道大学講師時代、団藤は白鳥事件原第一審を傍聴したことがあった。「まさか最高裁で関与するとは」。団藤は振り返った。

「白鳥決定」は、再審の請求が棄却されたことで、弁護団からは「羊頭狗肉」の批判も起きたが、「疑わしきは被告人の利益に」の刑事裁判の原則が再審にも適用されることを明示、再審の門を広げたことで、その後免田をはじめとする再審事件の開始決定の大きな流れをつくった。団藤は言う。「最高裁第一小法廷5人のうち、私と岸さんという刑訴法の専門家2人がそろった。しかも、（再審の門を）広げるという気持ちが、私と岸さんとでピッタリ合った。表面には出していないが、門戸を広げる意図をかなり明確に持った。白鳥事件はいい機会だった」。岸は団藤とともに刑訴法制定にかかわり、刑事裁判へかける思いは深かった。団藤と岸がリードした形で、最高裁第一小法廷は「白鳥決定」を出す。全員一致の意見だった。

「少々無理をしている形跡のある事件は、必要な限度で再審の門戸を広げないと、裁判に対する国民の信用が弱くなる」と言う団藤は、「刑訴法の再審規定を書き直すとの考えもあるが、一気に広がりすぎるのは問題ではないか。むしろ、解釈をギリギリのところまで広げて、立法に代わるような判例を出すことが適当と判断した。地道で着実な、そして必要な限度で広げるのが判例の任務だ」と説明する。

団藤の耳にも、再審開始が増えたことで、法の威信が下がったという議論が聞こえてくることがある。「私は、司法の威信が下がったとは思わない。間違った裁判が万が一にもあれば、それを正していく体制が整ったわけで、全体でみると司法の威信を高めたことになると思う」。団藤は力を込めた。

遅かった「白鳥決定」

　免田事件は6回の再審請求の後に、ようやく無罪となったが、この間"厚い壁"ともなっていたのが「法の安定」という考えだ。事実、31年の「西辻決定」を取消した福岡高裁の判断は、「法の安定論」が中心になっていた。法曹界には、「確定判決（既判力）は真実とみなされる」とのヨーロッパの法格言がある。
　「だけどね」と団藤は言う。「本当の正義は、みなしたから正義になるというものではない。むしろ、間違ったものが安定するのは正義に反する」。人が人を裁く司法の世界。「人間のやることだから、絶対に誤判がないかと言えば、これは分からない」。団藤は自問した。「法律制度はある程度のところで打ち切らざるを得ないもので、そういう意味の抵抗感は僕自身の中に常にある」。「一般の事件でも、無罪になったからと言って、本当にやっていないかどうかは別問題。また死刑囚のなかにも、最後まで無実を主張する者がいる」。「だからと言って、99.9％犯人に間違いない者を無罪にしては世の中の秩序が保てない」。
　最高裁時代の団藤には、1つの"流儀"があった。死刑事件で上告棄却の判決を言い渡すときは、必ず黒っぽい上着に白いワイシャツで、黒っぽいネクタイを締めることにしていた。それは、団藤の同僚であった元最高裁判事にも、強く印象に残っていることの1つだ。「服装を整えることが特別のことであってはいけない」と言う団藤だが、そこに法服をまとった者の決意がみてとれる。「1人の生命は絶対だ」と言う団藤、死刑事件を確定するときには、強い煩悶がある、という。「神ならぬ身だから、それはつらいところですね」。だからこそ、もし誤った裁判があれば、それを正すことこそ唯一の道、という強い思いが団藤にある。
　団藤のいた最高裁第一小法廷は、免田事件の再審開始を確定させた法廷でもある。「免田事件にはかなり強い印象を持っている。有罪判決をひっくり返すわけで、十分慎重にやったが、無罪を言い渡すべき新証拠があるという、つまり再審事由があるとの相当強い心証がとれた」。団藤はそう振り返りながら、「免田事件をここまで長引かせたのは」との問いに、「『白鳥決定』が出るのが遅かったから」と即座に答えた。「それまで再審開始しなかったのは、また開始決定が出てもひっくり返ったのは『白鳥』以前の判例だったから。その意味では最高裁の責任が大きかった」。
　団藤は、20年代の事件について、捜査の問題を指摘する。「当時は都道府県警察と市町村警察の2本立てだった。それに刑訴法の変わり目。機動力の不足……。特に初動捜査に問題があった」と言う。「白鳥決定」という判例で再審の門が広がったものの、免田事件で問題になったように、再審被告人の身柄をどう

するかという問題は残されている。「被告人の釈放の問題など、未解決で残っている。手続き面の立法は必要で、法務当局に考えてもらわねばならない点だ」。

免田事件では、検察官の裁量権を広く解釈して釈放となったが、団藤は「いろいろ議論があって、もっと詰めなければいけないが」と前置きしながらも「再審被告人の身柄については、拘置の取消しと同じ考えで、裁判所の職権でもって釈放するのがよいのでは」と示唆した。59年7月11日の再審松山事件の無罪判決では、この考え方が採られ、裁判所の職権で釈放となった。最高裁では、免田事件の全記録を読んだという団藤。河上判決の評価については、「公判の場で自分が調べたわけではないので、批評の限りではない」と言う。

裁判官も十分な反省を

東京・弥生。東大農学部の近く。2階建ての団藤の自宅の壁をバラの古木が取り囲んでいる。すっぽり家を覆うようだ。バラ作り20年という。日本学士院会員。58年11月からは、東宮職参与。いわば皇太子一家の相談役だ。

「白鳥決定」を、団藤とともにリードした故岸盛一の話になると、熱っぽくなった。54年4月死去した岸の遺稿集ともなった『事実審理と訴訟指揮』（有斐閣刊）の序文は団藤のものだ。労働、公安事件には厳しく"タカ派"とも評された岸。「かなり誤解されている面もある」と団藤は言う。岸はある事件の上告棄却の時、被告人の家族関係を調べ、受験期の子供がいたため、受験後に決定を告知すべきと主張したこともあったいう。「ヒューマニズムを持った立派な裁判官で、尊敬する人」というのが、団藤の岸評だ。

団藤は、現在の刑訴法制定に深くかかわり、生みの親とも呼ばれる。20年暮れ、司法省嘱託となった団藤。大学の講義を終えると、制定作業に没頭する日々が続いた。空襲で焼け出されていた団藤は、研究室のミカン箱6個の上に畳1枚を敷いての生活。冬の寒さが今も身にしみている。毎晩10時、11時と続いた作業。「人権を守る憲法の要請に応じるように刑訴法を組み替える」ことが最大のテーマだった。30代の若さだった団藤、「GHQとわたり合ったものです」と懐かしそうに語りながら、「でもね、この話は1時間や2時間じゃ終わりませんよ」。多忙ななかでのインタビューだったが、時には身を乗り出し、時には考え込むようにして、率直そのものだった。インタビューを終えると団藤は、「熊本は私の父が明治30年に司法官試補（現在の司法修習生）をしていたところで、縁のないところじゃないんですよ」と、目を細めた。

免田の再審開始を支持した最高裁第一小法廷の決定には、団藤のほか、谷（たに）

口正孝(ぐちまさたか)（67歳）が深くかかわったと言われる。谷口は宮崎県延岡市出身。九州大卒。名古屋高裁判事、東京地裁所長などを経て、55年から最高裁判事。裁判官生活44年。ほとんど刑事畑を歩いた。

　裁判の迅速化が持論。東京高裁時代、一審で約18年間を要したメーデー事件を、二審では2年10カ月でやり遂げた。判決は騒乱罪の成立を否定して、大半の被告を逆転無罪とした。「早い時期に徹底的に調べるのが裁判所の仕事」と谷口は強調する。「免田事件に関する記録はすべて読んだ」と谷口は言う。法曹界の一部には、谷口が（免田事件の記録のなかに）問題となる個所について、付箋(ふせん)をつけて注意を喚起した、と信じられている。

　刑事裁判官にとって一番つらいのは死刑判決を下す時。刑事裁判一筋の谷口にとってもやはり、「死刑」は重い。ピアノ殺人事件で、被告が自ら死刑を望んで控訴を取り下げた時、谷口は深く悩んだという。それだけに、誤判についての谷口の姿勢は厳しさに貫かれている。「無辜の者を、死の恐怖につなぐことは人間として許されない」。それは、また裁判そのものへの自省でもある。「『警察、検察が悪い』と、人ごとのようにしてはおれない」。刑事裁判官としての率直な自戒だ。「冤罪を生むプロセスについては、警察、検察だけではなく裁判官もまた十分な反省をしなければならないと思います。終審としての最高裁判所判事の責務は重く厳しいものと自戒しています」。取材班にあてた、谷口の一文である。

第 6 章 ◇ 捜査

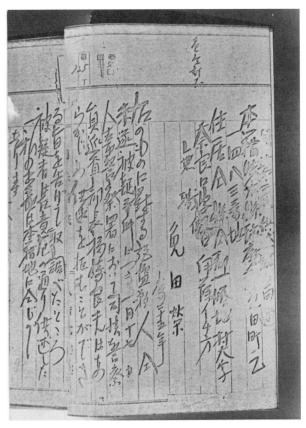

昭和24年1月17日付自白調書。自白調書の中では一番詳しい。判決は、「多くの点で破綻している」と弾劾する。

第6章　捜査

　当時の捜査関係者によれば、捜査は捕まえる者と取調べる刑事は別のケースが多かったという。勢い、引き継ぎがうまくいかないケースもあった。23年3月の人吉市警の定員は60人。事件のころ、同市警刑事課にいて捜査に加わった米加田幸男（65歳）によれば、刑事の数は約20人。署の車といえばホロつきのトラックなどわずか3台。もちろんサイレンの付いた車などはなかった。米加田は「今の物差しではかればおかしいが」と前置きして、「例えば免田の自白調書にある逃走経路を歩いて検証することもなかった」。

　河上判決でも指摘されたが、免田を窃盗容疑で逮捕後、弁解録取書がとられたのは逮捕後13時間もたってから、強盗殺人容疑時も8時間たってから。米加田は言う。「新刑訴法下、弁解録取書にどういう意味があるか、とった本人さえ分からなかったのではないか」。免田事件では、各調書をつなぐ事件の「背骨」とも言うべき、捜査報告書が作られた形跡はない。戦前の11年に巡査となり、人吉署などにも勤務、43年県警本部交通部長を最後に退職した橋本近（70歳）は言う。「長い間、同じやり方で捜査をし、有罪にしてきた。その欠陥が現われたのだろう」。

　国家地方警察と自治体警察。連携捜査も難しく、「それぞれのメンツもあった」（元捜査員）という。「免田事件は、一番条件の悪い時の事件」。当時の関係者の口から出る言葉だ。当時の捜査状況に強い関心を寄せる弁護団の佐伯仁は言う。「免田事件は、アリバイの立証ができなければ犯人として疑われることを具体的に示している。事件がつくられ、犯人がつくられる。権力としての日本の警察の当時の姿が象徴されている」。

1　自白偏重

新しい刑事訴訟法もスタートしたが……

　昭和22年5月3日、憲法の施行ともに警察制度の改革が進められ、同年12月17日、警察法が公布。翌23年3月7日、新警察制度がスタートする。国

家地方警察（国警）と、自治体警察である。自治体警察は、市のほか主に人口5000人以上の町村が対象とされ、5市31町に設置。残りの地区を国警の18地区署がカバーすることになった。人吉・球磨地区の場合、自治体警察は人吉市警、湯前、免田、多良木の各町警、ほかはすべて国警球磨地区署の管轄となった。自治体警察は、文字通り独立した存在。国警の指揮、命令を受けるものではなかった。

そして24年1月1日。新しい刑事訴訟法がスタートする。旧刑訴法の自白中心主義から、物証に中心を置く捜査に切り替わった。祈禱師殺し事件（免田事件は当時はそう呼ばれた）は、新刑訴法下の重大事件第1号となった。新刑訴法はまた、それまで検事の指揮下にあった警察官の犯罪捜査に独立権限を与えた。23年1月、国警球磨地区署を振り出しに警察官となった熊本東署刑事官・石原寛治（56歳）も「刑訴法が変わってやりにくくなった」との先輩の声を耳にしたことがある。国警幹部のなかには「妙な法律ができたものだ。本人がやったと自白している以上の何の証拠があるものか」との発言もあった。

以前は、検束という名で、令状もなく身柄を拘置することができた。「検束で丸24時間拘束できたが、書類の上では1日置きに釈放、拘束を繰り返したようにして、実際は延々と取調べたこともある」。元捜査員（65歳）の証言だ。石原によれば、刑訴法施行の前に、しばらくは準備のための「応急措置」の期間もあった。「自白強要の禁止、令状主義の徹底など、新憲法の趣旨に沿う法令の適正、かつ、迅速な適用が叫ばれていた」と石原は言う。

県警の中にある奇妙な沈黙

免田事件は、現在の捜査当局にも多くの課題を突きつけている。誤認逮捕という結果になって、当の県警幹部の口は重い。「当時としては一生懸命やったと思うが……」と言いながら、前県警本部刑事部長・東原学（56歳）は今一つ歯切れが悪い。

「体制も整っていなかっただろうし、今のように科学捜査が万全ではなかった。しかも新しい刑訴法への不慣れもあった」。東原は24年5月に、警察学校を卒業して巡査になった。いわば24年1月施行の新刑訴法下の1期生でもある。東原は、かつて免田を逮捕するきっかけとなった風評を聞き込んだ国警八代地区署の巡査部長・木村善次と同勤となったこともある。「事件そのものは、新聞で見たような記憶がある」。

「県警にとっても反響が大きかった事件」と東原が言うように、免田事件が現在

の捜査に微妙な影響を与えていることも事実だ。その一つが58年6月、熊本市竜田町で起きた女教師殺人事件。物証らしい物証がほとんどない事件で、熊本北署が犯人として長男を逮捕したのは2カ月近くたった同8月11日。「免田判決（7月15日）もあって、捜査は慎重に慎重を重ねた」と同署幹部は言う。「当時としては最善は尽くしているとは思うが」と前置きしながら、東原は指摘する。「自白があった場合の補強証拠というか、裏付け資料を集める必要を痛感している」。裏を返せば、それだけ裏付け捜査が欠如していたということであろう。

　県内の刑事警察を指揮した東原。「あくまで適正捜査が基本。県警としては、（免田事件を）今後のプラスにしていかないと……」。県警は、適正捜査を進めるため、九州内で起きた5件の無罪事件検討の内部資料をつくった。事件の発生から犯人逮捕、そして公判までを調べ、何故誤認逮捕が生じたかを指摘したもので、59年2月の県内刑事課長会議で検討された。「今後の捜査の教訓にしたい」と東原は説明している。

　県警のなかには、免田事件について一種奇妙な沈黙がある。先輩捜査員が手がけた重大事件。死刑判決が確定した後の再審無罪。しかも事件から34年という時間。そして父母を殺された被害者の心情。無罪判決が確定して、沈黙は一層複雑なものになっている。

　現在の県警本部が制度としてスタートしたのは29年。それまでは国家地方警察と自治体警察とに分かれ、それぞれ独立した存在だった。「あのころは、組織が混乱していたのも事実。捜査も"なぜか"を問い続けていく姿勢がなかった」。ある県警幹部の述懐だ。

　自白偏重を戒めた現行の刑訴法。「しかし、やっぱり自白は証拠の王だ」。第一線の捜査幹部からは、こんな言葉も漏れる。事実、最近の犯罪は、物証に乏しいケースが増加、特に汚職や選挙違反にでもなると、物証がないのがほとんどだ。「だから」と捜査幹部は続けた。「自白をとったら、必ずその裏付け捜査をすることを口すっぱくして指示している」。この幹部も、ひやりとした思い出がある。ある窃盗事件。被疑者が警察では犯行を認めたものの、裁判で否認した。窃盗事件も物証は乏しい。ところが捜査段階での調書に、庭に潜んで家人が寝静まるのを待っている時、チョロ、チョロと音がしていた、という2行があった。この調書をもとに、現場検証したところ、このチョロ、チョロの正体は泉水の水の落ちる音と分かった。「これは捜査員があらかじめ知り得ないことで調書の信用性が裏付けられた。免田事件とケースは違うが、調書はあらゆる角度からとらねばと思う」。捜査幹部は振り返った。

ある司法関係者が色をなして怒ったことがある。「捜査機関のなかに今なお、免田はおかしいと言ってくる者がいる。そういう証拠に基づかない見方こそ、冤罪を生んでいく」。

"古くて新しい問題"

昭和58年は免田事件判決をはじめ財田川事件の結審、松山事件、徳島ラジオ商事件の初公判があり、再審の年といわれた。検察首脳がこれら再審事件などを検討した論文が、同年春に発行された警察大学校編集の『警察学論集』2、3、4月号に掲載されている。

著者は、最高検公判部長（当時）の臼井滋夫で、「近時の裁判例から見た捜査処理上の問題点」と題する論文。検討された事件は、免田、財田川、松山の3事件と、既に再審で無罪が確定していた弘前大教授夫人殺し事件など2つの事件、それに最高裁で無罪が確定したり、二審の有罪判決が破棄された3つの殺人事件の合わせて8件。いずれも自白、鑑定、証拠収集など捜査上の問題が、公判で大きな争点となった。

冒頭で、臼井は再審開始が相次いでいる事態を深刻に受けとめ、その原因の1つに再審の門を広げた最高裁の「白鳥決定」を挙げ、もう1つをこう述べている。「それぞれの事件における確定判決の事実認定の基礎になった証拠関係、それ自体に脆弱性と問題点が内包され、しかもその多くが捜査上の不備・欠陥に起因すると認められることも看過できない」。捜査上の不備・欠陥とは、「物的証拠の収集・保全、現場観察及びその証拠、血液型などの鑑定、被疑者の自白の吟味検討」などに見られ、「古くて新しい問題」と臼井は言う。

論文で検討を加えた事件の中で、40年代に発生した事件が3件ある。「かなり新しい時期に捜査処理が行われた事件でも、やはり同様の問題点が含まれている事実が最近の裁判例で指摘されており、捜査上の不備・欠陥が『古くて新しい問題』であることを雄弁に物語っている」。

検討した8件のうち、否認のまま起訴された弘前大教授夫人殺し事件を除く7件は、自白のある事件。「7件はすべて捜査段階で自白、公判に至って否認という経過をたどった点が共通しており、しかも、捜査段階における自白の信用性の有無が最大の争点になっている点でも一致している」。「自白」の項で、臼井は裁判所が7件について、自白の信用性に重大な疑問があるとした理由として、①供述内容と客観的事実との不一致、②供述内容の不自然、不合理さ、③証拠上明らかな事実についての説明の欠落、④いわゆる「秘密の暴露」の有無、⑤

自白の経過と内容の変遷、動揺——の5つの共通点がある、と分析している。

臼井の批判は警察当局に対してだけではない。「補充的、補正的な捜査を自ら行ったうえ、公訴提起につき全面的に責めを負う検察官にとっても、厳密な証拠の評価、事実認定という見地からみて、反省する点が多々ある」。検察首脳の自己反省の言葉だ。批判は裁判所にも向けられている。「証拠の評価や事実認定の面での多くの問題点を見過ごして、たやすく有罪の認定をし、あるいはこれを維持した裁判所の心証形成にも、多分に甘さがあった」。

臼井は論文の終わりをこう結んでいる。「取り上げた各裁判例を、いわば苦い敗戦の教訓として率直に受け止め、今後の捜査処理を適正化するうえでの他山の石としたい」。

とまどい（？）があった捜査

免田事件の捜査の不備、ズサンさを最も強烈に感じているのは、ほかならぬ検察だ——ある関係者は語気強く言い放った。

この関係者によれば、実は再審免田事件の公判前に、検察内部から、「免田事件はアリバイが問題になる」という見解が出されたこともあったほどで、捜査の不備を嘆く声は強かったという。再審公判では、アリバイ崩しの新証人まで立て、強気の姿勢を終始崩さなかった検察。しかし「やるべきことではなく、やれることを精いっぱいやっただけ」「いつまでも風化した事件を引きずっていても……」など、時折漏れてくる声は、検察にとってマイナスからのスタートとも言えた再審免田事件の1つの断面を浮き彫りにしている。

「誤解を恐れずに言えば」と言いながら、ある捜査関係者が指摘した。「冤罪事件は自白偏重が言われるが、免田事件の処理をみてみると、むしろ自白の"量"の少ない事件ではないか」。

免田の自白調書は全部で6通。最も詳細なのが24年1月17日付の調書だが、それでも18枚の調書である。警察段階ではこのほか3通。いずれも調書にして2枚から4枚の量だ。「刑訴法の切り替わった直後で、警察のとまどいがみてとれる」とこの捜査関係者は言う。

検察官の調書も5枚。それもほとんど警察段階の調書と変わりはない。「24年1月18日に人吉市警から身柄付きで送致を受けているが、起訴したのは1回目の勾留期限の同28日。今だったら、これほどの重大事件（4人殺傷）なら勾留期限を延長してもう一度調べ直すのが普通だ」——第一線検事の言葉だ。

2　内部資料

3冊のマル秘資料

　熊本地検が、控訴断念を明らかにした58年7月28日。記者会見に臨んだ検事正・瀧岡順一（58歳）は、「捜査機関として反省すべきは反省し、将来の糧としたい」と言葉を結んだ。判決が指摘したものは、自白に頼る捜査への反省だった。しかし、警察や検察という捜査機関の自己反省は、内部で語られることはあっても、公にされることは皆無に近い。

　「しかし、冤罪、誤判事件の総合的検討をわが国で最初に行ったのは、捜査当局（警察、検察）だった」と指摘するのは、静岡大学助教授・大出良知だ。大出は少壮の学者で、再審や人権問題への関心が深い。

　昭和20年代から30年代にかけて、無罪や不起訴になった事件や、起訴後に真犯人が現われた事件を、当の検察、警察が検討を加えた3冊の内部資料がある。いずれもマル秘扱いとなっている資料である。

　3つのうち、最も早い時期のが、28年に出された国家地方警察本部刑事部捜査課編「無罪・不起訴事件の検討」である。刑事警察資料の19巻、20巻に収録されている。27年2月の段階で、各都道府県から報告があった無罪事件92件と不起訴事件115件のうち、無罪事件19件、不起訴事件33件が実例として紹介されており、厳しい反省の声で占められている。

　警察の内部資料ではこのほかに、最近、その存在が知られるようになった警察庁刑事部捜査課編「犯人誤認事件の実態」がある。刑事警察資料42巻に収録されており、28年から30年までに報告があった53件のうち、13件が実例として紹介されている。発行年は不詳だが、内容から31年ごろといわれている。

　検察サイドでは、法務研究所

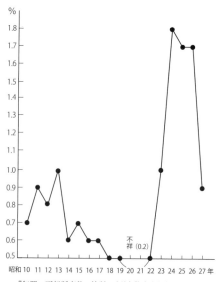

通常第一審無罪率累年比較（特別法犯を含む）

『無罪・不起訴事件の検討』（刑事警察資料第19巻）より

「起訴後真犯人の現われた事件の検討」がある。29年5月から30年1月にかけて発行された検察研究叢書14、同15、同17に収録されている。検討された事件は、24年以降発生した「真犯人が現われた事件」46件のうち、17件。

　これらの秘密資料に共通するのは、1つには誤った逮捕、誤った起訴事件の数の多さであり、もう1つはそれらの実態がきわめてストレートに紹介されていることである。3つの秘密資料をみていくことにする。

「無罪・不起訴事件の検討」

「不起訴事件、又は無罪事件の責任が、すべて警察側にあるとは言えないが、不起訴又は無罪となった原因の1つとしては、警察の捜査の不手際はなかったかを反省することは必要なことであって、起訴せられるべき事件、又は有罪の判決をうけるべき事件が、警察の捜査の失敗によって不首尾となることのないように、将来の教訓をうるために過去の記録を検討する……」。

「部外秘」の文字が印刷された「無罪・不起訴事件の検討」の序文である。28年9月7日の発行。

「無罪判決の実情」の第1章から第5章の「実例」まで、全541頁。対象とされた事件は、各都府県方面本部（当時）から集められた無罪事件92件、不起訴事件115件に及ぶ。まず特徴的なのが、無罪判決の推移だ。

　旧刑訴法時代の昭和10年から同23年までの無罪率（裁判を受けたなかで、無罪となった者の割合）は同13年の1.0％を最高に同21年の0.2％の間で、平均0.6％だったが、新刑訴法が施行された同24年には1.8％と急上昇をみることになる。同25、26年には1.7％となったものの、「この3年間の無罪率は、旧法時代のそれに比較して、常に1.0％以上の高い曲線を示している」と『資料』自らが述べるほどである。

　例えば、同24年の無罪人員は2962人、同25年は2617人、同26年が2539人。これらの人々は裁判では無罪とされたわけだ。折しも、免田が逮捕されたのが24年1月のことである。「無罪事件、不起訴事件は、捜査活動の欠陥を遺憾なく暴露する」。『資料』の率直な言葉である。

　無罪事例92件を原因別にみると、証拠不十分が41％、取調べ上の欠陥が30％、捜査活動不十分が29％となっている。証拠不十分のうち一番多いのは、証拠が全般的に不足するケースで20％。次いで自白の裏付け証拠が欠ける場合が「意外に」（『資料』から）多く11％、アリバイ8％の順。『資料』は言う。「通常戒められている捜査の常識的事項が欠陥としてかなり多い」。

取調べの欠陥や捜査の不十分を検討した『資料』は原因を列挙する。「いまだ必ずしも証拠法が徹底していると考えられないこと、証拠偏重の反射的現象として気遣われた取調べ軽視のような気風があること、見込み捜査がかなり多く、基礎的な、あるいは総合的な捜査に欠け、先入観に支配された捜査が相当多いこと」。

また、不起訴になった115件についてみると、最も多かったのは捜査活動不十分で57%と実に半数を超え、取調べ上の欠陥が32%となっている。内容的には、いわゆる通りいっぺんの取調べにつきているのがほとんど、という。「結局、不起訴の原因は記録的にみて、本当に身を入れた捜査が行われていない場合が大部分」。『資料』の指摘だ。

『資料』は続けている。「時に証拠不十分なるものの関係記録を通じて考察されることは、それが単なる証拠不十分というよりも、警察的にはむしろ、捜査活動が不十分であるといった方が適切であるものが相当みうけられることである」。わが国の戦後警察の一断面を示す言葉でもある。

無罪、不起訴事件を検討した『資料』は、①一般的事項、②取調べ、③証拠の収集、④その他、の4項目にわたって総括している。

①一般的事項では、先入主にとらわれた捜査が多い、現場無視などを指摘しているほか、「身柄のヒキ方が早過ぎる」とも言う。身柄のヒキ方とは逮捕のことで、聞き込みのネタ1つで逮捕するケースがあるとして、事前捜査を徹底させ「安易な自白を期待する気持ちでヒクのは戒めたい」と注意を喚起している。

②取調べでは、技術的な指摘のほか調書に被疑者の不利なことしか載せていないことや、誘導尋問や恫喝による自白強要を具体例を挙げて指摘しているのが注目される。

③証拠の収集では、アリバイ捜査の欠如などがあり、④その他では、再審免田事件でも争点となった鑑定について、「確実性を保障するような」鑑定を強調しているのも興味深い。

『資料』の言葉は、さまざまな意味で感慨が深い。「この検討によって痛感されることは、捜査はかくあらねばならぬとして、これまでしばしば説かれている捜査の常識を実行していないことが、依然として捜査の欠陥となっており、それがまた無罪または不起訴の理由になっている」。

「無罪事件を多く出すことは、直接警察に対する国民の信頼度に影響をきたすばかりでなく、人権じゅうりん問題をかもし出す原因である。警察官は法的知識や良識に欠けるといった世の批判は、結局この種の事件に胚胎していることが多

いことを思うときには、将来にわたって警察が、この種の事件に多大の関心を払い、捜査の欠陥となっていることの一つ一つを地道に改善していくの要、甚だ切なるものがある」。

「犯人誤認事件の実態」

　警察のもう一つの内部資料が、警察庁刑事部捜査課編「犯人誤認事件の実態」だ。刑事警察資料42巻に収録されている。表紙には㊙印。検討の対象となっている事件は、各都道府県本部から報告があった28年から30年までの53件で、このうち13件が実例として紹介されている。
　発行の目的を「まえがき」は言う。
「最近、犯人の誤認事件（いわゆる二重犯人事件、被疑者誤認逮捕事件の総称）がしばしば発生し、そのため警察の捜査、特に逮捕権の行使に関して、人権の尊重が十分でないとする世人のきびしい批判がある」。こうした批判を踏まえ、「捜査が適正でなく、ことに人権尊重の精神に欠けるものがあり、そのために無実の者を逮捕したという事案も少なくないので、かかる事案については警察は率直に反省しなければならない」と述べている。
　反省の弁はさらに続く。
「最近においては、自白偏重の捜査を排して、証拠にもとづく合理的な捜査が第一線の末端にまで行きわたってきた、と信じて疑わないのだが、いまだに警察の捜査の不備により、無実の者を逮捕するなどの事案が一部に発生していることは、非常に残念」。警察自らが捜査の不備を率直に認め、事態を深刻に受け止めているわけで、「まえがき」は次のように結ばれている。「"無実の者を捕まえる"ことほど人権を侵害することはない。警察は犯人誤認事件を起こさないように、最善の努力工夫をしなければならない」。
　検討の対象とした事件は、53件。このうち最も多いのが窃盗（23件）で、以下、強盗（15件）、殺人（5件）と続く。
　犯人誤認の原因について、「窃盗は参考人の供述の過信によるものが多く、殺人、強盗、婦女暴行の凶悪犯は、アリバイ捜査の不徹底、指紋照合、血液鑑定などの誤りによるものが多い」と分析。特に手続き面から、別件逮捕によって自白を強要し自白を偏重して事件を固めていく場合に最も多く過ちを生んでいる、と指摘している点が注目される。原因に対する検討も子細で、戒めの言葉が並ぶ。「参考人などの供述の過信」では、心理学者の見解を引いた上、「供述はわれわれが平素考えている以上に多くの誤りがあることに留意すべき」と言い切ってい

次に、「アリバイ捜査の不徹底」。「一般に、被疑者の黒（嫌疑）の追及を急ぐあまり、白を主張する証拠の存在を無視しがちだが、犯人誤認の絶無を期するためには、アリバイ捜査に対する着意と技術的研究が最も重要な問題」としているものの、留意点として挙げていることは、「犯行時刻や場所を正しく確認し、犯行当時、被疑者が最後に現われた場所と時刻を明らかにする」など、当然行われていなければならないことばかりで、逆にそうした基本的な捜査がなおざりにされていたことをうかがわせる。

　特徴的なことは、「人権尊重の精神の徹底」という一項目を設け、「人権尊重の精神がいまだに警察全体に十分徹底していないから、犯人を誤認し、結局、後日自己の責任を問われ、かつ事件そのものの成立をも危くしている」と断じている点だ。

　実例として収められている13件には、それぞれ「反省」の項で厳しい批判が加えられている。この中で、「虚偽の自白により犯人を誤認した事件」として挙げられている事件をみてみる。「事件の概要」、「捜査の状況」、「反省」の順に書かれている。2X年12月16日午前1時すぎ、A市で起きた強盗致傷事件。通報を受けた市警は約5時間後の同日午前6時40分ごろ、現場から約1.6キロ離れた所で、相当の菓子箱を持った挙動不審なBを発見、追及したところ、同市内の菓子店から盗んだことを自供したため、とりあえず窃盗の現行犯で逮捕した。その後、Bは強盗致傷事件など余罪も自供。供述内容は当初、犯罪事実と異なっていたが、その後の取調べで概ね（おおむ）符合した。一部に矛盾があったものの、市警は解明しないまま、送検。地検は翌年1月、Bを強盗致傷罪などで起訴。Bは第2回公判まで犯行を認めていたが、真犯人の逮捕によって嘘の自白だったことが分かった。

　「反省」の項では、まず誤認逮捕の原因を挙げている。Bが窃盗など前科6犯で、侵入の手口が類似していたこと、Bが着用していたズボンに返り血と推定される血痕が付いていたこと（鑑定の結果、洗たくされた古い血痕と判明）、年齢や体格が類似していたこと、などである。

　嘘の自白と見破れなかったのはなぜか。編者の指摘は厳しい。「第1に、取調べに適切を欠く誘導尋問が終始行われた。第2に、被疑者を十分調べないうちに被害者宅に連行したため、容易に迎合する供述をした。自白による凶器、盗品、着衣の血痕などについて徹底した裏付け捜査をしないまま送検した」。「免田事件」が、特殊、特別な事件ではないことが分かる。

「起訴後真犯人の現われた事件の検討」

同じ時期、検察内部でも誤って起訴した事件の検討がなされていた。法務研究所「起訴後真犯人の現われた事件の検討」と題する分厚い3冊の資料がある。検察研究叢書14、15、17に収められており、いずれも「部外秘」の刻印が押されている。

まえがきは、最高検刑事部長・市島成一(いちしませいいち)。そもそもの意図は、「新刑事訴訟法が施行(24年1月)後、それ以前に比べて一審での無罪事件が3倍近く増加し、単なる無罪事件ではなく『起訴後に真犯人の発見された事件』が著しく眼につくようになって来た」という状況があり、「原因は新刑訴の規定自体に無理があるか、検察官が運用に未だ習熟していないためと考えられたので、原因を究めて法改正や運用の誤りをただす」ことにあった。検討対象は、全国の地検から報告があった24年1月以降29年5月までの46件。市島は「意外に多いのに驚いた。1年間に10人ずつの冤罪者を出していることは重大な関心を持たなければならない」と述べている。

審査の方法は、「記録に検事正の監督官としての意見書を付けて提出を求め、(最高検)刑事部検事の中から事件ごとに主任検事を定め、主任検事が記録や証拠物を検討した上で審査会議を開く。主任検事が事件の概要と記録検討の結果を説明、これに対し質疑や意見を発表させ、その結果を報告書にまとめて検事総長に提出する」というものだった。その結果は、当初の意図に反して、「ほとんどが訴訟法などとは直接関係のない、捜査官の捜査の心構えの未熟、捜査技術の拙劣などに基因していると思われる」と、市島は指摘している。

実例として紹介されている17件のうち、殺人事件の例を引いてみる。26年8月18日未明、香川県のある村で、夫婦と子供2人が就寝中、妻が鋭利な刃物で首を刺されて死亡し、夫も左腕など5カ所に軽いけがをした。10日後に夫が別件の食糧管理法違反(ヤミ米売買)容疑で逮捕され、さらに妻殺しで再逮捕された。夫は別件は認めたが、妻殺しについては供述が二転三転、最終的には犯行を認める供述をした。しかし、公判では全面否認。その後、第2回公判を前に、強盗目当てだった真犯人の3人組が逮捕されて、冤罪が明らかになった。

事件を審査した主任検事の捜査、取調べに対する批判は、内部批判であるだけに、辛らつでもあり、核心を突いている。「捜査の欠陥」として挙げている点は、所轄の警察署が内部犯行説に偏り、外部侵入を裏付ける証拠を夫の偽装工作と決めつけたこと。その最大の原因は、「夫の傷は自傷の疑いが濃い」とした鑑定

書を有力な根拠にしたからだ、と指摘している。

次に指摘しているのは、動機の薄弱さだ。起訴状には「妻が子供に乳をやらずに寝たふりをしているので、カーッとなって」とある。「これだけでは一般世人も納得しなかっただろうし、いわんや裁判官を動かすことは甚だ困難だったろう。後日真犯人が現われなかったとしても、動機の点が打開されない限り、有罪を保証しがたい」。

また、真犯人が既に逮捕されていたにもかかわらず、担当検事が論告で、「今なお（疑いを）払拭し得ないものがある。しかし、『疑わしきは罰せず』との先人の言もあり、しかるべく判決を」と述べたことについて、「公訴提起者の立場にこだわらず、はっきりと無罪の論告をなすべき」と戒めている。

生かされぬ反省

「部外秘」、㊙と刻印された３つの警察、検察の内部資料をみてきたが、いずれも自らの過ちに対する反省、手厳しい批判の言葉で埋められている。「しかし、資料にみられる率直な反省がどこまで生かされたか」と疑問視するのは、静岡大助教授・大出良知だ。大出は大学卒業後、いったん都庁に就職したが、ある冤罪事件と巡り会ったことから、刑訴法研究への意欲をかき立てられ、大学に戻ったと言う。

「（資料で）指摘されている原因をみると、たまたま真犯人が発見され無罪となった事件のほかにも、当時、多くの犯人誤認事件を生み出していただろうと思われる。またその後の再審請求に対する警察、検察の姿勢は反省が生かされているとは言えない」。多くの冤罪、再審事件を見てきた大出の感想である。実際、40年代以降にも、土田・日石事件など、同様の原因によって多くの誤判（誤起訴）事件が発生している、と日弁連はじめ刑訴法学者から指摘されている。

なぜ、冤罪、誤判事件が後を絶たないのか。大出はこうみる。「内部資料がいずれも、『部外秘』や『㊙』とされていることからも分かるように、検討が極秘裡に行われていることだ。おそらく捜査当局の一部で反省されたにすぎず、公式的には容易に誤りを認めようとしてこなかった捜査当局の姿勢こそ問題だ」。

大出は言う。「内部の反省が公表されたからといって、捜査当局の権威を失墜させることにはならない。むしろ、批判は批判としてより強い信頼をかちうるのではないか」。

第 7 章 ◇ 冤罪の救済と社会

人吉城跡から見た水の手橋と人吉市。手前は球磨川（昭和24年版人吉市市勢要覧から）

第7章　冤罪の救済と社会

「免田事件の場合も、最初はばくぜんとした見込みが、死刑という現実を生み出した面もあるのではないか。確かな証拠がなく、見込みが先行して犯人をつくり上げている」。熊本大学文学部教授・丸山定巳の指摘だ。冤罪、誤判事件は何故起きるか──。

鑑定への過信が誤判を生む、と警告する刑訴法学者は多い。「鑑定は確実性の問題だ。○○大教授の鑑定というが、実際は助手がやっていたりする。だから、誤判が生まれるんだ。鑑定批判に対して、法医学者も謙虚に反省すべきだ」。香川大学教授・庭山英雄は言う。また、代用監獄（警察の留置場）にも批判の目を向け、「今の捜査構造なら自白せざるを得ない。しない方が超人だろう。外国の例を見ても、先進国の中で代用監獄があるのは日本だけ。自白を取るために勾留（拘置）し、自白したら拘置所に移監しているのが実情だ」と言い、代用監獄を恒久化するとして拘禁二法案に反対する。

捏造された罪をいかに晴らし、再び起きぬように対策を考えるか。

幾度も法の壁につき当たり、「誰一人予想もしなかった確定死刑囚の再審」により、ようやく無実を獲得した免田は「死刑を廃止して欲しい。死刑を執行される人の別れの言葉も聞いていますから。できれば死刑廃止運動をやりたい」と言う。34年間、死と対峙した免田の言葉には重みがある。免田は刑事補償額としてはわが国最高額の9071万2800円を請求し交付されたが、34年の日々は帰らない。誤判を防止し、誤判による死刑を防ぐために、司法制度として、陪審裁判導入や、死刑廃止論などが近年活発になってきた。

1　教訓

誤判を生む鑑定の誤り

刑事裁判では、鑑定が重要な役割を果たしている。免田事件でも、創傷順序や血液型鑑定の信用性が大きな争点となった。鑑定は、素人には分かりにくいだけに、権威あるものに見える。捜査に与える影響が大きいことは、河上判決も

指摘している。

「刺し身包丁でトドメを刺した、という自白調書は世良1次鑑定（世良は後に誤りを正した）と一致する。これは、捜査員があらかじめ得ていた知識に基づいて誘導し、被告人が実際に経験しなかった事実を調書に作成した疑いがはなはだ強い」。

名古屋大学医学部教授・矢田昭一(56歳)。弁護団の依頼で「包丁はトドメでない」と鑑定した。「私への依頼は、世良2次鑑定を分かりやすく説明して欲しい、ということだった。法医学者として自分で誤りを正された世良先生は立派だ」。58年秋、同学部の研究室。鑑定論争に深く立ち入らなかった河上判決に、「もの足りない」と不満を漏らしながら、矢田はこう続けた。「鑑定結果が分かれるのは、個人の見解の相違だからしょうがない。鑑定では断定することは避ける。捜査当局に予断を与えてはいけないから。ただ、鑑定書には書かないが、参考になる情報を出すことはある。捜査当局が鑑定を頼りにしているのは確かだ」。

1年に100体ほどの遺体の司法解剖を受け持つ矢田。白髪交じりの髪はオールバック。丸っこい眼が温厚な人柄を表わしていた。「批判に耐えられる鑑定書を書かなくてはいけない」。法医学者としての自戒の言葉だ。誤った鑑定が誤った裁判を生んでいく——。免田事件をはじめ相次ぐ再審事件が明らかにしていることの1つだ。

冤罪、誤判事件の一因は誤った鑑定にある——との指摘は、警察、検察当局の内部資料の中にも見られる。

例えば、先に述べた国家地方警察本部刑事部捜査課編「無罪・不起訴事件の検討」では、教訓として、「鑑定の権威と迅速さ」を挙げている。「鑑定を嘱託する場合は、まず、鑑定者の能力、経験、過去の実績などをよく考察した上で委嘱の可否を決めるべき。これは、鑑定結果の権威と価値、言い換えるとその確実性を保障するためだ。また、鑑定する物件は郵送などせず、特使で運び、期限を切って迅速に鑑定してもらう」。

香川大教授・庭山英雄は再審免田事件の判決当日、テレビ局の解説者として熊本に来た。庭山は49年、大阪市立大学教授・光藤景皎や東北大学教授・小田中聰樹らとともに、「刑事再審制度研究会」（代表鴨良弼）を結成、情熱的に再審研究に取り組んでいる。「鑑定は真実のみならず、人権を守るためのものでなくてはならない。誤判をなくすために科学鑑定はどうあるべきか」。そういう思いで、同じ年、法医学者で東大名誉教授だった故・上野正吉らと「刑事鑑定研究会」もつくった。

「鑑定はその段階での科学水準によるものだから、限界を認識しておくべきだ。

有罪の証拠とするには厳密な検討が必要だ」。庭山と同じく熱心な再審研究者、大出良知は言う。

鑑定は全資料を基に

熊本大学医学部法医学教室。教授世良完介（58年3月、86歳で死去）の後を継いだのが神田瑞穂（59歳）だ。

神田は35年11月、岡山大学から熊本大学助教授に迎えられた。指導教授が世良完介。37年5月、世良の退官とともに教授に。神田には、世良が免田事件について話した記憶はない。神田は今、熊本県内の変死体の司法解剖、鑑定を一手に引き受けている。年平均30体。58年は、焼死などが多く50体に上った。解剖では、立ち会った検察官や捜査員に、受傷の具合などをその場で説明する。

「免田事件の鑑定論争には興味を持っていた。しかし、写真をはじめ、資料が不足している感じ。核心に迫るのは難しいのではないかと思っていた」。法医学は、実験が許されない。「凶器にしてもこれでないとできないなどと特定するのは難しい。結局、幅広い表現になってしまう」と、神田は言う。しかし、医学の専門家である鑑定人が、なぜ全く対立する意見を出すのか？ 神田は「その人の考え方だから違うこともありうる」と言いながら、「例えば再審免田事件でも果たして、同じ量の資料がそれぞれの手元にあったのだろうか」と疑問を投げかけた。

「同じ土俵の上の鑑定かどうか」と指摘する神田は、今の裁判の在り方にも疑問を持っている。検察、弁護双方の鑑定人がそれぞれの資料に基づいて鑑定するのが現在のやり方。神田は言う。「裁判所が職権で、鑑定に関するすべての資料を取り寄せて、その全資料を基に検察、弁護双方の鑑定人に鑑定させるべきだ」。

神田は、岡山大学講師時代、いわゆるヒ素ミルク事件で、粉ミルクの中からヒ素を発見したこともある。25年から鑑定を始め、見てきた数は1000体近くにもなるという。

神田にもいくつかの思い出がある。岡山で青酸カリを飲ませたうえ、ガソリンをかけて焼き殺した事件があった。自殺説に傾きがちの警察に、解剖した神田はどうしても同調できなかった。「ガソリンをかぶった後、青酸カリを飲んで、さらに自分で火をつけることは出来ないことじゃないけど、常識では考えられない」。結局、事件は住所不定の人物を捜しては殺害し、その人物になりすましていた男の犯行と分かった。神田の専門は中毒や死体現象。「専門分野以外はあまり引き受

けない。ほかの詳しい人にみてもらう」と話す。

　神田が今、頭を痛めているのは法医学の後継者難だ。開業医、あるいは病院勤務と"つぶし"の利く臨床に比べ、地味な基礎医学を志す若者は少ない。「100人のうち、95人は臨床に行ってしまう」と神田は嘆く。神田によれば、「法医学は、再審などで問題になることもあってアホらしい」いう"現代っ子"気質(かたぎ)もうかがえるという。

　事実、九州内の大学医学部の法医学教室で、医学部出身の助教授がいるのは熊本大学だけ。大学院学生になると、法医学を専攻するのは、長崎大学で2、3人。熊本大学はもちろん、九州大学にも大学院生はいない。つまりは、法医学の後継者はゼロというのだ。「以前、再鑑定になった事例で、法医学の専門でない人が鑑定したケースがあった」と指摘する神田は、法医学の後継者難を、「裁判所も、検察庁も、そして警察も深刻に受け止めて欲しい。刑事鑑定はピンチなんです」と力説した。

自白作る代用監獄

　河上判決は、自白偏重の捜査に反省を迫るものだった。「自白偏重捜査の根源は代用監獄にある。代用監獄を廃止すべきだ」と指摘する声が、日弁連や刑訴法学者の間には強い。代用監獄とは警察の留置場のこと。送検後の身柄は拘置所に勾留するのが原則だが、明治41年施行の監獄法に代用監獄の一文が盛り込まれていることから、留置場に勾留されるのが通例となっている。

　「刑訴法が規定している勾留は、逃走や証拠隠滅の恐れがある場合で、取調べのための勾留は認めていないのに、実際は取調べに使われている。財田川事件は代用監獄悪用の典型だ」。財田川事件弁護団長・北山六郎は厳しく批判する。その財田川事件も59年3月12日、免田事件に続いて無罪判決が言い渡された。

　庭山英雄も代用監獄に批判の目を向けている。「"疑わしきは被告人の利益に"の精神は、巨大な国家権力と市民が対決する場合、市民の利益のためにということだ」。

　庭山は河上判決にも不満を抱いている。「自白の信用性も厳しく判断し、基本的にはいい判決だが」と前置きして、「再審問題を解決する上で、それだけでは有効でない。判決は構造的な誤判の基盤を押さえていない。自白の任意性、捜査の在り方を厳しく批判してこそ、ほかの再審事件にも大きな影響を与える」。

　熊本県警の留置場は、現在主に使用されているのは県下23署のうち10署で、53房、定員124人。普通房のほか少年房、女性房がある。自殺の恐れが

ある被疑者など特別なケースの場合は、監視用テレビ付きの房があるが、「人権上の配慮」(県警) からほとんど使用されていないという。収容には警察で逮捕した者のほか、代用監獄として検事勾留 (送致後の検察の取調べ) と判事勾留 (起訴後) がある。熊本市の周辺部では公判時も留置場から出廷することがある。拘置支所があるのは京町 (熊本市)、八代、天草 (本渡市) の3つだ。

拘禁二法案

　今、日弁連や刑訴法学者が、「代用監獄を恒久化するもの」として猛反対しているのが、いわゆる拘禁二法案だ。

　拘禁二法案とは、法制審議会の答申「監獄法改正の骨子となる要綱」を受けて、先の国会に提出された「刑事施設法案」と、警察庁が立案、提出した「留置施設法案」だ。「刑事施設法案」では、従来の「監獄」(刑務所や拘置所などの総称) を「刑事施設」と改称、被拘置者の留置場への代替収容をうたい、「留置施設法案」ではそれを受けて、留置場の設置目的として被拘置者の収容、処遇を明文化している。

　日弁連は二法案が、現行の代用監獄制度を問題視し、「将来不利用の方向ないし廃止の方向」が確認された「要綱」の趣旨に反する、と指摘する。これに対し、法務省の見解はこうだ。捜査上の要請が第1点。「限られた人員で大量の事件について、綿密な捜査を効率的に遂行するには、被疑者の身柄が捜査機関の手近にあることが不可欠」。第2点は行政管理、財政上の問題だ。法務省の調べでは、拘置所数153、代用監獄数1231。廃止するために、留置場ごとに拘置所を設けるとすると1078庁、簡裁ごとだと422庁、地裁、同支部ごとでも139庁の新設が必要で、「財政事情からみて実現不可能」と言うのである。

　これに対して、日弁連は「捜査の効率論は冤罪が多発し、人権が大幅に侵されていることを許容することで、行財政論は捜査のやり方を改めないことを前提にした上のことだ。代用監獄を廃止せずに自白強要を防止する方法はない、という国際的な認識と表明がある。即時廃止ができなければ、年限を明記し、廃止に至るまで可能な限り人権侵害の危険を排除すべき」と反論している。

　　　〈補遺〉拘禁二法案　政府は1982 ((昭和57) 年から1991 (平成3) 年にかけ、3回にわたって国会に提出したが、日弁連などが強く反発、廃案となった。その後、代用監獄の存続を容認した上で、運用の改善を行う「刑事収容施設・被収容者処遇法案」が2006 (平成18) 年6月、成立した。

再審法の改正を

固く閉ざされた再審の扉を開ける鍵となった、最高裁の「白鳥決定」(50年) から2年後、日弁連は新しい再審法改正案を発表した。37年にも改正案を提案していたが、実現には至っていなかった。改正案の内容は大きく分けると、再審開始の要件の緩和と再審手続きの改正の2つ。

現行法では、「無罪を言い渡すべき明らかな証拠をあらたに発見した時」に再審を開始するとされる (刑訴法435条)。「白鳥決定」は「『疑わしきは被告人の利益に』という刑事裁判の原則は、再審にも適用される」、「新証拠は単独ではなく他の全証拠と総合して評価する」という再審開始要件を幅広く解釈する、新しい判断を示した。改正案は、この「白鳥決定」の判断を引き継いだ形で、「原判決に影響を及ぼすべき重大な事実誤認があると疑うに足りる証拠を新たに発見したとき」と条文化している。

再審請求に対する審理は非公開で、請求人や弁護人を立ち会わせず、裁判官だけで職権的に取調べることもできるのが現行法。改正案では「公開の法廷で、再審請求理由の陳述、事実の取調べ請求やその取調べ、取調べ結果についての意見陳述ができるようにする」とうたっている。

再審開始決定が出ても、検察官が即時抗告、特別抗告するので、確定するまでに長い時間を要する。免田事件のように、第三次再審請求では「西辻決定」が出たが、上級審では逆転、取消されたこともある。そこで、改正案は「再審の開始決定に対する検察官の不服申し立てを禁止する」としている。

改正案には盛り込まれていないが、免田事件では刑訴法が予想しなかった死刑囚の「身柄問題」が、新たな論議を呼んだ。日弁連や再審研究者の間では、「再審開始決定が確定した段階で釈放する」ことで意見が一致している。

法のエアポケット

「身柄問題」——なじみの薄い言葉が、再審免田事件で注目を浴びた。

刑事訴訟法には「再審開始の決定をしたときは、刑の執行を停止することができる」(448条) とだけある。しかし、これまでの再審事件では、被告が懲役刑で仮釈放中か、あるいは刑終了後だったため、実際上の問題となることはなかった。ところが、確定死刑囚の再審事件第1号となった免田事件。死刑囚にとって、刑の「執行停止」とは、何を意味するか。単なる「絞首」のみを言い拘置は含まないのか、または拘置そのものから含むのか。

実は、再審法は、死刑確定者のための再審を予想せず、そのための規定を設けていない。いわば「法のエアポケット」となっているのだ。逆に言えば、死刑確定者の再審は法が予想しなかったほどに、異常なことだったとも言える。このため、弁護団は56年4月3日、熊本地裁八代支部に対して、「再審開始で、免田を拘置する必要はなくなった。むしろ違法拘束だ」として拘置の執行停止を求めた。これに対し同支部は同6月5日、「刑の執行停止は『絞首』を意味し、現在の拘置は独特の拘禁」と判断、「どうすべきかは立法政策の問題」とかわし釈放を認めなかった。

　58年7月15日、免田は無罪、釈放となったが、具体的ないきさつはどうだったか。

　免田が八代拘置支所で、「荷物を整理するよう」言われたのは判決前々日の13日ごろという。弁護団は14日に釈放の感触を得た。そして、15日。無罪判決が言い渡された後の昼の休憩時。検事・伊藤鉄男が釈放時の混乱を避けるための打ち合わせを申し出た。裁判所、弁護団、検察の三者会談が急遽開かれ、判決言い渡し後、法廷内外から関係者以外すべてを退去させ、法廷で釈放することが決まった。

　言い渡し終了は午後2時50分。裁判長が傍聴人と報道関係者に退廷を命じる。すべてが完了した後、伊藤が「確定判決の効力に影響はないと考えるが、第一審とはいえ、無罪判決が言い渡されたので、刑訴法442条の但書きによって釈放します」と言いながら、釈放指揮書を刑務官に渡した。免田はあいさつしながら刑務官と握手。検事・清水鉄生が釈放通知書を裁判所へ提出。34年目にして、免田が自由になった瞬間だった。

　刑訴法442条（再審請求と執行停止の効力）は「再審の請求は刑の執行を停止する効力を有しない。但し、管轄裁判所に対応する検察庁の検察官は、再審の請求についての裁判があるまで刑の執行を停止することができる」としている。

　59年3月12日の財田川判決でも無罪、即釈放となったが、死刑囚で再審被告人の身はどうするべきか。日弁連や学者の多くは、「開始決定即釈放」を求めているが、59年3月6日、松山事件を審理している仙台地裁は「再審開始決定の確定後、裁判所は裁量で刑の執行停止ができ、刑の執行停止には絞首のほか拘置も含まれる」との新しい見解を示し注目された。59年7月11日、仙台地裁は松山事件無罪判決で、裁判所の裁量で拘置停止を決定、被告人の斎藤幸夫（53歳）を釈放した。死刑囚再審では初めてのことだった。

　一方、拘置所内での免田の身柄はどう扱われたか。免田によれば、55年12

月、再審開始が確定してからは、それまで他の収容者と一緒だった運動やテレビの時間も1人になって、「以前よりきゅうくつになった」。しかし、面会は緩和され、弁護人の面会には職員の立会いもなくなったという。

冤罪防止のために陪審を！

　冤罪、誤判防止の立場から陪審裁判の導入を説いた人に、裁判官を辞めて冤罪事件の弁護に取り組んだ故青木英五郎がいる。

　青木が裁判官を辞めるきっかけとなったのは、山口県で起きた強盗殺人事件・八海事件との出合い。大阪地裁の部総括判事だった37年、差戻し審で無罪とした広島高裁判決を破棄し、再び差し戻した最高裁判決に憤慨して、依願退職。自ら同事件の弁護団に加わった。約7年の取り組みの末、無罪が確定。このほか、同じ山口県内で起きた強盗殺人事件・仁保事件にも、上告審から弁護団に加わって無罪をかちとり、狭山事件の再審請求中、56年1月に71歳で亡くなった。

　陪審裁判の必要性を訴えた著書『陪審裁判』（朝日新聞社刊）が、青木の遺稿となった。「立法・司法・行政という国家の行為のうちで、なぜ司法だけが、主権者であるはずの国民の手の届かないところに置かれているのか。そこに、国民の司法参加、つまり陪審裁判の問題がある」。

　青木が陪審裁判の必要性を痛感した直接の動機は、狭山事件だ。38年、埼玉県狭山市で起きた女子高生殺人事件で、被差別部落の青年が逮捕され、二審で自白を撤回した。「この事件の裁判は、裁判の公正ということが、われわれをあざむく共同幻想にすぎないことを、ものの見事に暴露している。冤罪を防止し、公正な裁判を確保するために、われわれに必要とされる努力は、陪審裁判の実現に向けられるべきであろう」。陪審裁判にかける青木の熱い思いが読みとれる。

　青木の説く陪審の目的は明解だ。「陪審裁判は、再審とは次元を異にしている。それは、一審の裁判で冤罪の発生を阻止しようとする制度である」。

わが国にもあった陪審裁判

　青木が熱望した陪審裁判とは、英米で行われている裁判制度。国民から選ばれた12人の陪審員が、有罪か無罪かの事実認定を行う。評決は全員一致。陪審員が有罪と評決した場合にだけ、裁判官は量刑を判断する。故ヘンリー・フォンダ主演のアメリカ映画「12人の怒れる男」は、陪審裁判そのものを題材にしている。

　実は、日本でも陪審裁判が行われていた時期がある。大正デモクラシーのうね

りの中で、在野法曹を中心に陪審法制定の要求が高まり、大正12年、法制定が実現。昭和3年から18年に停止されるまで実施された。

しかし、刑訴法学者の間では当時の陪審裁判を、"骨抜き"陪審」と批判する声が強い。陪審裁判の大きな特徴は事実認定を国民が行う点にあるが、英米と違って無罪評決に拘束力がなかったため、裁判官が評決を否定することが出来たからだ。また、評決は多数決で、陪審員の資格にも制限があり、何よりもファシズムの台頭期という不遇な時代背景があった。

15年間に、全国で陪審裁判にかけられたのはわずかに484件。熊本県内では7件。実施後数年で件数が急激に減り、12年ごろには有名無実化していたと言われる。しかし、その半面、平均無罪率が17％に上ったことに着目、人権のトリデとして相当の成果をあげたと評価する声もある。

18年、戦火が激しくなったのを理由に停止されたまま、現在に至るまで復活していない。22年施行の裁判所法に「刑事について、別に法律で陪審の制度を設けることを妨げない」という一文が残されただけである。「冤罪防止のために陪審裁判を」の言葉を残して、青木英五郎はこの世を去った。青木の遺志を継いだのは、"門下生"であり、免田事件弁護団の一人である倉田哲治らだ。

素人とプロの判断

戦後間もなく、京都で司法修習生時代を過ごした倉田は、当時京都地裁にいた青木英五郎の指導を受ける。倉田は青木のことを「お師匠さん」と呼ぶ。その倉田を中心に、復帰前の沖縄で陪審員を務めた経験を基にした作品『逆転』を書いた作家・伊佐千尋、評論家・青地晨、庭山英雄、熊本大学助教授・篠倉満、マスコミ関係者ら二十数人が、57年4月、東京で「陪審裁判を考える会」を発足させた。

同会は毎月例会を開き、年1回、会報を発行して市民の参加を呼びかけている。倉田は「事実認定を官僚裁判官に任せておく限り、誤判を防止できない。裁判における民主主義は、社会常識を裁判に反映する陪審裁判しかない」と言う。庭山は「陪審裁判が今の日本で、すぐに実現できるとは思わない。しかし、陪審裁判を考える運動を進めることが、司法に対する国民の関心を高め、司法を変える起爆剤になる」と考える。

同会のメンバーの1人、篠倉は常々「国民の司法参加」を口にしている。わが国で唯一、国民が司法に参加できる検察審査会制度と、陪審裁判を比較研究した論文もある。早くから陪審裁判の必要性を訴えてきた篠倉は、免田事件の

再審公判も欠かさず傍聴した。

　同会が発足した57年の暮れ、篠倉はゼミの卒業生や弁護士、検察審査員経験者などに呼びかけて「九州陪審裁判を考える会」を発足させた。なぜ、「陪審裁判を考える会」の九州支部でないのか。「私たちは現在の中央集権的、画一的な裁判の在り方を問題視しており、それに対して『陪審』といういわば地方分権的な裁判制度を提唱していくにあたって、どこかに本部があるのではなく、各地でそれぞれ独自の活動をしながら、互いに交流を深めていく方がいいと考えたからだ」。

　陪審制度についての批判は、素人が事実認定できるのかという面からが多い。「米国は、例えば司法取引が許されており、そういう土壌での陪審制だ。日本でそれが可能だろうか。マスコミも発達しており、予断を持つ危険性がある」——ある一線検事の感想だ。58年8月11日、参議院法務委員会で法務大臣秦野章は、「大衆裁判に近い方向に行きかねない。実体的真実の発見にはプロの緻密な努力が大事」だと述べている。

もし、誤って処刑されたら

　死刑囚再審無罪は、死刑制度のもつ恐ろしさを私たちの前にあらためて示した。

　無罪判決から一夜明けた58年7月16日。八代市内のホテルでの記者会見で、免田は「最も苦しかったことは」と問われて、「死刑の執行だった。70人ほど見送ったから。いつかは自分もと思った」と答えた。

　判決からひと月が過ぎた暑い夏の日の午後。身を寄せた熊本市の「慈愛園」の庭で、免田は死と背中合わせだった34年間を語った。「明日なき運命だったから、自分が処刑された夢も見た。びっしょり冷や汗をかいて跳び起きたことが、何度もあった」。

　死刑執行がある日の記憶は、特に鮮明だった。「執行の朝、8時半ごろ呼び出しがある。その1時間後には執行。出ていく者は一人一人にあいさつして、鉄格子越しに握手する。多いときは20人ぐらいの刑務官に囲まれて出て行った。針が落ちても聞こえるぐらい、シーンとしているんだ。見送る方は言葉なんて出ない」。免田の表情は厳しかった。

　判決から半年近くたった58年の暮れ、免田がポツリと漏らした。「緊張が緩んできたはずなんだが、今でも時々、執行された夢を見る」。

　免田弁護団の倉田哲治は、死刑廃止を提唱する。「もし、誤って処刑されたら取り返しがつかない、という挽回不可能論ではない。国家が人を殺すことが許さ

れないんだ。そこが（死刑廃止の）出発点でなくては」。倉田は、「人を殺すのは酩
酊している時で、殺されるのは素面の時」というイギリスの法のことわざを引用して、
「素面で殺せるのは裁判官だけだ」と厳しく非難する。

　1980年の国連の調査結果によれば、当時の加盟国152カ国の中で、死刑が
あるのは117カ国、廃止国が21。特殊な犯罪について死刑を残しているのが
12カ国、一部の州で死刑を廃止している連邦国家がアメリカなど2カ国。西ヨー
ロッパなどで死刑廃止国が多くなっている、という。死刑制度に関する法務省の
見解は、58年8月の衆議院法務委員会での刑事局長答弁に表われている。総
理府などの世論調査で、国民の過半数が死刑の存置を望んでいることなどを挙
げて、刑事局長は述べている。「将来も恐らく死刑は存置されるだろうと考えている。
それは単なる応報とか見せしめというだけではなくて、一般予防手段としての効
果を無視できないからだ。なお、刑法改正の中でも十分検討されて、死刑を定
める罪種は少しでも減らそうということで草案ができている」。

　戦後の死刑適用を見ると、裁判所が著しく慎重になってきたのは明らかだ。一
審の死刑宣告件数は、23年に116件あったのが、年々減少し、44年以降は1
ケタになっている。こうした中で、58年7月、最高裁が連続ピストル射殺事件で、
無期懲役とした二審判決を破棄し、死刑の方向で差し戻したのは、例外的なケー
スとして論議を呼んだ。

犯罪抑止力は疑問

　法務省などが主張する死刑存置論の最大の根拠は、死刑があることによる犯
罪の抑止効果だ。これに対して、前日弁連会長・山本忠義は、「直接の関係はな
いと思う。私怨を国家が晴らす、という応報観念で成立している」と反論する。
山本は免田無罪判決当日と、九州弁護士会連合会が熊本市で開かれた58年
10月、熊本を訪れた。「日弁連では、まだ全体的な合意には達していない。われ
われの中でも、六割が死刑存置論者だ」と山本は前置きして、「免田さんが判
決翌日の記者会見で、『死刑だけは廃止して欲しい』と言っていたが、あの言葉は
胸にこたえた」と率直な感想を語った。

　山本に同行した前日弁連事務総長の樋口俊二（熊本市出身）も、死刑には否定
的だった。「一般予防効果はない、と言うのが学界でも定説になっている。死刑は
権力が公然と殺人を行うことだ。ただどうしても、被害者の遺族の感情が残る」。

　死刑廃止を強く訴えている人に、高橋良雄（72歳）がいる。高橋は、元東京、
大阪両拘置所長。所長時代、十数人の死刑囚を見送り、退職後は死刑廃止運

動を続けている。58年3月、体験を基に『鉄窓の花びら――死刑囚のレクイエム』（求龍堂刊）を著した。58年10月、埼玉県川越市の自宅に高橋を訪ねた。「大阪拘置所に行くまでは、死刑囚の実態を知らなかった。それまでは必要悪だ、やむをえないと思っていたが、直接彼らに会い、話してみて、いつ絞首台に行くか分からない彼らの姿にショックを受けた」。穏やかな語り口だが、言葉には力がこもっていた。「威嚇力というが、死刑囚に聞くと、犯行に及ぶ時はだれも死刑のことなんか考えていない。罪を犯した後、死刑を意識するという。スイスでは死刑が廃止されたが、犯罪が増えてはいない」。

人間の尊厳

死刑廃止を説く高橋は、かつて拘置所長として見送った死刑囚と、その家族の一言一言を鮮明に覚えていた。

「平静に戻り、素直になった人間を刑場へ送る時はつらかった。最期の時まで、『今日もお世話になります』と頭を下げて消えていった。最後の面会で『代われるものなら代わってやりたい』と泣きつく母親もいた」。「執行の直前、絞首台のそばで、被害者の遺族へのことづてを残して死んでいった死刑囚のことも忘れられない。『被害者の奥さんは一日も無念の思いを忘れたことはなかったでしょう。刑の執行を奥さんに知らせて、気持ちをやわらげてあげてください』が、彼の"遺言"だった」。

死刑確定後、精神的に安定した死刑囚の中で、仏教を信仰する者たちには、週に1回、集団勤行があった。声をそろえて経を読むのだ。その声が今も、高橋の耳から離れない。「死と向かいあった者の切実で、深みのあるコーラスのように聞こえた。自分の信じる宗教に包まれて死を迎えたい気持ちの表われなのか。迫力があった」。

日記をつけていた若者もいた。自分の腕に止まって血を吸う蚊を見て、その若者は、「今まで命の貴さを考えたことなどなかったが、お前はあと何日生きるのか。うまいのならおれの血でも腹いっぱい吸って、たとえ3日でも精いっぱい生きていってくれ」とつづっていたという。高橋は思い出話が終わると、言った。「宗教によって、そんな崇高な境地に達するんです。厳罰に処さなくてはいけないが、命だけは奪ってはいけない。人間の尊厳への冒とくだ」。

残る遺族感情

「死刑があるから、犯人の心が崇高な境地まで導かれる」と教育効果を挙げて、

死刑存置を主張する声がある。これに対して、高橋は、こう反論する。「死刑にしなくても心を高められる可能性がある人が大半なのに、これを処刑するというのは人間の尊厳を念頭に置く限り、(死刑存置主張は) 否定しなければならない」。高橋は続ける。「今の無期懲役とは別に、厳しい条件が付いた終身刑を設けるべきだ」。

「死刑をなくす女の会」の丸山友岐子も、死刑廃止運動を進める1人だ。会員は200人あまり。56年4月、参議院議員・中山千夏とともに、同会を発足させた。58年5月には、「死刑廃止請願」署名を、衆参両院に提出するなどの活動を行っている。丸山は言う。「死刑は国家による"殺人"だ。犯罪の推移は社会状況と深い関係があり、死刑制度そのものが"抑止"になるものではない。死刑をなくすことが、人間の生命を大切に考えていくきっかけにもなるのではないか」。

丸山が死刑廃止運動へかかわったのは、ある朝鮮人死刑囚の助命運動を知ってから。21歳の時だった。「免田判決は、死刑判決にも誤りがあることを司法自らが認めたもの。当然、誤りがないとの立場で成立している死刑制度も問われるべきだ」。丸山の批判は厳しい。

死刑廃止を進める上での壁は、遺族感情、被害者感情だ。高橋は「死刑適用が年に1ケタという現実の数字は、既に遺族感情を満足させていない」と、実態論から説明する。丸山はまた「被害者の問題は、例えば補償など社会全体が具体的に考えるべきで、死刑制度とは切り離して考えねば」と言う。

2 補償

不当、違法だった拘置

「毎日が多かれ少なかれ死の恐怖との対決であり、34年間獄中で自己の主張が通らないことについての焦燥感、孤独感、絶望感など、その心情は筆舌に尽くし難いものがあった」——58年11月21日、熊本地裁八代支部 (河上元康裁判長) の、免田への刑事補償決定理由である。

刑事補償は、無罪の判決を受けた者が、国に対して抑留または拘禁による補償を請求するもので、金額決定は裁判所が「拘束の種類、期間、本人の財産上の損失、得るはずであった利益の喪失、精神上の苦痛および身体上の損傷並びに警察、検察および裁判の各機関の故意過失の有無その他一切の事情を考慮」(刑事補償法第4条) して行うとされている。

免田と弁護団は、無罪判決から約2ヵ月後の58年9月16日、逮捕されてか

ら無罪判決までの1万2599日に、刑事補償法で定める最高日額7200円をかけた9071万2800円を請求した。最高日額としたのは「無罪判決で拘置が不当かつ違法だったことが明らかになり、しかもその間死刑執行という死の恐怖のなかにあった」からだ。

請求に対しては、検察側も特に争うこともなく、58年11月21日、同支部は、請求通り、9071万2800円の交付を決定した。これはわが国の刑事補償では最高額。これまでの補償では弘前大教授夫人殺し事件の那須隆が1399万6800円、加藤老事件の加藤新一（故人）が1795万8400円をそれぞれ受けている。

免田の受けた補償金額は、それだけ免田の拘置が長期にわたったこと、死刑の恐怖という異常な環境だったことを浮き彫りにしているとも言える。「それにしても」と弁護団は言う。

「34年間の償いではあるが、免田の青春は返らずむなしさは残ってしまう」。58年12月12日、刑事補償を受け取った免田は、その後1500万円を日弁連の人権基金に寄付した。

費用補償

熊本地裁八代支部（河上元康裁判長）は59年3月28日、免田と弁護団が請求していた費用補償で、総額1716万5494円の補償を認める決定を行った。費用補償は刑訴法に基づいて、裁判に要した費用を請求できるものだが、今回の補償額はこれまでの再審事件の最高額。

決定によると、再審公判の費用として、弁護士7人の報酬が一人一律100万円の合計700万円を含め、旅費などあわせて1707万2120円、免田の再審公判、原第一審、同二審の日当が2万9920円などとなっている。

決定は、免田の日当について「刑事補償が出ている」として、3分の1に減額、弁護団が要求していた、再審開始を開いた第六次の再審請求段階での費用については、これまでの判例通り「裁判に要した費用ではない」として退けた。再審事件の費用補償では米谷、弘前の各事件が弁護士報酬15万円で、今回の決定は再審事件の費用補償にも大きな影響を与えるものとみられる。免田と弁護団は、費用補償の全額を日弁連人権基金に寄付。刑事補償とあわせて、同基金への寄付は約3200万円になった。

厳しい国家賠償への道

　刑事補償や費用補償のほか、免田事件では国家賠償請求訴訟も検討されている。国家賠償法は、国または地方公共団体の公権力の行使に当たる公務員が、その職務を行うについて、故意または過失によって違法に他人に損害を加えたときは、国または公共団体が賠償する責任があることを認めている。国家賠償請求訴訟は、警察、検察の捜査機関や裁判所の責任を真っ向から問うものだ。

　しかし、冤罪を晴らしたとはいえ国家賠償への道は厳しいのが現実だ。

　これまでの再審事件では、弘前大教授夫人殺し事件の総額9700万余円の賠償を求めた裁判で青森地裁弘前支部は56年4月27日、「検察官は職務上の注意義務を怠った過失がある」として、請求の一部を認め、国に960万2401円の支払いを命じる判決を下した。しかし判決が裁判所の責任を認めなかったため、原告が控訴、一方検察側も控訴して現在仙台高裁で審理中だ。加藤老事件では8408万8000円の請求に対して、広島地裁は棄却の判決。広島高裁へ舞台は移った。米谷事件は54年11月13日、東京地裁へ4073万円を請求したが、59年6月25日、「逮捕、起訴は適法、裁判も違法とは言えぬ」と請求棄却の判決があった。米谷さんは控訴した。国賠訴訟に共通するのは、故意、過失立証の困難さと、裁判所、検察側の固い姿勢で、再審と同じく、「狭き門」といえる。

　免田事件では、結論は「留保」されている。刑事補償と費用補償で合わせて1億円を超える補償が一応なされたことや、「物取り主義ではないかとみる一般県民感情」（弁護団）などが背景にあるほか、新たな国家賠償請求訴訟で国側が無罪判決をねじ曲げてくる恐れがあり、もう1つの"免田裁判"になりかねない面もあるからだ。請求するとなると、毎日毎日の死の恐怖に対する慰謝料が中心になるが、「現実的なプラス、マイナスを判断して慎重に対処する」というのが、弁護団の当面の方針だ。

　　　〈補遺〉国賠請求訴訟のその後　弘前大教授夫人殺し事件は二審の仙台高裁で国の敗訴部分が取り消され、原告が上告したが1990（平成2）年7月、最高裁で棄却された。加藤老事件も1986（昭和61）年10月、広島高裁で控訴棄却が確定、米谷事件も1988（昭和63）年4月に、東京高裁で控訴棄却が確定した。

3　差別社会

ラベリング理論

　無罪判決から既に1年以上たった。事件から34年目にして、雪冤を果たした免田だが、「免田さんよかったね」の声の一方で、一種奇妙な感情が熊本県民の中にあるようにもみえる。熊本日日新聞社へ寄せられた手紙や電話の多くは、無罪判決への戸惑いと、では真犯人はだれなのかといった問いかけだ。根っこには、無罪判決をどうしても肯定できない、いらだちもある。

　「人間は、他人を全体像ではなく、1つのカテゴリーで判断する。例えば、名刺の肩書同士がつきあうようなものだ。しかもその肩書が、前科者とか、免田氏のように死刑囚とかなると、影響は深い。一度つけられたラベルは、それ自身一人歩きしてしまう社会のメカニズムがある」。熊本大学文学部教授（社会学）・丸山定巳（43歳）は「ラベリング理論」をこう説明する。「しかも」と丸山は続けた。「例えば50代、60代の人たちは、おそらく免田事件を自分の生活史の一部分と重ねあわせるように生きているだろう。事件の記憶とともに生きてきた世代にとって、これまで有罪と思っていたものがすっぱりと否定されたことで、自らの人生の一部を否定されたような心理的不満、精神的な居心地の悪さがあるのではないか」。

　丸山によれば、人間は、原因と結果が一緒になってはじめて心理的な安定を得るという。2人が殺され、幼い姉妹2人が重傷を負った事件という結果。そして原因としての免田の犯行。

　「ところが、原因（免田の犯行）は否定されたものの、結果は厳としてある。しかも否定された原因の後に、真の原因、例えば真犯人などが提示されないわけで、心理的空白が生まれている。意識のなかで、原因と結果が完結しないために、今まで信じてきた原因（免田の犯行）をそのまま残すことで安定しようとしているのではないか」。社会学者としての丸山の指摘だ。

　丸山は免田事件の捜査に、「予言の自己成就現象」をみることができる、と言う。「予言の自己成就」とは、例えば、銀行倒産のうわさがうわさを呼んで取り付け騒ぎが起き、ついには大量引き出しによって現実の倒産を招くこと。いわばうわさが独り歩きして現実をつくり上げるわけだ。「免田事件でも、確かな証拠がなく、見込みが先行して犯人を作り上げている」と丸山は言う。

　丸山は八代市出身。助教授を経て57年、教授になった。社会学者として、「水俣病」を見続けている1人でもある。「実証的にもっとつめてみないと分からないが」と前置きして「免田事件と水俣病における地域の差別感の問題が重なり合う部分

があるのではないか」と言う。

　他人にレッテルをはることで、自らを納得させていく社会。免田の場合は死刑囚というレッテル。しかも、その免田への例えば9000万円の補償金。「わずかな差異が反発を生んでいく。差別する者をつくり出すことで、自らを慰謝していく構造は、例えば水俣病の補償金をめぐっての地域感情にみることができる。それは"攻撃"のはけ口を弱者に向けることで成り立っている。しかし、差別している人間も、実は差別されているという社会だ。そのシステムを、支配する側はうまく利用しているのではないか」。

　丸山は続けた。「自立した一定の豊かさがあれば、そういう感情は出てこないだろう。社会のなかの庶民が解放されていないことの証明でもある」。

藤本事件

　地域の差別感情という点では、忘れられない特筆すべき事件がある。免田事件から3年ほどたった昭和26年、熊本県内で起きた藤本事件である。

　昭和26年8月1日未明、熊本県菊池市の藤本算（当時50歳）方にダイナマイトが投げ込まれ、算と4歳の次男が軽傷を負った事件で、同じ地区の藤本松夫（当時29歳）が逮捕され、27年6月、熊本地裁の出張裁判で懲役10年の判決が言い渡された。判決理由では、算が水源村役場に勤務中、県衛生課の調査に対して松夫をハンセン病患者として報告したのは悪意による密告であると恨み凶行に及んだとされ、証拠として、松夫の家から捜索して発見された導火線と布切れなどが挙げられた。松夫は逮捕以来犯行を否認し、特に証拠物については、家族ともども身に覚えがないと述べていた。

　松夫は、控訴審中の27年6月16日、国立らい療養所菊池恵楓園内の熊本刑務所代用留置所から脱走。ところが3週間後の同7月7日、同村内で算の刺殺体がみつかった。そして6日後、松夫が同村内で発見され、「単純逃走・殺人罪」で逮捕された。松夫は逮捕の時、銃弾で打たれていたが、取調べは、銃弾の貫通した腕の痛みを無視し行われたという。

　熊本地裁は28年8月29日、死刑の判決。32年8月23日、最高裁で確定する。判決は証拠として、逮捕直後の供述、刺し身包丁の存在と親類の供述を挙げたが、供述は、本人の痛みを無視して作られたもので、刺し身包丁には血痕付着の証明が得られず、親類の供述も、犯行自認の告白という程度のものだった。ハンセン病に対する偏見と差別――。第一審は、熊本医療刑務所菊池支所（ハンセン病患者のみ収容）の特設法廷で行われたが、裁判官、検察官は白衣を着用、証拠物

などは金のハシでつかむという、異様な裁判の進行だった。

　松夫は、無実を訴えて再審を続けた。3度目の再審請求が出されたのは37年4月23日。親せきの新しい証言も得られた。病気への差別と偏見の怒りから、患者たちも救援に立ち上がり、支援活動も高まってきた。しかし、突然、刑の執行がなされる。同9月11日、法務大臣の執行命令。9月13日、再審請求棄却。翌14日早朝、熊本から福岡刑務所へ護送され、房に入れられることもなく、そのまま刑場へ連行される。あわただしい刑の執行だった。遺書を書く時間さえ与えられなかったという（「全患協運動史」より）。

対談：免田事件、今に問う

倉田哲治　弁護士（免田弁護団）
横山晃一郎　九州大学教授（刑訴法）

　免田再審は、わが国刑事裁判史上初の死刑囚に対する再審だったが、捜査、司法、さらにはマスコミと問われたものも多かった。また昭和59年3月と7月には、同じ死刑囚再審の財田川、松山両事件にも無罪判決が出され、改めて刑事司法の課題が浮き彫りにされた。免田弁護団の1人倉田哲治弁護士と、再審に詳しい横山晃一郎九州大学教授に、免田事件を検証してもらった（聞き手・松永茂生熊本日日新聞社社会部長）。

裁かれた捜査司法

　——まず、河上判決の評価から伺いたい。
倉田　論旨明快に無罪を断じている。法律用語ではないが、灰色無罪、つまり犯人らしいけど証拠が十分ではないというケースがあるが、判決は真正面から無罪を言い切っており、高く評価したい。
横山　いい判決だと思う。単刀直入、事件そのものに入り、スッキリ、アリバイを認めたのは、よかった。ただ、判決当日、報道機関のテント村にいたが、アリバイを認めたと聞き、ちょっとびっくりした。第六次までの再審請求の過程からアリバイ成立と言いにくい状況だった。専門家筋では「疑わしきは……」でいくのではの観測が強かった。
倉田　僕自身もそうだった。ただ、免田君は最初からアリバイを主張していたものの、それが崩されていったわけだ。「西辻決定」でアリバイが証明されたが、取消された。再審請求では、証拠が新しくて明白でないとだめなわけで、その段階でアリバイ主張はできなくなり、いわばタブーになった。だから六次再審ではアリバイを避けて開始決定に持ち込んだ。
横山　今までの再審請求の経過を知っている者ほど"アレッ"という受け止め方をしたように思う。だが、再審公判はいわばやり直し裁判だから、請求段階にとらわれずに全体を検討できるわけだ。
倉田　ナタの血痕など争点はたくさんあったが、アリバイをやればあとはいらないんですよね（笑い）。
横山　判決にもどると、事実認定のやり方がひと味違っている。今までは、供述

倉田哲治弁護士

証拠に寄りかかって、それに合う物的証拠を探すやり方だが、河上判決は物証から考えていくという方法をとっていることだ。供述証拠でも、さりげなく出てきたものを採り上げている。

　——免田事件では、わが国の刑事裁判そのものが裁かれた面もある。問われたものをどうみるか。

倉田　まず、日本の裁判官の体質だ。自白偏重といういまわしい伝統、体質が裁判官の中にある。

横山　問われたものは3つあると思う。第1は、供述や自白に寄りかかった捜査や起訴。第2は、それをよしとする裁判官の意識そのもの。そして第3は捜査や裁判のやり方をそれでいいんじゃないかと思っているわれわれ国民の意識だ。

倉田　「国民が裁かれた」という視点は大切だと思う。本書にもあるように、無罪判決後も県民のなかに割り切れない感情がある。これは免田事件に限らず、松川事件でもそうだった。国民の間でも、裁判や捜査への見方そのものを問い直すべきだ。

　——それだけ、捜査も含めた司法への信頼が高いのでは。

横山　もちろんそうだ。ただ、後でも問題になると思うが、マスコミの犯罪報道で真犯人というイメージがつくられたという面もあるのではないか。お上は正しいという思い込みのうえに、間違いないとマスコミが報道する。それが三十数年後に違うと言われてもすぐには割り切れないだろう。

自白偏重がすべての根源

　——免田事件を生んだものは何か。冤罪の背景は。

倉田　捜査と裁判とに分けて考えねばならないが、警察のやっていることはこの30年間何ら変わっていない。よく冤罪事件が起きたころは刑訴法の変わり目とか言われるが今も同じ。冤罪はやっぱり自白というワンパターンで作られている。取調官や検察官も、自分がでっち上げをやっているとは思っていないけど、やっぱり、

自白したんだからと、思い込みで起訴する。自分がしゃべらせておいて。裁判官も自白調書があるからと有罪にしてしまう。自白がすべての根源になっている。

横山 確かに刑訴法切り替えの不慣れはあったにしてもそれが冤罪事件発生の最大の原因ではない。倉田先生が担当した土田・日石事件のように、自白追及、その自白だけに寄りかかった冤罪事件は、ごく最近でも起きている。その背景を考えると、どうしても「真」犯人を捕まえねばという捜査側の気持ちと、警察が熱心にやれば「真」犯人は必

横山晃一郎九州大学教授

ず挙がるもんだという一般の確信みたいなものが結びつき、犯人を製造してしまっている気がする。

倉田 何が何でも「犯人」を、ということでしょう。「真犯人」じゃない（笑）。

——一般的感情として、犯人でもないのになぜ自白するんだろうという疑問があるが。

横山 そういう疑問は、捜査の実情や、自白追及のすごさを知らない者すべてがもつのではないか。私のなかにもあった。松川事件の時だ。だが、心理的拷問のすごさ、異常な状況に置かれた人間の弱さ、それが分かるようになって、やっと理解できるようになった。だから、「なぜ自白するか」と問う人には「ではあなたはどんな状況でも絶対自白しない自信があるか」と問うことにしている。

倉田 虚偽自白は、まず疲労こんぱいだ。土田・日石事件では、警視庁の地下の窓のない調べ室で、夜12時近くまで調べている。留置場に帰れば、自殺の恐れがあるからと、パイプイスに座った刑事がまくら元でガタガタ音をさせながら監視する。しかも電気はつけたままだ。眠れずに3日もたてばだれでもまいっちゃう。肉体的、精神的疲労で、暗示と誘導にかかりやすくなる。免田弁護団の佐伯君が調べたものに「断眠の研究」がある。これによると、2日目から暗示にかかりやすくなり、3、4日目になると感情反応が起きないとの報告がある。

横山 自白の問題を考える時には、とにかく捜査段階で、やってないのに自白さ

せられる人がいるという事実から出発する必要がある。

問題残した再審公判

——再審免田事件は、わが国初の死刑囚の再審。新しく半仁田証言もあったが、再審公判の在り方について。

横山 一般論では、やり直し裁判だから新証人が絶対悪いとは言えない。ただ、半仁田証人はおかしいと思う。出て来かたもおかしいし、三十数年もたって初めて出て来た証人の記憶が確かかどうか極めて疑問だからだ。

倉田 検察は半仁田証人で、逃走経路の一部を変更してそれまでの主張を変えた。それにしてはおそまつな証人だった。ただ、再審公判では検察官の立証を制限すべきとの議論もあるが、それは賛成できない。弁護団だって新証拠を出して事件を崩したわけで、崩れた事件をもう一度立て直すために検事が新証拠を出しても許されると思う。もっとも、いいかげんなものでは困るが。

——免田事件では再審開始決定から判決後までの身柄の取り扱いをどうするかが問題になったが。

倉田 実は、法廷での即日釈放は意外だった。再審死刑囚の身柄については法律がない。免田事件では一番好ましい形で終わったが、その分、吟味が置き去りにされた格好だ。

横山 最後は検察がきれいに幕を引いた感じだった。再審公判で欲を言えば、判決の前に裁判所がきちんと身柄問題にケリをつけるべきだった。「立法論としてはともかく、現行法の解釈としては、再審開始決定が確定しても確定判決の効力は形式のみならず実質的にも消滅せず、確定判決の効力は再審判決が確定したときに失効すると解さざるを得ない」とう「見解」を出していた裁判所には無理だったかもしれないが。さかのぼっていえば、再審開始決定の時に刑（絞首）の執行停止と、拘置の停止もやっておけばよかった。

倉田 河上さんの見解をはじめとして、死刑囚の刑は絞首だけで、そのための拘置は刑ではないとの見方が一般的だが、これはおかしい。近づく刑務官の足音に毎日おびえながら日を過ごしているわけで、刑罰の中でも最も残酷なものだ。拘置は刑でないという議論は絶対納得できない。昭和59年3月6日に松山事件で仙台地裁が「裁判所の裁量で刑の執行停止ができ、刑の執行停止には絞首ほか拘置の停止も含まれる」との新見解を出したが、当然のことだ。

報道はもっと抑止的に

――それぞれの立場で、免田事件の教訓をどうみるか。

横山 刑事裁判は、犯人を捕えて罰するだけの手続きではなく、無実の者を処罰させない手続きだ、ということを確認する必要がある。今までは処罰することにアクセントがあった。検察官の、被告人が犯人だと言う主張を、細かく吟味することが裁判所の任務なのだ。

倉田 免田事件の特徴は、わが国初の死刑囚再審につきる。アリバイも含め、ある意味では30年も前に結論が出ていた事件でもある。繰り返すが、見込み捜査、そして自白の強要と日本の冤罪事件には共通したものがある。このマンネリから脱却しないと司法はダメになってしまう。また冤罪の温床に警察の留置場、いわゆる"代用監獄"が恒常化しているのも問題だ。

横山 誤判事件があると、警察、検察は内部で問題点の検討をする。だが、みんなマル秘扱いだ。だから反省は警察や検察全体に広がらないし、国民もどこが問題か分からない。今オープンなのは裁判だけで、裁判官の判断に少しだけ変化が見られると思う。

倉田 僕はそうは思わない。裁判は悪くなってますよ。土田・日石事件の時なんか、無罪を言い渡した後に、裁判長が「法と証拠の板ばさみになって苦しんだ」などとの所感を出して、あたかも犯人であるかのように言う。裁判官が「法と証拠の板ばさみで苦しむ」くらいなら辞めたらいい。エリート裁判官はこんなことを平気で言う。

横山 ただそういう人でも、あの事件では無罪を言い渡さざるを得なかったわけだ。昔なら有罪だろう。有罪にできないところに再審事件を闘ってきた意味があると思う。決して、賽の河原の石積みと同じではない。

――倉田先生は裁判を国民の手に取り戻そうと陪審を主張されているが。

倉田 陪審は、事実認定権を職業裁判官の手から、われわれ市民の手に取り戻そうというもの。無作為に選ばれた国民によって有罪、無罪を決めて、量刑を裁判官に判断してもらう。陪審というとみんな変な顔するけど、日本も戦前やっていたんですよ。

横山 私はもう一歩手前で、立場を転換させる試みをやったらと思っている。つまり、10年たったら裁判官には一度弁護士になってもらうわけ。今の裁判官の任期10年というのはもともとその考えに立っていたものだ。

倉田 法曹一元というのも、そういう意味でスタートしたはずだ。それが、思想的、傾向的なのをチェックする制度にすり替えられた。

横山 どちらかと言えば社会から隔離されたような位置で、庶民の感覚など分かりにくい裁判官に、例えば限界状況で自白させられた人の気持ちなど分からないのではないかと思う。公平にやろうという善意は信じるが……。気になることの1つに、裁判官に検事との交流はあるが、弁護士とは少ないことがある。

倉田 免田事件の第六次再審請求を棄却した熊本地裁八代支部の裁判長は今検事ですよ。おかしいと思う。

――最後になるが、犯罪報道も含めてマスコミについての評価を。

横山 報道の役目がこれだけ大きくなった時代はない。免田再審で報道の果たした役割は大きかった。ただ、犯罪報道は多分に警察サイドの情報に流されている面がある。もっと抑止的であって欲しい。極端に言えば犯罪報道に容疑者の住所、氏名、勤務先まであれほど正確に入れる必要はないのではないか。

倉田 土田・日石事件の時、警察が特別記者会見をやって「犯人4人を挙げた」と発表したが、実はその時はまだ1人が自白らしいものをしただけだった。警察の言うことをうのみにしない姿勢が必要で、ブレーキをかけてくれればと思う。被疑者にもプライバシーがあるのだから。

(対談は昭和59年2月2日、熊本市内で行われ、その後加筆してもらった。免田再審判決後の58年9月21日から連載を始めたシリーズ「検証 免田事件」が59年3月31日、182回で終わった後、連載の締めくくりとして59年4月2日付熊本日日新聞朝刊に掲載された)

終章 ◇ マスコミ

牧師一家襲わる

四人を殺傷
床板めくって出入

犯行は頗る大胆
国民服の色黒い小男

夜業途中に惨劇を発見

強盗か怨恨か
金品の行かぬ節ぶし

事件発生を伝える昭和23年12月31日付熊本日日新聞

人吉の四人殺傷

犯人十九日目に捕わる
金につまった青年のしわざ

嫁相談の青年にヒント
犯人検挙に八代地区署の第六感

犯人逮捕を伝える昭和24年1月19日付熊本日日新聞

終章　マスコミ

問われた報道姿勢

怖い記者の思い込み

　これまで、警察、検察、裁判所と、一つ一つ検討、「冤罪の構造」をみてきたが、問われたもののなかには、われわれマスコミの報道姿勢、取り組み方もある。事件発生から34年に及ぶ免田事件史をマスコミはニュースで、あるいは企画としてそれぞれの立場から報道してきた。
　「再審請求段階をはじめとして報道の役割は大きかった」と前置きしながら、弁護団の眞部勉は指摘する。「しかし、例えば被害者の山本ムツ子の話を報道するときには『あの目が忘れられない』といった内容だけ。彼女が公判廷では『現場で見たのは免田だ』と1度も証言していないことは全く書いていない」。眞部は、抑止的な報道を要望した。
　事実を伝えることを中心にすえたマスコミの報道は、社会のなかで一定の位置を占めている。そして、役割が大きくなったのに比例するように、批判の声も強まっている。
　「免田事件の判決前の予想で"灰色無罪"と書いた新聞もいくつかあった。刑事裁判の原則は有罪か無罪。"灰色"の言葉を使うことに、原則を踏みはずした記者の思い込みがあり、それが読者にそのまま伝わるのが怖い」と言うのは、弁護団の倉田哲治だ。一審で無罪となった土田・日石事件弁護団の一員で、「犯人逮捕前後のマスコミ報道は、ほとんど警察発表中心だった」と言う。評論家・青地晨の批判も厳しい。「取材源が警察や検察が多く、発表をうのみにする傾向は変わらない。犯人を凶悪な男に仕立てて、一般感情をあおる。一種のセンセーショナリズムで、冤罪と分かるとほおかぶりする。あまりに変化が激しい」。
　これまで免田事件報道にかかわった記者たちは、どういう思いで事件を取材し、報道したか？

獄中の免田と面会

　事件発生を伝えた熊本日日新聞は23年12月31日付。まだ2ページの新聞だが、社会面トップ。「祈禱師一家襲わる　四人を殺傷」の見出しに、「床板めくって出入」とある。次いで24年1月19日付。「犯人19日目に捕わる　金につまった青年のしわざ」の見出しで、免田と被害者一家の写真が載せられ、「不眠不休の捜査を続けた」との人吉市警松本刑事課長の話などがある。いずれも、かなりの量に上る記事で、当時の関心の深さをうかがわせる。警察取材が中心になった記事だが、担当記者は今は亡い。

　事件が再び熊本日日新聞で大きく登場するのは44年5月26日付「追跡する免田栄事件」。1ページを使った特集。取材したのは当時の社会部記者で、現在熊本日日新聞社編集局長平山謙二郎(ひらやまけんじろう)(52歳)だ。平山は、免田の支援者潮谷総一郎とのかかわりのなかで、事件に入り込んだ。平山は、獄中の免田に会ったほとんど唯一の記者だ。救援会のメンバーと称して、潮谷とともに福岡拘置支所へ。さすがに、嘘の肩書を書く時、手が震えた。この時の面会時間は約15分。まだ半信半疑だった平山は「私の目をしっかり見てくれ」と免田に言った。「センチメンタリズムかもしれないが」と言いながら、「真っすぐ見た免田の目は澄んでいた」。近くの大濠公園を歩きながら、潮谷と2人、「とにかく無罪の証明をやってみよう」と語り合ったという。

　以後、平山のアリバイ証人捜しが始まった。人吉・球磨の山中を日弁連メンバーや免田救援会の恒松義国(つねまつよしくに)らと一緒に歩き、なくなったナタを求めて、熊本地検八代支部の倉庫をひっくり返したりもした。免田の父・栄策にも会った。「中風の体をおして、『死ぬに死ねない』と泣いた姿が忘れられない」。

　「先輩をムチ打つことになるから」と平山は多くを語らないが、「少なくとも『西辻決定』の時、もっとマスコミが取り上げておれば、免田もこんなに長く苦しまなくて済んだはずだ。証人もたくさん生きていたし……」。「西辻決定」の直後、死刑囚の再審開始を伝える報道は各紙になかった。

　平山は29年入社。社会部時代は遊軍が長かった。57年7月から編集局長。「警察取材が中心の社会部記者は警察サイドからモノを見がちだ。冤罪の構造は報道する側にも責任がある。被疑者の言い分も聞いていく姿勢が今後ますます必要になっていくと思う」。平山の述懐だ。

冤罪防止の論理を

　「強盗殺人としての免田事件ではなく、再審事件としてかかわった」と言うのは

熊本日日新聞社東京支社次長の神山宗興(こうやまむねおき)(43歳)。神山は39年入社。荒尾支局長時代、当時荒尾署長だった免田事件の捜査主任・福崎良夫を知った。事件を語りたがらなかった福崎だが、神山には当時も免田を犯人と言う福崎の言葉のいくつかが強い印象で残っている。「(犯行を)やった、やらないの議論だけでは、現場を見ていない記者は何も言えない。問うべきは、有罪とした証拠に疑問があるという点だ。"時効"の問題もあるし、あの事件を今の時点で罰すべき根拠は何もないのではないか」。

水俣病取材に深くかかわった神山は、公害裁判で被害者側が因果関係の立証責任を負うことに疑問を持っている。「被告側が無罪立証するのではなく、検察に改めて有罪立証させるべきで、それができない以上無罪とすべきだ」。

神山は54年9月の福岡高裁の再審開始決定時の本社報道部長。一線時代、司法担当記者でもあった神山には河上判決への不満もある。「アリバイ成立で無罪としたが、再審被告人のアリバイは極めてまれなケースだろう。三十数年後に、アリバイがあったと言われてもすんなり納得できない気持ちが一般にあるのではないか。判決の普遍的効果を期待する立場で言えば、無罪を推認すべき再審の理念と人権の確保という側面から早期救済する道をも開いて欲しかった」。神山は「差別」の問題を指摘した。「捜査上、ある種の差別意識があったと思うし、それは僕らのなかにもある」──神山は率直な反省を続けた。「容疑者段階で決めつけ報道し、最後は情緒的な無罪論では単にセンセーショナリズムの裏返しでしかない。冤罪防止の明確な論理がいる」。

51年4月30日。第六次再審請求の熊本地裁八代支部の棄却決定を取材した当時の熊本日日新聞社城南総局記者・平野有益(ひらのゆうえき)(33歳)は「再審の道は遠のいた」と解説記事を書いた。その後の開始決定、無罪判決をみながら、「警察、司法にも限界があることを忘れてはならないと思った」と言う。判決も誤るし、捜査にミスもある。一方で、被害者はいる。「複数の見方を忘れないようにしたい」と平野。平野は今、東京支社で政治取材が専ら。「少し冷めている」と言う。

一面的報道の反省

56年5月15日から始まった再審公判。当時の社会部長は橋元俊樹(はしもととしき)(44歳)。「読者に先入観を与える報道を避けることを第一に考えた」と言う。「キャンペーンと事実報道は別」との立場からだ。水俣病一次訴訟取材以来の持論で、「真実は法廷内にしかない」が口癖だ。

橋元は37年の入社。40年代の前半、日弁連の現地検証などを取材した。

社会部記者が長かった橋元は言う。「犯罪の報道は、起訴までは警察、検察に頼り過ぎ、公判になると弁護側に頼りすぎる。だから、どっちにも距離を置いていくことを意識した」。

免田事件では各社の特ダネ競争も激しかった。「無意味な競争と反省しながらも同じことを繰り返してしまう」と橋元。半仁田証言については、検察が無罪判決を意識的に"灰色"に近づけようとの狙いを持ってのリークだったのではないかとする意見が一部にあった。

「しかし」と橋元は言う。「現地支局に半仁田の姉を取材させ、前から言っていたとのウラもとれた。供述内容も具体的だったし、使えると判断した」。判決後の報道では「過多の感がある。本人のためにもそっとしておいた方がよかったのでは」と言う。「犯罪報道で、容疑者を悪者に、無罪者を英雄に仕立てるような一面的報道は考える時期にきている」。橋元の反省だ。

都市圏部次長・荒牧邦三（あらまきくにぞう）(36歳)。55年12月の最高裁での開始確定から58年7月の判決までを追い続けた記者。「担当することになって大変なことになったというのが率直な感想。編集局内も関心が薄かった」と言う。当時、一般には「免田の目付きが悪い」などという立場からの"クロ説"もあったという。再審公判はほぼ毎回取材。関係者への取材を続けた荒牧だが、アリバイ成立の河上判決は「意外な感じ」もあった。夕刊1面用の記事を書きながら「ちょっと慌てた」と言う荒牧は「再審はやり直し裁判だから、証拠に基づいたアリバイ判断も当然でてくるものだが、やっぱり確定判決に引きずられた気持ちが自分になかったとは言えない」と振り返った。「新聞記者や新聞社が時に持っていながら気付かない不遜（ふそん）さのようなものを自省したりもした」。

荒牧は、新聞記者として差別問題に敏感に反応してきた1人。「免田が釈放翌日の記者会見で、事件を生んだものに『戦争』を挙げた。それは国民の中の感覚のマヒを言ったのではないか。人間性の喪失、ということを改めて考えさせられた」と言う。

事件報道の現場で

熊本日日新聞社天草総局長・村林孝彦（むらばやしよしひこ）(40歳)は、最高裁での再審開始の確定から判決までの担当記者。「結果論だが」と言いながら、記者としての"白黒心証"に、何度かの変遷があったことを語った。最初は、原第一審を知る裁判所関係者からの"感触"だった。しかし、その"クロ心証"も捜査と調書のズサンさを知るにつけ、逆に疑問が深まった。その疑問は当時の捜査や留置場

の管理の実態を聞くにつれてさらに深まっていった。

　その村林が「ショックだった」と言うのは半仁田証人の出現。検察が半仁田証人を用意しているとの記事は熊本日日新聞のスクープでもあった。埼玉の自宅で証人をインタビューした村林は今も、半仁田証言をデッチ上げとする意見には疑問を持つ。半仁田証言に作為は感じないと言う村林だが、しかし、「目撃した日時に記憶違いがあるのでは」と言う。

　免田事件を生んだものを「当時の捜査体制」と言い切る村林だが、一方で「現在の犯罪捜査はもちろん、警察全体のレベルは確かに上がった」と「99％の信頼」を語った。

　村林は43年入社。10年近い社会部生活をほとんど警察担当記者として過ごす。この間、県警の誤認逮捕が2件あったという。苦い思い出もある。事実の裏付けが不十分で、結果的に誤った記事となったこと。「最近、書かれる者の立場をよく考える」と言う。

　58年7月15日。判決取材の現地デスクだった熊本日日新聞社会部次長・野方正治（40歳）は、52年から3年間、人吉支局長。福岡高裁の現場検証などの取材にも当たった。「歴史的瞬間に立ち会えたのは記者冥利に尽きる」と言う野方だが、「振り返ってみれば、報道のなかには一過性のお祭り騒ぎの面もあった。いかに本筋をきっちり押さえるか。今後の課題だ」と言う。「警察発表から一歩離れた冷静な目が必要だ。これまで真実に迫ろうとしながらも、結果的には警察サイドの見方をダメ押ししてきたのではないか」。事件報道の現場にいる野方の実感だ。

報道合戦のはぎまで

　マスコミ各社の報道合戦はし烈だったが、そのはざまで記者たちは何を考えたのか。

　植木幹（38歳）。朝日新聞記者。現在、北九州市警回りキャップ。記者生活の大半が"事件記者"。免田事件とのかかわりは53年末。「福岡高裁が事実調べを始めたころで、事件は知っていても、関心はなかった。それまで、再審請求は退けられていたので、54年9月、開始決定が出た時はびっくりした」。決定が出たのが、午後2時半。朝日新聞の夕刊締切りは同2時40分だった。「再審開始なら1面トップ、退けられればせいぜい3段（見出し）というところだろう。わずかな時間でそんな差し替えなんて出来ない。どこの新聞も夕刊に入れられず、号外で出した」。

55年10月から58年8月まで、熊本支局。検察側が、それまで所在不明とされていた凶器の刺し身包丁を、再審公判に提出することを報じた記事は朝日新聞の1面トップを飾った。植木のスクープだった。
　「再審請求段階では、証拠の新規性と明白性の判断だけだから、再審公判を一般事件の公判と同じように見れば、事実認定は大事なこと。判決がアリバイを認めてもおかしくない。むしろ、きちっとしていいのではないか。あれだけの証拠で死刑にできるのか、という思いが事件を担当した当初からあった。三十数年もかかったのは、われわれ新聞人がどうせ（再審は）無理だろうという論理で、真剣に取り組まなかったからじゃないのか」。免田事件取材を通しての植木の実感である。
　56年4月から読売新聞熊本支局に勤務している高田青児（37歳）は、「以前から被害者救済の問題をやっていて、制度はできたがこれでいいのかという思いがある。だから、再審とは別に、山本ムツ子の生き方に関心があった」と言う。
　「判決前に山本と会ったが、腹を割って話してくれた。『私たちはどうしたらいいのか。このままでは救われない』と言っていた。彼女が頭を切られたのは紛れもない事実。彼女の生き方は壮絶だ」。
　高田は西部本社社会部の遊軍記者時代、ネズミ講や川辺川ダム問題などの連載を手がけている。
　「三十数年たって真実を探すことのむなしさを感じた。免田の人生は何だったんだろうと思う。今は"時の人"として脚光を浴びているけれど、やっぱり、新聞に載ることもなく平凡な生活を送っていた方が良かったはず。免田が釈放後、『社会の牢獄にいる』と言っているが、そういう衆人の冷たい目、この罪は大きい。そこにまた報道の責任もある」と言って、高田は深いため息をついた。
　共同通信熊本支局の鳥崎一郎（30歳）は言う。「免田事件で問われた最大のものは、裁判とは何か、という問題だ。1つめは、裁判は誤りを発見して訂正する責任があるのにそれを怠ったこと、2つめは国民のなかに、裁判は真実を発見するものとの"幻想"があること、さらに3つめは、一見矛盾するけれども、それぞれの人間が判決とは違ったレベルで（有罪か無罪かの）結論を得ている場合が多い、ということだ」。さらに鳥崎は、「真犯人が分からない場合、被害者への補償は国家がすべきだ。それがないから、憎しみが免田に集まってしまう構造がある」と指摘した。
　熊本放送（RKK）の牧口敏孝（33歳）は再審公判前に、「嘘——三十三年目の証言」という報道番組を制作、56年の全国民放連最優秀賞を得ている。同

社では 47 年にも、免田事件を扱った報道番組「さびた扉」を制作していた。

牧口は、「先輩記者は警察から取材に入っていって、クロ（有罪）の心証を持ったと聞いた。それなら私は弁護団から入ろう、免田がやっていないと言っているのだから、その訴えを徹底的に聞いてみようと思った」と言う。「取材を通して、人間が生きることの意味を考えさせられた」と話す牧口だ。

おわりに

判決前、熊本日日新聞社記者の勉強会に講師として招かれた篠倉満・熊本大助教授がアンケートをとった。「免田再審判決をどう予想するか」。結果は無罪、有罪、分からない、がそれぞれ 3 分の 1 ずつ。免田は無罪となって釈放された後も社会の「刺すような視線」のなかで生きているが、判決前、新聞社内でもこういう状況だったことを書きとめておきたい。

免田事件という鏡に照らされたのは裁判を中心にした刑事司法だったが、マスコミも論外ではなかった。再審判決時の熊本日日新聞社社会部長・松永茂生（51歳）は言う。「免田事件の教訓を報道の根底に据え続け"人権を守る報道"を心に刻みたい」。

熊本日日新聞社歴代取材記者やマスコミ各社の取材記者へのインタビューは、初めての試みだったが、みな率直に振り返った。最初は、職業としての記者の立場からのかかわりだったが、ある者は、自らが"予断"をもって書いた記事を反省し、またある者は自らの心証の変化を隠さなかった。

免田事件へのかかわり方も様々だった。捜査員、裁判所関係者、弁護士、さらには支援者。免田事件史 34 年の節目節目に、記者たちの眼があった。

しかし、記者も対象への"入り方"で「事実を見る眼」が微妙に違ってくることがある。免田事件でも、捜査の側から事件報道に関与した者と例えば支援の側からかかわった者との間では微妙な"差異"があった。真実にたどりつく道の違いと言えばそう言えなくもないが、しかし、そこに記者の予断が生じる余地があることも事実だ。それぞれの道で見るべきことを見えなくさせてしまう"エア・ポケット"があるようにも思えた。

深い戒めとしたい。

免田事件関係年表（敬称略）

昭23・12・30	午前3時30分ごろ、熊本県人吉市北泉田町225、祈禱師白福角蔵方で一家4人が殺傷されているのが発見された（起訴状では、犯行時刻は29日午後11時半ごろとなっている）
昭24・1・1	新刑事訴訟法施行
昭24・1・13	午後9時すぎ、免田栄、熊本県球磨郡一勝地村俣口の伊藤イチ方から連行される
昭24・1・14	午前2時30分すぎ、別件の窃盗容疑で緊急逮捕（人吉簡易裁判所への逮捕状請求書には、13日午後9時30分逮捕と記載されている）。午後3時30分、別件の弁解録取書作成
昭24・1・15	午前11時30分、別件について人吉区検に送致（起訴猶予相当の意見が付けられていた）。免田、殺傷事件の犯行の一部を認め、凶器は斧で人吉市郊外の飛行場跡に捨てた（埋めた）と自白。捜索の結果、発見できず、免田も自白を翻す
昭24・1・16	正午ごろ、免田、いったん釈放される。午後2時ごろ、強盗殺人容疑で緊急逮捕。午後10時30分、弁解録取書と自白調書作成
昭24・1・17	自白調書作成。ナタやマフラーなどを押収
昭24・1・18	自白調書作成。熊本地検八代支部に身柄とも送致
昭24・1・19	検察官作成の自白調書。勾留尋問で犯行を認める
昭24・1・28	住居侵入、強盗殺人、同未遂容疑で起訴
昭24・2・17	熊本地裁八代支部で第1回公判。殺意を否認
昭24・3・24	第2回公判。特飲店の接客婦の「30日宿泊」証言に対して、「泊まったのは29日だと思う」とさりげなくアリバイ主張
昭24・4・14	第3回公判。犯行を全面否認
昭25・3・23	熊本地裁八代支部、死刑判決
昭27・1・5	最高裁で死刑確定
昭27・6・10	福岡高裁に第1次再審請求（棄却）
昭28・2・11	熊本地裁八代支部に第2次請求（棄却）
昭29・5・18	同支部に第3次請求
昭31・8・10	西辻孝吉裁判長はアリバイを認め、再審開始を決定（熊本地検が即時抗告、福岡高裁が逆転の取消し決定。最高裁に特別抗告するが、棄却）
昭36・12・16	同支部に第4次請求（棄却）

昭38・12・20	国を相手取り、ナタなどの証拠物引き渡し請求の訴えを東京地方裁判所に（この訴訟で、ナタの紛失が明らかになる）
昭39・10・28	熊本地裁八代支部に第5次請求（棄却）
昭46・7・31	東京地裁は民事訴訟で、検察側のナタなどの紛失責任を認める
昭47・4・17	同支部に第6次請求（弁護側、新たな2つの鑑定を新証拠として提出）
昭50・5・20	最高裁の「白鳥決定」。「疑わしきは被告人の利益に」という刑事裁判の鉄則が再審にも適用されることを確認。以後、再審の門が開き始める
昭51・4・30	同支部、請求棄却
昭54・9・27	福岡高裁、再審開始決定（検察側が特別抗告）
昭55・12・11	最高裁が特別抗告を棄却。再審開始が確定
昭56・5・15	熊本地裁八代支部で再審第1回公判
昭56・6・5	同支部、弁護側の身柄釈放請求に対して、「確定判決（死刑）の効力は、再審判決が確定するまで存続する。死刑の執行停止は絞首の停止を意味し、拘置は含まない」と釈放を認めず
昭56・12・26	同支部、逃走経路を夜間検証
昭57・1・29	再審第8回公判。半仁田秋義証人が出廷、「事件の翌朝、被告人の実家で、震えながらかまどで暖をとる免田被告人を見た」と証言
昭57・11・5	論告求刑公判。検察側、再び死刑を求刑
昭57・12・3	弁護側が最終弁論で無罪を主張、結審
昭58・7・15	河上元康裁判長、アリバイ成立を認め、無罪判決。検察側、免田を即日釈放。34年余にして自由の身に
昭58・7・28	検察側、控訴断念。無罪確定
昭58・11・21	同支部、免田に9,071万2,800円の刑事補償決定
昭59・3・28	同支部、免田と弁護団に、1,716万5,494円の費用補償決定
昭61	最高検察庁が「再審無罪事件検討委員会」の報告書作成。免田、財田川、松山の死刑囚再審無罪事件を内部検討。免田事件では、自白強要と捜査の杜撰さを認め、捜査段階からアリバイが成立していた可能性を示唆している。

免田事件関係年表

参考文献

免田事件関係の文献は、雑誌論文など多数あるが、省略した。
ゴシックはタイトル名。

熊本県公安委員会、国家地方警察熊本県本部・**熊本県警察沿革史**（昭28）
上田誠吉＝後藤昌次郎・**誤った裁判**（岩波書店、昭35）
熊本県警察本部警務部教養課編集・**管内実態調査書**（昭37）
矢野伊吉・**財田川暗黒裁判**（立風書房、昭50）
青地晨・**冤罪の恐怖**（社会思想社、昭50）
熊本日日新聞社編・**熊本昭和史年表**（熊本日日新聞社、昭51）
日本弁護士連合会編・**再審**（日本評論社、昭52）
爆弾フレーム・アップ事件資料編集委編・**爆弾とデッチあげ——土田・日石・ピース缶事件**（たいまつ社、昭53）
青木英五郎・**日本の刑事裁判**（岩波書店、昭54）
岸盛一・**事実審理と訴訟指揮**（有斐閣、昭54）
後藤昌次郎・**冤罪**（岩波書店、昭54）
青木英五郎・**陪審裁判**（朝日新聞社、昭56）
佐藤友之＝真壁昊・**冤罪の戦後史**（図書出版社、昭56）
高杉晋吾・**地獄のゴングが鳴った**（三一書房、昭56）
前坂俊之・**冤罪と誤判**（田畑書店、昭57）
稲木哲郎・**裁判官の犯罪**（晩聲社、昭58）
榎下一雄・**僕は犯人じゃない**（筑摩書房、昭58）
高橋良雄・**鉄窓の花びら**（求龍堂、昭58）
日本の冤罪〔法学セミナー増刊〕（日本評論社、昭58）
Rバックオート＝日経サイエンス編集部・**目撃者の証言は信頼できるか**（日経サイエンス社、昭58）

『検証 免田事件』あとがき

　二人の姿と言葉が忘れられない。
　一人は免田栄さんの弟・光則さん。無罪判決後、土砂降りの雨に打たれながら、光則さんは涙を流し続けた。もう一人は、被害者の山本ムツ子さん。唯一の生き残り。「人間みんなに腹が立つ」。ムツ子さんはそう言う。光則さんとムツ子さん。二人に冤罪事件の残酷さを見る思いがする。
　本書は、昭和58年9月21日から翌59年3月31日まで、182回にわたって熊本日日新聞に連載した「検証　免田事件」に加筆、訂正したものである。連載を企画したのは、判決の余韻が続く58年7月末。死刑囚の再審無罪というわが国刑事裁判史上初の出来事の前で、捜査、司法への疑問、時代背景と社会、事件をめぐる人々……、様々な思いがあった。そして、なによりも根底には一過性に終わり勝ちなわれわれ報道への疑問が取材班にはあった。
　弁護団の荒木哲也弁護士の厚意で、判決全文を早めにもらって読み込む作業から入ったが、問題の根深さに改めて驚くことも多く、「検証　免田事件」に「全免田事件」を重ねたいとの思いが強まっていった。この間、数多くの人たちに会った。警察・検察の捜査側、裁判官、弁護士、支援者、家族、そして被害者。ある人は率直に振り返り、ある人は重い口を決して開こうとはしなかった。取材は、関わった人それぞれの「戦後」を検証していくような作業にも似ていた。
　連載を終えて、冤罪事件の根源にどれだけ迫り得たかと思うと、「未だし」の感が強い。見える世界が広がった分だけ、不知の領域が広がったと言えようか。「検証　免田事件」は、われわれにとって現在進行形の課題でもある。
　取材では、免田さんをはじめ日本弁護士連合会や弁護団、検察庁、裁判所、研究者と実に様々な人たちにお世話になった。団藤重光、本山亨の元最高裁判事も突然の訪問だったが、快く会ってもらった。連載中にアドバイスをいただき、しめくくりの対談を快諾された弁護団の倉田哲治弁護士と九州大学の横山晃一郎教授にも深く感謝したい。
　執筆は取材班が当たったが、部分的に球磨支局・松下純一郎記者、本社社会部・河村邦比児記者が担当した。このほか本社編集局、ならびに本社社会部にもかなりの無理をきいてもらった。

連載中の59年3月12日、再審財田川事件で無罪判決があった。免田さんの例も含めて再審無罪者の「自由」は文字通りの意味ではない。免田さんにとって今後の「生」が、本当に暖かい「生」であればと思う。

　本書校正中の59年7月11日、28年も前に「再審開始決定」を出した西辻孝吉氏が亡くなった。70歳。折しも再審松山事件の無罪判決の日。新聞の死亡記事を書きながら、「免田さん無罪」を聞いてこぼれた西辻氏の笑顔が浮かんだ。冥福を祈りたい。

　日本評論社の成澤壽信氏から出版の話があった時、序の口が幕内で相撲をとるような感があったが、優しい激励でなんとか日の目を見ることができた。無骨な文体と地味な内容をこうした本に変身させていただいた。感謝するばかりである。また、本書校正の労をとられた今村里子、吉川玲子の両氏にも感謝したい。

　　　　　　　　　　熊本日日新聞社「検証 免田事件」取材班　高峰武・甲斐壯一

第3部

判決以後の免田栄さん

寄稿 **免田栄被告　獄中三十余年　心の遷(うつろ)い**

潮谷総一郎

(1983年5月22日付、29日付熊本日日新聞)

　死刑囚として初めての再審裁判である「免田事件」の判決は（1983年）7月15日から熊本地裁八代支部で開かれることが決まった。30余年にわたって無罪を叫び続ける免田栄被告は獄中でクリスチャンとなった。逮捕時23歳の若者も齢(よわい)57を数える。長いいばらの道をたどってきた同被告の心の遍歴や近況などについて、免田被告が師と仰ぐ潮谷総一郎・慈愛園園長（熊本市）に寄稿してもらった。

"死刑囚"の十字架背負い、信仰の道に目覚める

　強盗殺人は犯罪のなかで、もっとも恐れられている凶悪犯である。その犯人は情状酌量の余地のない、死刑をもって当然の報いとするのが社会の常識となっている。強盗殺人は人非人の業であるから生かしておけないという社会通念のなかで、反対に、強盗犯人といえども生存価値があることを、私は実例をもって強調したい。

　なかでも、全然自分に関知しない、身におぼえのない強殺事件をおっかぶせられて、いわゆる無実の罪で死刑の宣告をうけて、拘置所に懊悩(おうのう)の日々をおくっている人がいるならば、なんとかして救助しなければならないことを痛感する。

　それは、全くのところ他人ごとではない。いつそのような状況が自分自身に起こらないとは限らないからでもある。人の生きる権利を無実の罪で無理に剥奪(はくだつ)されようとする事態は人権の冒涜(ぼうとく)であり、そのようなことがゆるされるならば、世はまさに暗黒(あんこく)であり、私たちの社会生活は大きな不安におびやかされることになる。だから、凶悪犯の死刑囚に対して同情と救済の目を向けることは、特異な行為ではない。むしろ、人権を擁護するうえに大切な一般的要件を含むものである。人の生命は地球よりも重く、なにものにもかえがたい尊いものである。

　さて、私が死刑囚に関心をもつようになった経緯は、昭和24年師走もおしせ

まった15日に熊本県鹿本郡で強殺事件があって「女社長殺し事件」といわれたショッキングな事件の犯人が容易に自白しようとしないとき、その実姉が、「家族の面倒は私がみてあげるから全部を告白しなさい」と口添えしたことから、自供を妨げていた妻子への煩悩もとけた。

　犯人の述懐と心境が熊日紙上にのった。

「犯行後は、このままでは救われぬと思って幾度も自殺を考えた。生きる希望はないが子供のことを思うと自殺さえできなかった」。

　彼はキリスト教を研究して生きる道を発見したいと述べていたので、私は新約聖書と賀川豊彦の著書2冊を届けて激励した。その人は内田といった。その後、手紙がきて、

「私のような極悪人が救われるでしょうか。私に生きる望みがあるのでしょうか。私はやがて死刑になるのです。私を救ってくれる神がいるのでしょうか」

　そういっていた彼は、次から次へ拘置所に入所する新来者が煩悶しているのをみるに忍びず、運動時間に接近して、「信仰を求めよ。神を信じなさい」とキリストの話を手短に話して、多くの囚人に地獄で仏の役目を果たした。その数十人のなかの1人が免田栄であった。

　彼の周囲には、佐賀県の一家7人殺しの凶悪犯山田梅蔵をはじめ、10人近くの死刑囚がキリスト教信仰の求道を志すようになった。内田は一人びとりに信仰をすすめ、死刑の恐怖から逃れる術を教えた。私は昭和26年3月末に福岡拘置所に面会に行って7、8人の死刑囚に信仰の話をした。

　免田は面会後、7月7日付のはがきで私に通信連絡するようになった。そのころ、私は慈愛園総主事のまま東京・原宿の日本社会事業大学研究科に学んでいたが、

「誠におそれいりますが、日用品がございましたら御送り下さい。私は学問の程度のひくい者ですが、キリスト様の教えに、『心の清き者は幸福なり。その人は神を見ることを得べければなり』とあります。私はそれを思い出して、影日向なくザックバランに書きました。どうかお恵み下さい」

　免田栄のはがきは非常に読みづらく、文字も誤りが多く、いわゆるあて字で、前後のつながりも不明で3、4回くり返して判読して推量した。当時は物資不足で日常生活も不便していたので拘置所暮らしは差し入れも少なく、極度に困っていて、ある人は半分に切れた破れタオルを使っていたので、みんなにそれぞれに日用品を小包で送った。

　免田ははがき通信で次第に文字や文章が上達してきた。26年暮れの通信では

こんなことが書かれていた。

「私たち罪人のためにキリスト様が身代りになって、十字架を背負って下されたということを思います時、せまい部屋の中で淋しく暮して居りましても、なにか心に明るい思いがします。後は尚お信仰を学びたいと思っています」（原文のまま）

このくらいになると免田の気持ちも理解され、私は書籍や日用品を送って囚人生活を慰めていた。私が免田に面会したころは25、6歳の青年で、太陽から遮断された拘置所暮らしのためか顔色は白く、まゆが黒々として、あまり話さない中肉中背の男であった。目は澄んでいた。

山田梅蔵が賛美歌をうたいつつ13階段を上って、内田の隣室が空いたとき、免田は志願してその部屋に入れてもらった。木造の壁をたたいて内田のキリストの話をきいて、27年5月14日にはルーテル教会の内海季秋牧師から洗礼を受けるほどに精神の成長をみせた。

入信後に無実主張、"信仰中断"で再審を闘う

免田栄は、昭和26年12月に最高裁棄却で死刑確定となった。27年に再審申請を提出した。彼はもっとも苦しいときにキリスト教に入信して精神のやすらぎを求めたのである。

免田が再審申請をしたからであろう、私が拘置所に面会に行ったとき、内田は、

「先生、免田は第2回公判以来無実を主張して犯行を否認し続けています。バカの一つおぼえのように冤罪だとばかり言っていますが、いいかげんに自分の犯行を懺悔（ざんげ）するように先生から勧めて下さい」

と、相談をもちかけた。私は承知して別れたが、時機をみて手紙をながながと書いて送った。そして、自分のやった事実について神の前に、人の前に素直に認めて悔い改めなければ神の救いを受けることはできない。神の助けは改心して自分の真心を全開するときにこそ実現するのであることを勧めた。

ところが、そのことについて免田の返信はハッキリと無実を訴えていた。

「この事件に関しましては、私は全然覚えないのです。刑事らの謀略でつくりあげたと申してよいのです。事件のあった日は昭和23年12月29日であります。私の29日のアリバイは人吉市の丸駒屋にあるのです。30日もアリバイがあるのです。

しかし、刑事らは29日のアリバイである丸駒屋の女になにか裏の手をとり、

30日と申させているのです。それがために30日のアリバイが3ケ所にあるのです。現在、私は再審の手続きで父の方にお願いしてアリバイの証人を探してもらっていますが、いまだにわかりません。田舎者ですからなにもかもわからず、依頼してもあとさきになる（すれ違いになる）ことばかりです」。

今まで精神的な信仰のことばかり書いていて、自分の事件には一言もふれていなかっただけに、私は少なからぬショックを受けた。

免田の苦悩は1日違いのアリバイにあった。

いや、29日事件当夜のアリバイ証人がいるにもかかわらず、検事や裁判長が採用してくれない。それは30日のことだと認定して、免田は犯行現場にいたと断言した。

免田はこれを冤罪だと言っている。

私は単純には免田の訴えを認めなかった。警察、検察、裁判所の正しさを常識として信じていた。だからそのまま放っておいた。ところが、免田の手紙は必ず誤判を訴えてくる。

「私がなんと申しましても、現在一審より三審まで審理が済んで、そのうえで死刑という刑を受けているのですから、社会の人は信じてくれる者はいないと思いますが、今の体で最後の審判を受けることは神に対して申し訳ありません。

この世で、己の弱きがために殺人罪という名を残すことはたえきれません。何とか正しいことを通して頂きたいのです」

免田の真実性はだんだん私の思考を変化させて（免田の言っていることは本当かもしれない）、手紙の脈絡に無実の罪の雪辱を訴え、自分が死を免れるだけでなく、神の正しさを明確にしなければすまぬと主張してやまない。

私は一審の本田弁護士に会った。開口一番、

「免田は真犯人ではありませんよ。裁判には敗れましたが私は信じています。証拠は免田の自供書だけです」

裁判調書に目を通し、アリバイ証人を北九州に探し出して、28年にその証明書を追加して再審の陣容をととのえた。その結果、31年8月10日再審決定となった。喜びもつかの間、検事の即時抗告、34年4月再審取り消し。日本弁護士連合会に救援を訴え、最高裁長官田中耕太郎、法務大臣瀬戸山三男、衆議院法務委員長大久保武雄に陳情、北海道から鹿児島までの知人友人の5000人署名押印集め等、私と免田の共闘が続いた。

あるとき免田に面会すると、

「先生、しばらくキリスト教信仰を中絶します。そして闘いに専心します」

と言う。

　真意がわからぬまま、
「それはいけない。信仰心が本源になってはじめて勝利があるのだから」
とたしなめた。彼は信仰をやめてしまうのではない。一時停止するが再び信仰に進むという。思うに敵を愛せよとか、右の頬を打たれたら左の頬をということでは闘えない。心底から司法制度、そのからくりを憎んでかからないと闘いにならないと考えているようだ。死刑確定と再審決定の両判決を受け、再審決定を3度も獲得して、なお再審裁判を2年間も続けている免田の心情は複雑である。
「幸いにして司法当局も最近はかなり進んだ態度を示す姿勢がみえ、東北で問題を投じている松山事件は地裁が再審棄却したものを控訴審が原審に、審理不十分で差し戻したという。

　日本の裁判に前例のない事件が生じ、事件関係者はさらに希望を大きくして活動を強めています。

　これだけの姿勢を司法が示すように変わったということは、最近、再審に対する世間の注目が厳しく、（司法担当の）先輩後輩の肩もち、メンツ、名誉というものにこだわっている古い思想では、不信が生じてくることに気づいたのでしょう」

　司法の頑固一徹、再審要件の狭き門をいやがうえにも細めて、たれも通さぬ気構えに立ち向かっている免田栄の手紙は、このような文章となって続々と送られてくる。

　死刑の壁に閉じ込められての闘いである。真実のみが彼のよりどころとなっている。

（注―この原稿は、獄中にあった免田さんの最大の支援者だった潮谷さんに、1983年7月の再審判決を直前にした心境を熊本日日新聞に寄せてもらったものだ。判決前の記事だが免田さんと潮谷さんの心の軌跡がよく分かるので収録した）

「ずさんな捜査だった」
── 最高検が内部文書で痛烈批判 ──免田、財田川、松山の三大冤罪で報告書

(1989年1月24日付熊本日日新聞)

　昭和58年から59年にかけ、相次いで無罪判決が出された免田、財田川(香川)、松山(宮城)の各死刑囚再審事件で、最高検察庁が庁内に「再審無罪事件検討委員会」を設け三大冤罪事件を検討、詳細な報告書を作成していたことが23日、関係者の話でわかった。同委員会は、最高検刑事部長らで構成され、59年から検討を続け、61年に報告書が作成された。

　報告書では、免田事件の捜査を「ずさんで泥縄式」とするなど痛烈な内部批判を展開。免田事件では、初期の段階で既にアリバイが成立していたともとれる指摘もあり、関係者の関心を集めそうだ。

　また、報告書は警察の捜査を「自白偏重の傾向がある」として、警察捜査への検察の指揮強化を求めている。

　免田事件では、警察から検察への事前の協議がなく、松山事件では、捜査会議への検察官の出席を好まなくなったことから検察官が出席しなくなり、捜査状況の把握ができなかったと反省、検察官は「冷徹な目で事件をチェックし、指揮、指導すべきだ」と"検察主導"を強調している。

　さらに報告書は、財田川事件の反省のなかで、現在、議論を呼んでいる警察の留置場を代用監獄として使用する問題も検討。取り調べ状況に強い関心を寄せる裁判所の意向も踏まえて、「警察捜査の影響を遮断する」ためにも「重大事件や警察の取り調べに苦情が出た事件については、代用監獄から適切な時期に拘置所に身柄を移し、検事中心の捜査が必要」としている。

　また「弁護人との接見の回数や時間も増やすべきだとの意見も有力」と紹介して、代用監獄や現行制度の問題点を認めた内容ともなっており、代用監獄の恒久化を狙ったものだと日弁連などからの批判が強い、拘禁二法の議論にも影響を与えるものとみられる。

　今回の最高検の報告書について、免田事件などに詳しい熊本大法学部の篠倉満・助教授(刑訴法)は「あれだけの重大事件なのに、警察、検察とも、考えられないようなずさんな捜査だったようだ。死刑囚が三人続けて再審で無罪になっ

たのは、世界でも例のないこと。検察にとっては"恥"かもしれないが、この教訓を生かすためにも、報告書をオープンにして、幅広い議論を起こすべきだ」と語っている。

　免田事件　昭和23年12月、人吉市で祈禱師一家4人が殺傷され、翌年1月、免田栄さんが別件逮捕後、自供。一審途中で否認したが、26年、最高裁で死刑判決。6回目の請求で再審が開始され、58年7月、熊本地裁八代支部で無罪が確定した。

　財田川事件　25年2月、香川県財田町で、ヤミ米ブローカーが殺され、同年4月、谷口繁義さんが別件逮捕後、自供。公判途中で否認したが、32年1月、最高裁で死刑判決。2回目の請求で再審が開始され、59年3月、高松地裁で無罪が確定。

　松山事件　30年10月、宮城県松山町で、農家が全焼、焼け跡から4人の惨殺死体が発見され、斎藤幸夫さんが同年12月、別件逮捕後、自供。その後否認したが、35年11月、最高裁で死刑判決。2回目の請求で再審が開始され、59年7月、仙台地裁で無罪が確定。

不在証明当初から
―― 最高検の報告書にみる免田事件

(1989年1月24日付熊本日日新聞)

「泥縄式捜査」――関係者の証言で23日明らかになった最高検察庁の「再審無罪事件検討委員会」の報告書は、免田事件の捜査をこう指摘している。わが国で初めて確定死刑囚が一転して無罪になった免田事件。報告書は、自白偏重だった捜査を検察自らが認めるとともに、再審判決で認められた免田栄さん（63歳）のアリバイが、初期の段階で成立していた可能性をも示唆するなど、厳しい反省の言葉が続いている。

　新刑事訴訟法施行(昭和24年1月1日)直後の捜査となった免田事件。報告書は、捜査に戸惑いはあったとしながらも、綿密な周辺捜査もなく、被告が捜査線上に浮かぶとすぐ同行を求めているのは、「自白強要と言われても仕方がない」と言う。
　三大冤罪事件で警察の初動捜査に一番問題が多いのは免田事件として「それぞれが得手勝手に捜査し、捜査主任は、他の捜査員が収集した証拠をよく検討していない」と批判、「自白調書には、客観的事実との不一致や重要な事実の欠落など、不自然、不合理な点があり、ずさんなものと言わざるを得ない」としている。そして、自白で捜査全体に緩みが出て、「被告人の言い分をじっくり聞こうとした形跡がない」と、自白偏重だった捜査を浮き彫りにしている。
　さらに、検察の捜査についても、検事の警察捜査への指揮もなかったほか、拘置中に検事による取り調べが行われていないことや、検察庁内部の協議も不十分だったことを明らかにしたうえで、「現在では考えられない」捜査としている。
　免田事件の再審判決は、被告のアリバイを認めて無罪としたが、報告書に特徴的なのは、初期の段階で検察自らアリバイの成立を認めていたともとれる指摘を行っている点だ。
　原第一審第3回公判で、被告が全面否認したため、検察が補充捜査を行っているが、再審判決は、補充捜査で収集された証拠や供述を、無罪の大きな根拠とした。
　報告書は、当時の補充捜査で得られた新しい証拠の吟味もなされておらず、「重

要参考人の調べも警察にまかせるなど、まことに解せない、ずさんな捜査」と指摘。「被告人のアリバイ主張に沿うような証拠もでてきているのに、十分な解明をせず、裁判所にも出さずに不提出記録につづっている」と厳しく批判して、当時きちんとした捜査がなされておれば、アリバイが成立した可能性があることを示唆している。

　こうした反省に立って報告書は「公判途中の補充捜査で、被告人の犯行が疑わしいような証拠が出た場合には、いきがかりを捨て、一層緻密な捜査を続けて真相を解明し、決して無辜の者を罰することのないよう公平な態度で当たるべきだ」と戒めている。

無罪判決から10年
九州大学が市民アンケート
──２割がなお犯人視。偏見根強く残る

(1993年6月30日付熊本日日新聞)

　免田事件の再審無罪判決から10年。九州大学法学部の刑事訴訟法ゼミ（大出良知教授、24人）は熊本、福岡両県で、判決をどう受け止めたかを聞くアンケート調査を実施した。その結果、アリバイが認められての無罪にもかかわらず約二割が免田さんを犯人視していること、捜査から判決に至る刑事手続きへの信頼は厚いが、無罪判決で警察や裁判所などへの信頼度が低下したことなどが明らかになった。13項目の調査から主なものを大出教授の解説と併せて紹介。また、1日から「免田再審　判決十年の意味」の連載をスタートする。

　判決は司法制度や報道の在り方に反省を迫ったが、一連の冤罪事件判決を、国民がどう受け止めたのかはこれまで明らかにされてこなかった。このためアンケートは「社会の中での再審無罪判決の意味」を検証しようと事件現場の人吉市、免田さんの出身地の球磨郡免田町、八代市、熊本市、福岡市からそれぞれ200人、計1000人を選挙人名簿から無作為抽出。2月に調査表を郵送し、315（男性159、女性155、不明1）の有効回答を得た。

　それによると、「免田事件を知っている」と答えたのは213人。しかし、具体的に「無罪判決の理由まで知っていた」のは60％と、判決が明確にアリバイを認めた事まで知っている人は比較的少なかった。以下「知っている」人の回答から──。

　免田さんに対する印象＝設問１＝では、「犯人なのかどうかはわからない」と迷っている人が65.1％と最多。一方「犯人の印象がぬぐいきれない」が22.6％もいたのに対し、「犯人のはずがない」と判決を信頼している人は8.5％。犯人視する傾向は、地元に近いほど高かった。

　迷ったり、犯人視している理由＝設問２＝は、「長時間たってからのやり直し裁判では真実はわからない」という答えが48％と最多。しかし、逆に言えば再審の道が狭く、再審実現までに長期間かかる現状では、無罪判決が出ても、ど

の被告もこうした疑念を持たれることになってしまう。

続いて「一度は自白した」と自白の重みを挙げた人が15％。「ほかに犯人らしい人がいない」という答えも13％いた。

また無罪判決を知った時の印象＝設問3＝は、「真犯人はいったいだれなのか」(67％)「間違ったままの死刑執行を考えると恐ろしい」(53％)「被害者がむくわれない」(52％)「二度と冤罪が起きてはならない」(52％)「免田さんはなぜうその自白をした？」(44％)の順に多い。死刑から一転、無罪となった判決への、市民の複雑な胸中をうかがわせた。

一方、無罪判決で、警察に対し37％、検察32％、裁判所31％、マスコミに28％の人が「信頼度に変化があった」と答えた。変化の内容＝設問4＝は、「ある程度信頼→あまり信頼していない」の変化が四者とも最も多く、そろって信頼度を下げた。裁判所については「全面的に信頼→ある程度信頼」が21％を占めるなど、相対的に信頼度の高い検察・裁判所が急落。マスコミに対しては「あまり信頼していない→まったく信頼していない」という厳しい評価が13％もあった。

冤罪を起こした責任の重さ＝設問5＝については警察が最も重く、検察、裁判所の順。これは容疑者が接する順でもあり、最初に接する機関ほど責任が重いと考えていることがわかる。以下マスコミ、本人と続く。

刑事手続き全般への信頼度＝設問6＝は、「全面的に信頼している」は7％と少ないものの「ある程度信頼している」(61％)と合わせると、約7割の支持を集めた。以下「どちらともいえない」が14％、「あまり信頼していない」が10％、「まったく信頼できない」という回答も3％あった。この13％の「不支持」を高いとみるか、低いとみるか、議論の分かれるところだ。

司法を問い直す免田事件

　　　　　　　　　　　　　　　　　大出良知（九州大法学部教授）

免田事件無罪判決から10年。事件の教訓は生かされてきたのだろうか。それを確かめるのが、今回のアンケート調査の目的だった。

免田事件が無罪になった翌年には、やはり死刑が確定していた財田川、松山の両事件も相次いで再審で無罪となり、わが国の刑事手続きの在り方が、根本的に問い直されることになった。とりわけ、免田事件の結果は重大だった。

というのは、免田事件の無罪が、アリバイ（不在証明）があった事を理由にしていたからだ。しかもそのアリバイは、「記録に残された古色蒼然たる貴重な数点の物的証拠」（判決）によって証明されていた。つまり、事件発生当時から存在し

ていて、時間の経過の影響を受けない物的証拠によって、明白な無罪が証明されていたということだ。およそあってはならない大冤罪であり、財田川、松山の両事件も大同小異だった。

　ということは、明白な証拠がないために、有罪とされた冤罪が多数存在することを推測させる。その原因を究明し、防止策を講じなければ、再び冤罪が生まれることになる。

　なぜ免田さんを逮捕したのか。なぜ虚偽の自白があるのか。なぜ、その虚偽の自白を見抜けなかったのか。なぜ、アリバイは認められなかったのか——。この10年間、法律専門家はこの「なぜ」に答える責任を負わされてきた。ところが目に見える成果は、当番弁護士の全国的実施ぐらいである。その消極的な動きの背景には、刑事手続きについての市民の意識の消極性もあると思われてならなかった。そして調査はその懸念を裏付ける結果となった。

　主な点を挙げれば、まず第一に、「設問1　現在の免田さんに対する印象は？」で「犯人の印象がぬぐいきれない」あるいは「わからない」という回答が、圧倒的多数を占めた（87.7％）。これでは、手続きの在り方を問題にする姿勢にはつながらない。しかもその理由は「設問2」で「長時間たってからのやり直し裁判では真実はわからない」が一番多い（48％）。これも問題である。前述したように免田事件の無罪は時間の影響を全く受けていない。とすれば、判決の理由や根拠が正確に伝わっていないということになる。

　現に、免田事件について知っている内容を聞いた別の設問では、「事件の発生地」「殺人事件であること」「死刑になっていたこと」などは知っていたという回答が多かったが、「アリバイで無罪になったことを知っている」という回答は最も少なかった。責任は伝える側にもあろう。

　第二に、「設問2」でも明らかなように相変わらず自白の存在が呪縛力を持っている。捜査当局が、いかに簡単に虚偽の自白を引き出すか、まだまだ理解されていない。また、それゆえに今も代用監獄（警察留置場）は廃止されず、密室での取り調べは続けられているということであろう。

　第三に、事件と直接かかわりのある地域では、事件と直接関係のない情報によって犯人像が形成され、そうした予断が容易に払拭されないことも示されている。「設問2」で「ほかに犯人らしい人がいない」という回答はその典型。現に、6割は免田町からの回答である。

　そして、第四に、以上のような問題の基礎には、裁判所や警察に対する素朴な信頼感があると考えられる。「設問4　無罪判決後、信頼度はどう変わったか」

でも、ともかく「信頼している」からの出発が、圧倒的多数を占めている。

　このような実情を打開するには、まず捜査や裁判について、予断を避ける正確で十分な情報の提供が不可欠だ。それに加えて情報の受け手が、内容を吟味する姿勢も肝要だ。

　そのためには市民自身が情報の提供を求めると同時に、裁判傍聴をはじめ、より積極的に刑事手続きにかかわる方策を追求する必要がある。その意味で、最近全国に広がりつつある「裁判ウオッチング」は注目すべき動きだ。アンケートの回答の中にも、そうした積極的な姿勢が見てとれたことを付け加えておきたい。

連載　免田再審・判決10年の意味

(1993年7月1日―10日付熊本日日新聞)

　再審無罪判決から10年が過ぎた。事件の教訓は捜査に、裁判に、そして犯罪報道に生かされたのか。改めて検証したい。

(1)　元死刑囚の"肩書"

　路地から姿を現した免田栄さん(67歳)は、前夜からの大雨がうらめしそう。「きのうは、こぎゃん太かウナギの10匹ばかり捕れたバッテン、きょうは川には行けんな」。両手を合わせて丸く輪を作り、にこやかに語った。

　昭和58年7月15日も大雨だった。熊本地裁八代支部でアリバイが認められ、死刑囚としてわが国初の再審無罪判決を受けた免田さんは釈放直後、こう言った。

　「自由社会に帰ってきました」

　あれから10年。免田さんは「こうもしたい、ああもしたいと思いながら、10分の1もできなかった」とため息まじりに振り返る。死刑廃止や再審運動の団体に招かれ、多い時は月に10日以上も全国を飛び回り、冤罪の恐怖や刑事司法の改革を訴える日々。

　「向こうの世界を話してもなかなか理解してくれない。自分には関係ない世界と受け取られる」。

　免田さんは34年余りに及ぶ拘置生活を「向こう」と呼ぶ。行く先々で必ず尋ねられるのが「真犯人は?」「なぜ自白したのか?」「被害者をどう思う?」。九州大が行った住民アンケートでも「犯人だという印象をぬぐいきれない」と答えた人が22.6%。「犯人であるはずがない」はわずか8.5%だった。

　「真犯人とか被害者とかは司法の問題であって、私にはどうしようもできないこと、と答えるのだが……。アンケートの結果も感じていた通り。日本人の矛先は公の犯罪には弱く、私の犯罪には厳しい」。

　再審無罪判決が出ても、一度死刑の判決が出たという事実は重い。再審だけでは名誉回復には十分ではない――今も免田さんは目に見えない「元死刑囚」の"肩書"を背負って生きている。

家に居るときは花を作ったり、海や川に魚捕りに出掛ける免田さんの生活を「平凡ですよ」と妻の玉枝さん（56歳）。「最近はあんまりカラオケ歌わんね」と夫を見やって笑う。

判決から10年を機に映画製作の話が持ち上がった時、免田さんは乗り気ではなかった。「傷口を広げるようなことはしたくない」。そんな時、かつて三池労組の書記として長く炭鉱労働者の生を見続けた玉枝さんの言葉が勇気づけた。「隠れずに堂々と言うべきよ。生活が違うし生き方が違うから皆に理解してはもらえないけれど、一人でも分かってくれる人が増えればいいじゃないの」

玉枝さんは自分を含めて大勢の生き方を「中途半端な生きざま」と表現した。「免田だって"中途半端"な方がよかったでしょう。でも、過去の人生は切れない。引きずって生きていくのです」

免田さんの目が優しくなったと言う。脅迫、嫌がらせの電話はなくなり、やっと生活も落ち着いた。

「この10年、いろんな人と知り合えたことが私の財産。これからですよ」。

講演だけではもどかしく、未明に起きて机に向かう。「それからの免田事件」を執筆中という。名刺には「司法・宗教・民主化人権運動者」とあった。

「向こう以上に厳しい社会ですね」。ふと、免田さんがもらした。

(2) 死刑廃止運動

いつ処刑されるかもしれない死の恐怖と隣り合わせだった自らの体験をもとに、死刑廃止を訴え続ける免田栄さん。免田さんとともに、死刑廃止運動の象徴的存在になっているのが、元最高裁判事の団藤重光さん（79歳）。現行刑事訴訟法の生みの親で、刑法学界の第一人者だ。

「有罪とするのに合理的な疑いがある場合は、被告人の利益に」という刑事裁判の鉄則が再審にも適用されると解釈、再審の門を開くことになった「白鳥決定」に団藤さんは関与、免田事件の再審開始決定にもかかわった。10年前、「免田事件を長引かせたものは」との問いに、「白鳥決定が出るのが遅かったから。その意味では最高裁の責任が大きい」と率直に語った。

再び東京・文京区の自宅を訪ねた。

「どんなに審理を尽くしても、誤判の可能性がないとは言えず、また万に一つでも無実の人が処刑されることがあってはならない。刑法学者として頭では理解していたのだが、最高裁に入って（調書を通して）被告と接し、心から死刑を廃止すべきだと分かった」

団藤さんを明確な死刑廃止論者へと変えたのは、ある地方で起きた毒殺事件の上告審。有罪認定に誤りはなく極度に情状も悪いが、絶対に間違いがないか、一抹の不安が残り深刻に悩んだ。裁判長ではなかったが、死刑制度がある以上、やむなく死刑判決を支持した。ところが言い渡し後、傍聴席から「人殺し」という罵声(ばせい)を浴びせられた。その言葉が今でも心に突き刺さっているという。

　今年3月、3年4カ月ぶりに死刑が執行された。2つの拘置所で計3人。団藤さんは近く出版される『死刑廃止論』第三版(有斐閣)のはしがきに、こう記した。「次々に(死刑)執行されるようなことになれば、この平和なわれわれの社会において何と血なまぐさいことであろう。形式的には確定判決の執行とはいえ、実質においては殺戮(さつりく)である」

　「死刑廃止国際条約の批准を求めるフォーラム90」実行委の安田好弘弁護士(45歳)は、この死刑執行に「死刑を存続させるという法務省の強い意志、権力の怖さ、おぞましさを感じる」と言う。機会をうかがっていた法務省が、後藤田正晴氏という最も官僚的な法相を迎えて行った「計画的殺人だ」と非難する。

　その法務省や死刑存置論者が根拠としているのが、世論と被害者感情。総理府が平成元年に行った「犯罪と処罰に関する世論調査」によると死刑存置賛成が66.5％、廃止が15.7％。国民感情では死刑制度の存続を求める声が多い。

　「死刑は人権の問題であって、感情とか世論に依存するのはおかしい」と安田弁護士。

　「死刑によって被害者感情が癒やされるものではなく、補償制度を充実させることが必要。世論調査にしても質問の仕方が偏っているし、数字の見方もある。廃止の15.7％は政党の支持率に置き換えるなら、決して無視できない。この人たちが声を上げていく運動をしていきたい」

　安田弁護士はまた、死刑制度の弊害として、「(死刑を覚悟しての捨てばちの)連続殺人が起きたり、担当事件でも取り調べで犯行を認めなければ死刑になるぞ、と迫ってうその自白が取られたりしていた」と言う。受刑者たちを見てきての実感だ。

(3) 誤判を防ぐには

　「ボロボロになった記録を1枚ずつ読み直しますとね、アリバイを示す重要な証拠がまったく調べられてなかったんです。これでは死刑にするわけにはいかんと思いました」

　昭和55年12月、免田事件の再審開始を決めた最高裁第一小法廷。中でも

重要な役割を担ったといわれる谷口正孝元判事（76歳）が、初めて当時の心境を明かした。東京郊外の自宅。背筋を伸ばして語る姿は、とても大手術を終えたばかりには見えなかった。

物証よりも自白——。一連の冤罪事件で批判されたのは、捜査、裁判所の「自白偏重」の姿勢だった。その背景に、警察・検察段階での捜査の肥大化、裁判が捜査の追認の場になっているという「刑事裁判の形がい化」、法廷での証言よりも捜査段階の自白を信用しがちな裁判官の姿勢などが厳しく批判された。

「判決からもう10年ですか……。少しずつ良くなっているとは思いますが、本当に反省しきれたかといえば、自信はありません」。言葉を選びながらも、谷口さんは率直に語った。

自白の問題については平成元年、最高裁が主催する裁判官協議会で「取り調べ経過一覧表」の有効性が確認され、熊本地裁など全国の裁判所で活用されるようになった。「どうして裁判所はうその自白が見抜けなかったのか」。そうした批判を受け、いつ、どこで、だれが、どのような取り調べをしたかを検察側にまとめさせ、自白をチェックしようという考えだ。

音頭をとった最高裁事務総局の村瀬均刑事第一課長は「それまで自白が問題になった場合、被告側と検察側で水かけ論になりがちだったが、一覧表を使えばどの調べが問題か、争点が絞れて、自白についての心証が取りやすくなったのは間違いない」と説明。冤罪事件の反省から「事実の認定」という裁判の基本が、繰り返し協議会の議題にもされているという。

これに対し、「一定の進歩とは思う。しかし、もっとその方向を進めなければ問題は解決しない」と言い切るのは、元大阪高裁判事で、裁判官有志でつくる「全国裁判官懇話会」の世話人も務めた石松竹雄弁護士（68歳）だ。

懇話会でも早くから自白の信用性について議論してきた。石松さんは現職の身で平成2年、「刑事裁判の形がい化」を厳しく批判。今、改めて「取り調べの録音や弁護士の立ち会いなど、捜査の実態がよくわかるよう工夫すべきだ」と訴える。

また、心理学の立場から自白の研究を進めてきた浜田寿美男花園大教授は「拷問などしなくても、いかに簡単に虚偽の自白が生まれるか、今でも裁判官が十分理解しているようにはみえない。第一、最高裁は一連の冤罪をきちんと反省していない」と手厳しい。

続く刑事裁判への批判。「裁判官が捜査の批判者であることを忘れ、検察官の主張に追随し、被告人の言い分に耳を傾けようとしないことから誤判が生まれる」

と語る谷口さんは、とりわけ裁判官の姿勢を問題視してきた。

「捜査の適正化を進めるには、最高裁が証拠の取り扱いについてさらに厳格な刑事手続きを求める判断を示すべきです」と谷口さん。「問題は裁判官の意識ですが、今のままではいけないという若い裁判官たちの動きがある。私はそこに期待しています」と締めくくった。

⑷ 検察と警察

　免田事件の再審無罪判決は、捜査の在り方に厳しい反省を求めた。昭和58年から59年にかけ免田、財田川、松山と相次いだ三大冤罪事件で当時、最高検察庁は再審無罪事件検討委員会を設け、内部検討を行っていた。

　無期限の秘密扱いとなっている報告書によると、警察捜査の問題点として、「綿密な周辺捜査を行った上での検挙ではなく、とにかく連れてきて自白を得ようという態度」と、自白偏重の捜査を指摘。

　また自白そのものについても、供述の変転など内容の不自然、不合理な点をチェックせず、裏付けも不徹底、真犯人しか知りえない「秘密の暴露」や重要供述もない、などと分析。検警一体論的な仲間意識から脱却し、「検察官は冷徹な目で事件を見通し、的確に警察に意見を述べ、指揮・指導すべきである」と、検察主導の捜査を提唱している。

　この報告書が生かされているか。熊本地検の樋口禎志（よしゆき）検事正は「自白はいまでも証拠の王という考え方があるのは事実。物証は大王となるが、物証が続々出てくる事件は珍しい。ただ、自白の獲得方法が拷問や強制的だと問題だが…」と言う。

　また、「被疑者を長期間拘束し、密室で徹底的に追及して自白を得る」という批判に対し、樋口検事正は「ドイツの捜査勾留は原則6カ月、更新も認められる。フランスにおいては捜査勾留期間に制限がない。日本の23日間は極めて短期間」と反論する。

　県警の山田勲刑事部長も「自白のみで心証を得て捜査することはない。物証には最大の注意を払い、自白に至った経過、内容について十分な裏付け捜査を行い、慎重を期している」と述べ、検察、警察とも、現行刑事訴訟法への移行期に起きた免田事件と、同法から40年が過ぎた現在では捜査実務は質、内容とも格段に進んでいると強調する。

　しかし、暴力団道仁会系と山口組系の対立抗争事件では、取り調べ中の県警警察官の暴行が発覚。昨年3月、熊本地裁は判決で「暴行は捜査史上類がなく、

前代未聞の事件」と取り調べ方法を批判し、供述調書の信用性を否定。暴力団幹部4人に一部無罪を言い渡した。

　冤罪事件の反省から、警察捜査を指揮・指導すべきとされた、担当検事も公判で検察側証人として出廷したが、「なぜ自ら（暴行の）事実確認をしなかったのか」という弁護側の質問に対し、「大詰めを迎えていた捜査を進めるのが主眼だった。暴行に関し（被告たちが）あることないこと言って、収拾がつかなくなる危ぐもあった」と証言、対応を怠ったことを認めた。

　樋口検事正は「検事も捜査の中に入ると、それしか見えなくなる時もある。自戒しなければ」と言う。

　熊本地検次席などを務めた検察OBで筑波大の土本武司社会学類長（教授）は「逮捕されれば、あの人は悪い人だ、起訴されれば完ぺきに有罪だ、と思う日本の国民性からすれば、捜査・起訴には緻密さが要求される。しかし、冤罪事件が起きた当時と違い、刑事訴訟法が定着した今日でも、無理な取り調べによる自白の獲得で裁判が無罪となった場合、捜査官は厳重に指弾されてもいい」と言い切る。

　免田事件の教訓は今も問われている。

(5) **当番弁護士制度**

「冤罪をすすぐのがいかに大変か…。免田事件の教訓といえば、それが最大のものだ。冤罪はつくらないようにしなければいかん」。熊本からただ一人、免田弁護団に参加していた荒木哲也弁護士（58歳）は、しみじみと語る。

　冤罪の発生を防ぐ、という意味から今、注目されているのが平成2年暮れ、福岡県弁護士会が本格的な取り組みを始めた「当番弁護士」だ。熊本をはじめ、たちまち全国に広がり、"司法改革"の象徴的な存在になっている。

　「ここまで広がるとは、だれも予想していなかった。いかに必要とされていたかの表れだ」。当番弁護士生みの親の一人で、今も先頭に立つ美奈川成章弁護士（46歳）は、福岡市内の事務所で語った。

　当番弁護士とはイギリスの制度に学んだもので、電話一本で弁護士が逮捕直後の容疑者に無料で会い、アドバイスをする。今、国選弁護人制度があるのは捜査が終わった起訴の後だけ。起訴前に私費で弁護士がつくことは少ない。しかし、「免田さんも捜査段階から弁護士がいれば、冤罪はなかったはず」。美奈川さんは力を込める。

　当番弁護士の活動は多彩だ。電話を受けると警察に駆けつけ、留置場の容疑

者と面会。「やっていない」と言えば、うその自白をしないよう励まし、捜査側とも交渉する。家族との連絡も取り次ぎ、安心させる。犯行に間違いなければ、被害者との示談をまとめる努力も。容疑者の権利を守る、それが自白強要を防ぎ、冤罪防止にもつながるという。

「刑事裁判は捜査を追認する場でしかないと、弁護士の多くは刑事事件を敬遠してきた。しかし当番弁護士を経験し、弁護士もいろいろやれると意識が変わってきた」と美奈川さん。「恐喝事件が不起訴になった」「飲酒運転の誤認逮捕を明らかにした」。次々と報告が上がっている。

1年目、108件だった「出動要請」は、2年目に221件、3年目の今年も6月10日現在で183件と急増。熊本でも、3年3月の発足以来、70件以上の要請を受けてきた。「弁護士といえば金もうけ、という見方は変わりつつあると思うんですが」と美奈川さんは苦笑する。

影響は、多方面に広がっている。警察や裁判所が、制度を容疑者に知らせるようになった。最高裁は「裁判の活性化にもつながる」と協力的。当番弁護士の存在で、警察の取り調べや事件の発表が以前より慎重になったともいう。事件報道も「福岡では当番弁護士を通じて被疑者の言い分を聞くことが日常的になっている」という。

もちろん、いい話ばかりではない。要請の急増で、制度を支える財政はパンク寸前。さらに弁護士の確保の問題は急務。福岡では470人の弁護士のうち6割が当番を引き受けているが、いずれ不足しそうだ。

「確かに大変だが、何とかなる。それより、われわれが司法を動かすと実感できたことが大きい。これからが第一歩。刑事司法を本当に変えてこそ、免田事件の反省が生かされたと言える」と語る美奈川さん。

日弁連は、法務省との間で「起訴前弁護の国選化」の協議を開始。弁護士の間では、容疑者の人権擁護の観点から、刑事訴訟法の改正も話題に上っている。

(6) 犯罪報道と人権

免田さん逮捕当時の熊本日日新聞をみると、逮捕を伝える記事が大きな見出しで躍っている。「犯人十九日目に捕わる　金につまった青年のしわざ」。読者への印象は強烈だ。九州大学のアンケートによると、アリバイによる無罪判決が出たにもかかわらず、現在も2割の人が免田さんを疑っている。再審無罪判決は、犯罪報道の在り方にも厳しい反省を求めた。

免田再審判決の翌年、昭和59年10月に、県内で主婦が殺される事件が発生した。熊日は激しい取材競争の中、被害者の夫を"重要参考人"と誤って報道。真犯人が逮捕された後、夫へのインタビューとおわび記事を掲載、夫の名誉回復に努めた。

　事件にかかわった当時の社会部記者（40歳）は「警察情報のほかに、取材からの先入観があった。取り返しがつかない過ちを犯してしまった」と悔やむ。社会部では、同事件を教訓に警察取材に頼る危険性を自覚。記事を掲載した場合の社会的反響も考え、社会性のない微罪と自殺、軽度の交通事故などについては極力掲載しない方針を決めた。

　昭和62年には、日本弁護士連合会（日弁連）が熊本市で開いた人権擁護委員会で匿名報道の拡大を求めるなど、マスコミへの目は厳しくなる。平成元年末から、新聞は刑事裁判の「無罪推定の原則」から、被疑者呼び捨てをやめた。以後、被疑者名にも見出しにも「容疑者」が付けられるようになった。

　しかし、問題は残る。全国酪農業協同組合連合会からの送金で、中原利丸前県酪農業協同組合連合会長が詐欺罪に問われた裁判では6月、熊本地裁で無罪判決が確定した。

　中原前会長は逮捕当時の新聞各紙の見出しを見ながら「一方的に書くのではなく、両当事者から話を聞いてほしかった」と語った。妻の節子さん（60歳）は「当時は、買い物も知人のいない所へ行った」と訴える。逮捕後は被疑者に直接取材できない、という事情はあるが、記事が読者に先入観を与えたのは確かだ。

　「国民の知る権利」に支えられてきた「報道の自由」。これまでは実名による客観報道が貫かれてきたが、『犯罪報道の犯罪』を著した共同通信の浅野健一記者は「一般事件で名前が出ることで本人や家族、友人、知人が被る迷惑を上回る社会的利益はない。政治家の疑惑報道などこそ追及すべきだ」と匿名報道を訴える。

　一方、日弁連・人権と報道調査研究委副委員長の梓澤和幸弁護士は「匿名だけでは問題は解決しない。豊田商事事件や天下一家の会のネズミ講事件などは被害の拡大を防ぐためにも早期の調査実名報道が必要だ。マスコミのセンセーショナリズムによる人権侵害こそが問題。書いて公にする以上、責任は常に新聞社が負っている」と指摘する。一連のロス疑惑報道では、これまでにマスコミ側が39件で敗訴、損害賠償が命じられている。

　熊本日日新聞の荒牧邦三社会部長は「どんな小さな事件、事故の報道でも人権問題を含んでおり、神経を使うが、犯罪報道の第一義的な目的は再発防止にある。警察自体も最近は氏名を公表しないケースが多くなってきているが、その

壁を破り真実を追求するのが記者の使命だ。全面的な匿名化は報道側の責任逃れに通じる危険性もあり、今のところ賛成できない」と言う。

　犯罪報道の模索は続く。

(7) 陪審裁判

　冤罪事件の反省の中で、浮かび上がったものに、陪審裁判がある。「職業裁判官に任せているから誤判が起きる。国民が参加する陪審裁判こそ、冤罪を防止できる」と、昭和57年に学者や弁護士、市民の手で「陪審裁判を考える会」（事務局・千葉、250人）が生まれ、本格的な研究が始まった。

　それから11年。「ようやく陪審についての知識も広がり、実現に向けて動き出す時がきた」と言うのは、代表世話人の一人で、米国統治下の沖縄での陪審員体験を持つ作家の伊佐千尋さん（64歳）。設立以来のメンバーで、熊本大法学部の篠倉満・助教授（55歳）も「かつては、弁護士も陪審制度を知らなかった」と笑う。

　陪審裁判は、国民から無作為に選ばれた陪審員が、有罪か無罪かを決める英米の裁判形式。欧州各国には市民と裁判官が一緒に裁判をする参審制度があり、先進国で国民の司法参加がないのは日本だけという。最高裁も昭和63年から陪審・参審の研究に裁判官を欧米各国に派遣、実現への期待が高まった。

　しかし、陪審裁判には今も反対の声が根強いのも事実。「陪審は義理人情を重んじる日本人の国民性に合わない」「感情に流されやすい素人には難しい事実認定は無理だ」「陪審裁判でも冤罪は起きる」。昨年の刑法学会でも、反対の声が相次いだという。

　ロス暴動のきっかけになった米国の警官暴行事件や服部君事件での陪審の無罪評決も、陪審裁判への市民の疑問を広げた。

　これに対し、「服部君事件などは、簡単に有罪になると甘くみた検察官など法律のプロの問題。陪審制が悪いとみるのは間違いだ」と言うのは、米国の陪審裁判に詳しい甲南大法学部の丸田隆教授（45歳）。
「陪審裁判でも冤罪はある。しかし、検察側は陪審員の面前で自白調書に頼らず、合理的な疑いがなくなるまで犯罪を立証しなければならず、冤罪は確実に減る」「陪審裁判は、法廷に出た証拠だけに基づいて判断しなければならないことを、裁判官が繰り返し説く。民衆裁判とは違う」

　そして丸田教授が強調するのは、陪審員を経験することによる「教育効果」だった。

「点数主義がはびこり、金もうけ第一で他人に無関心な日本人。しかし、陪審員になれば、いやでも他人の権利について考えさせられる。その経験は、日本人の市民意識を成長させる。陪審制は裁判の在り方を根本から変える」

日本でもかつて、大正デモクラシーを背景に昭和3年から18年まで、784件の陪審裁判が行われたことがある。評決に拘束力がないなど制度の不備もあり、戦局の悪化を理由に休止された。しかし、陪審法は廃止されたわけではない。

「裁判ウオッチングが広がり、裁判への市民の関心は高まっている。21世紀までに陪審裁判を復活させるのも夢ではない」と語るのは、考える会事務局長の四宮啓弁護士（40歳）。

日弁連も本気で取り組み始めた。現代にふさわしい内容に改めた陪審法改正案も次々に発表されている。考える会は、議員立法による新陪審法成立を目指すとともに、パンフレット作りを始めた。タイトルは「君のおじいさんも陪審員だった（仮題）」。

(8) 司法改革

「完全に自白偏重の立場に戻った決定であり、『不当』の一言に尽きる……」。名古屋高裁が「名張毒ぶどう酒事件」の再審請求を退けたことを伝える今年3月31日の熊本日日新聞夕刊。免田さんと並んで、九州大学法学部の大出良知教授（45歳）のコメントが掲載された。

昭和36年に三重県で発生、一審無罪、二審逆転死刑という特異な経過をたどった事件。判決には多くの問題点が指摘され、再審への期待が高かった。免田、財田川、松山と相次いだ死刑囚の再審無罪確定で広がったかに見えた再審の門は、再び狭まったのか——。

「教訓が引き継がれている例もある。しかし、一連の事件で切り開かれた救済への運用は、決して定着しているわけではない」。免田事件をはじめ一貫して再審問題に取り組んできた大出さんは、裁判所に対し警戒を崩そうとしない。

「免田事件は、『刑事裁判の在り方を根本的に変えなければいけない』ということを白日の下に暴き出した」という大出さん。確かに、司法全体が冤罪の原因究明に動いた。しかし「それぞれの内部だけでの反省に終わってしまい、刑事裁判を変えるための問題提起にはならなかった」と指摘する。

大出さんが指導するゼミが今年実施したアンケート調査では、今も免田さんを犯人視する人が少なくなかった。それも「警察や検察、裁判所がそれぞれ社会に対し、もっと率直に誤りを認めていれば、アンケート結果も違っていたはずだ」

と力を込める。

　そうした中で、事件の教訓を社会に訴えたのは日本弁護士連合会だった。「続・再審」と題した報告で、冤罪を反省。「刑事司法を変えなければ」という声が平成元年の刑事弁護センターの設置につながる。センターを土台に全国に当番弁護士が拡大。利用も急増し、市民に歓迎されるとともに、捜査や報道の在り方にも影響を広げ始めた。

　市民の側からも動きが出てきた。熊本でも６月に誕生した「裁判ウオッチングの会」。縁遠かった裁判所を訪れ、裁判を見ることから始めようとしている。世話人の北村泰三熊本大法学部助教授（42歳）は「まず市民が裁判に対する意識を変える。それが究極的には、裁判そのものを変えるのではないか」という。

　大出さんも同じ考えだ。「まだ、司法改革はほんの入り口。相変わらず日本では、裁判は"お上"がするものという意識が強い。いかにして裁判は市民のものだという意識をつくるか。長い議論が必要だろう。しかし、そうした国民的基盤ができれば、制度は後からついて来るはずだ」。

　７月初め、九州大を訪ねた。大出さんが指導する刑事訴訟法ゼミでは、教室のあちこちで学生たちが活動計画を練っていた。事件班、裁判ウオッチング班、警察ウオッチング班、事件記者ウオッチング班と、机の上の勉強とはひと味違った雰囲気。院生には弁護士もいて、先のアンケート調査にも取り組んだという。

　判決から10年。「死刑囚という印象がぬぐわれていない実態は、予想以上だった」と語るのはアンケート調査に加わった学生の１人。弁護士を目指している。公務員試験を受けたという学生は、「先入観や偏見を取り除いて、正しいことをとらえる目を養いたい」と語った。

「真の人権回復」認められず
―― 免田さんの"再審請求"、熊本地裁が棄却

(2007年11月8日付熊本日日新聞)

　死刑囚として国内で初めて再審無罪になった免田栄さん（82）＝大牟田市＝が「無罪判決には不備があった」として、あらためて求めた再審について、熊本地裁（野島秀夫裁判長）は7日までに、再審請求を棄却する決定をした。

　決定は10月31日付。今回の再審請求で免田さんは、再審無罪の判決時に(1)最高裁で一度確定した死刑判決が破棄されなかった (2)再審開始決定後も継続された身柄の拘置を明確に停止する措置がいまだに取られていない―などと指摘。「現状では一生死刑確定の汚名を負うことになり、真の人権回復は実現していない」と主張した。

　決定で野島裁判長は、再審無罪になった免田さんは「有罪の言い渡しを受けた者」に当たらないとし、「刑事訴訟法が定めた再審請求権がないことは明らか」と判断。さらに「再審で無罪判決が確定した以上、身柄拘置の効力も失われていることは当然」とした。

　棄却決定について免田さんは「請求は棄却されたが、真の人間回復が認められなかったことには納得できない」と話した。

　免田さんは、1948（昭和23）年12月に人吉市で起きた殺人事件で逮捕され、最高裁で死刑が確定。しかし、第六次再審請求が認められ、83年に熊本地裁八代支部は無罪を宣告、確定した。

＊補遺
　再審無罪判決に対し、無罪を受けた本人が「無罪判決に不備があった」として2005年、裁判のやり直し・再審を求めた異例の請求。免田さんは今も社会が無罪判決を受け入れていない理由の一つに、再審無罪判決が、確定した死刑判決の破棄を明記していないことを挙げる。裁判のやり直しと位置付けされる再審。その再審判決の主文は「無罪」であり、免田さんが受けた「死刑判決」を「取り消す」という文言はない。請求はこのほか、拘置中に国民年金に未加入だったとの理由で年金が支給されていないことにも触れている。免田さん自身による本人訴訟だったが、法律論を超えて、冤罪被害者の「人間としての誇り」をどう取り戻すのかという根源的な問い掛けがある。

冤罪被害受け止め、世代間で格差
20代以下では無罪認識
――免田事件をテーマに熊本、人吉市民アンケート

(2008年9月25日付熊本日日新聞)

　わが国初の死刑囚再審無罪判決から25年を迎えた免田事件をテーマに、東京経済大の学生らが人吉、熊本両市の計100人を対象に実施したアンケート結果がまとまった。無実を勝ち取った免田栄さん(82)について、20代以下では冤罪被害者として認識しているが、30代以上では疑念を持っている人がいるなど、世代間で受け止めに格差があることが浮き彫りになった。

　アンケートは、同大現代法学部の刑事訴訟法ゼミが8月下旬、事件が起きた人吉市で40人、熊本市で60人に聞き取り調査した。

　「免田事件を知っている」と答えたのは73人。このうち、50人が再審で無罪になったことは知っていたが、免田さんのアリバイを認めた無罪判決の理由まで知っていたのは18人だった。

　さらに、免田さんについての印象を尋ねると、「犯人であるはずがない」としたのは12人。一方、「犯人かどうか分からない」が22人、「犯人という印象がぬぐい切れない」は14人と、冤罪がもたらす被害回復の困難さを示した。

　一方で、無罪判決の直前か、それ以降に生まれた10－20代の39人では、「犯人という印象がぬぐい切れない」との回答はなかった。

　調査に当たった同大3年の佐野純子さん(21)は「世代によっては報道などで当時のことを直接記憶している人もいるが、若い世代は学校などで歴史として学んでいるのかもしれない。情報源の違いが結果に影響しているのではないか」と分析する。

　同ゼミを主宰する大出良知教授は「若い世代に予断を持たずに無罪判決を受け止めている人が多いことは、教育が一定の有効な役割を果たしているとも考えられる」と話している。

「真の人権回復」認められず、免田さんの"再審請求"、熊本地裁が棄却

対談：免田事件から学ぶ

司法とメディアに残された課題
免田栄 × 大出良知

『マスコミ倫理』2008（平成20）年11月25日589号

　第52回マスコミ倫理懇談会の全国大会が2008年9月25日、26日の両日、熊本市のホテル日航熊本をメーン会場に、新聞、テレビ、雑誌の関係者約300人が参加して行われた。免田栄さんはこの大会で「再審無罪判決と残された課題」というテーマで、講演を行うとともに、東京経済大学の大出良知教授との対談を行った。以下、対談の模様を紹介することにするが、収録にあたっては、発言の趣旨が明確になるように必要な補正・加筆を行った。ご了承いただきたい。

取り残された問題
　大出良知氏＝最近免田さんはご自分の裁判にかかわって、いまだ決着を見ていない問題があるとして、改めて裁判所に再審請求書を出しておられます。その中に実は相変わらず自分は「死刑囚のままだ」ということがあるのですが、その部分をもう少し詳しくうかがいたいのですが。
　免田栄氏＝被告人の場合は、一審で有罪の場合、それを控訴しまして、控訴審で無罪になる場合には、一審を取り消すことになります。無罪になりますと社会復帰ができるわけですが、再審では、無罪を言い渡したときに死刑を言い渡して確定していた判決をどう扱うべきかということについては何も規定していないのです。無罪の場合には判決文を公表すべしということは定めていますが、請求人の死刑囚としての身分について直接触れるということは一切しておりません。そこのところを疑問に思っております。
　大出氏＝もう一つうかがいたいのは、年金問題がどうなっているかについてです。免田さんが死刑囚として収容されていた際に年金にかかわる権利を行使するための前提条件としての納付について要求なり、告知というのが一切行われていない。死刑囚という立場だったということなのでしょうが、年金を受給するための条件を確保する余地が全くなかったといういきさつがあります。その結果免田さんは年金請求権がないという状態に置かれています。その点を少しご説明いただき

たいのですが。

　免田氏＝年金をもらえないことになっている件について、日本弁護士連合会、あるいは国会などでも問題にしていただいたのですが、なかなか解決の方法がみつかりません。国会に対して意見などを出しましたが、未だに何の回答もありませんので訴訟ということも考えています。

再審過程での支え

　大出氏＝捜査段階から裁判が確定して死刑囚ということになられて、長い間再審開始を求めて闘ってこられたのですが、再審を請求していた過程で、免田さんにはどのような支えがあったのでしょうか。

　免田氏＝いろいろあったのですが、拘置所の中にいる間に死刑囚の処遇が緩和されていた時期があったわけです。それが偶然にも私の再審によい影響をあたえてくれたと思います。刑務官や服役していた人が再審という制度があることや請求の方法などについてアドバイスしてくれたりしました。また、再審の扉が開くことになったのは、熊本の慈愛園の園長だった潮谷総一郎先生の支援を受けることができたからだと思っています。先生が私のアリバイや自白調書の内容の矛盾などを調べてくださいました。それから、今考えてよかったなと思っていることは、早い段階でいい裁判官にも担当してもらったという偶然があったことです。

　大出氏＝それは、第三次請求の時に再審開始を決定した西辻孝吉裁判官のことですか。

　免田氏＝西辻裁判官は、第二次再審請求の時にも陪席だったそうです。決定がくるまで西辻さんが裁判長であることがわからなかったのですが、決定の中に西辻さんの名前があったので驚きました。

　大出氏＝西辻さんの決定が免田さんのその後の再審請求、裁判闘争を支えたといえるのでしょうか。

　免田氏＝施設の幹部が毎日のように拘置所に視察にきました。何事かと看守に聞いたら、おまえの再審請求が認められたからだと笑われました。その時改めて自分の再審はこんなに反響を起こしたのかと思いました。潮谷先生が面会に来られてその事情を教えて頂きまして、大変なことだと改めて教わりました。

死刑廃止を

　大出氏＝無罪になられて今年で25年です。免田さんは中にいた時間が35年になりますが、拘置所から出てこられて25年間の印象は何かありますか。

免田氏＝率直にいって、再審問題への理解がないということです。表の声よりも裏の声で「うまくやったな。ずるい」という声をよく聞きます。

死刑囚の方と別れの朝、握手するわけですが、「免田さん残念です」という声を残していく人がいました。それがいまだに胸の痛みとして残っております。何とか死刑だけは廃止していただきたい。被害者遺族の方達のお気持ちは分かります。しかし、もし判決が間違っていて、被告人の主張が認められずに、死刑が執行されてしまうといったことになれば、その執行される本人は耐えられないです。そこのところを社会の方々にもご理解いただきたいですが、なかなか難しいところです。人を裁くのに、絶対に公正であるというのはありえません。

大出氏＝免田さんは死刑の問題をめぐって、日本国内だけでなく海外にも出かけて廃止を訴えてきたと思うのですが、海外での死刑に対する態度はどうですか。

免田氏＝ヨーロッパやカナダあたりは死刑という条文は残してあっても、死刑判決はなくて、無期とかになります。それを聞いて、日本もそういう制度が欲しいなと思います。何度も言いますが、人が人を裁く中での死刑は絶対控えてもらいたいと思います。

大出氏＝再審についての社会的理解が不十分であると、それは裁判についての理解が不十分であるとも言えるのでしょうが、それは再審で明確に無罪だと言われても、相変わらずの偏見が残っているということでしたが、それ以外に再審の今の状況について、何か感じられていることはありますか。

免田氏＝率直にいって、裁判官が国民の裁判官ではないということでしょう。また、私を取り調べた警察官は、「我々は天皇から公職を拝命した警察官で、おまえらとは違うんだ」といってひどい扱いをしました。そのような意識をあらためてもらいたいです。同じ人間であるということが民主主義の基本だと思いますし、全ての個人が、平等に人権を尊重される必要がありますし、支配者とそうでないものがあってはならないということを改めてかみしめてもらいたいと思います。

大出氏＝免田さんは人権擁護のために様々な活動をされています。いまお話がありました死刑問題以外に人権問題にかかわって大事だと思っていることはありますか。

免田氏＝外国に行って、国境があって国境がないというヨーロッパの状況を見てみますと、本当に自由に行き来して、勉強し合って、自分の生活を向上させていっているというのは、日本のような島国では味わえないものです。向こうは死刑も廃止していますし、そのうえ、このごろ話を聞きますと、更生所というのも作りまして、刑務所から出てきた人を集めて面倒を見るというシステムがあると聞きました。

第3部　判決以後の免田栄さん

そのような施設を日本にも作ってもらいたいものです。何故そんなことをいうかといいますと、日本が戦争に負けて、サンフランシスコ講和条約が成立した昭和27年に恩赦がありました。その時、定員1500人の福岡の刑務所に4000人の受刑者がいたのですが、その半分が釈放されたのです。その半年後にはその半分がまた犯罪を犯して帰ってきているわけです。社会の受け入れ態勢が整っていないことも原因で、そうしたところを完備していただきたいと思います。

メディアへの期待

　大出氏＝今日はメディア関係の方がたくさん集まっておられます。免田さんもメディア関係の方と交流をもってこられたかと思いますが、今日のテーマでもある「責任」とか「果たす役割」とかいう点について何かおっしゃりたいことはありますか。

　免田氏＝とにかく今日お集りいただいた方にお願いしたいのは、私の経験からして、警察から出てくるニュースというのは、あまりにも簡単に報道される場合がありますので、それを何とか再検討する時間や制度ができないかなと考えております。わたしの記事も最初から今日に至るまで全部まとめておりますが、だいぶ変わっております。その中で無責任に思えることが、まま報道されております。社会の方々の、免田は本当は犯人なのにうまいことやったんじゃないかとか、真犯人を探せという声が聞こえてきます。それが何の事情も知らずに、そういうことを言われるのですが、そういうことを言う人も寂しいし、そういう社会が現在残っているということも残念なことです。そういう点の教育についても民主主義という観点からメディアの方達に指導的な役割を果たしていただく時間があるといいと思います。

刑事司法の遅れた側面

　大出氏＝免田さんにお話しいただいたことを受けて、最後に私の方から何点か申し上げたいと思います。

　最初に今の再審をめぐる状況について申し上げたいと思います。免田さんの再審開始決定、それに続く再審、そして無罪という事態が画期的であったことには間違いないと思っています。但し、それは今改めて考えてみますと、日本の遅れた側面というものの表出でしかなかったのかもしれないとも思います。最近、再審が冬の時代に入っていると言われておりますが、私はそれは見方が違うのではないかと考えております。免田さんの再審開始をも導き出した1975（昭和50）年の最高裁白鳥決定によって再審が本当に機能するような制度になってきていたの

だろうかを改めて問う必要があるということでもあります。判例としては白鳥決定が一定の前進の局面を示したことは間違いないのですが、それが定着したのかという問題です。私は、結局定着しなかったのではないかと考えております。その理由は、白鳥決定を理念的なところで受け入れる基盤が十分ではなかったのではないかということです。再審制度が持つ意味や理念、白鳥決定が示した前進的な方向がどのような意味を持っていたのか、それが刑事裁判の原則とどのように関わっていたのかといった点について、認識を共通にする十分な基盤がなかったということであり、白鳥決定とその後の展開の意味を再検討する必要があると考えています。

　そのような関係で、再審という制度のあり方についても、我々刑事法研究者の間での検討も決して十分ではなかったことも認めざるを得ません。日本の刑事訴訟法には、451条という規定があります。その規定は、日本の再審で、再審開始になった事件をどう扱うか規定しています。そこには、その審級にしたがい改めて審判するとしか規定していません。ですから、冒頭に免田さんがおっしゃりたかったことというのは、免田さんが無罪を言い渡されたときに、死刑判決を破棄するということは同時には言っていない。それでは、死刑囚という身分が解消されたという実感をもてないではないか、というクレームだったわけです。

　この点について、専門的立場からは、どのように説明されてきたかと申しますと、無罪判決が言い渡されたということは、その事件にかかわって、新たな判決が生まれ、それが無罪であったということになるわけですから、当然に前の死刑判決は失効するというふうに説明してきたわけです。これで、一応説明になっていると考えてきたわけですが、本当にそれしか方法がないのか、そうだからといって死刑判決を破棄することがあっていけないのか、すべきでないのかという点に答えることになっていたかといえば、なっていなかったのかもしれません。

　ということで、改めて考えてみますと、日本の再審法制の母法であるドイツの再審法制では、実は、無罪判決を言い渡すときには前の有罪判決を破棄することになっているのです（371条3項、373条1項参照）。なぜドイツでは前の有罪判決を破棄することを要求しているにもかかわらず、日本の法制では新しい判決を言い渡せばいい、ということにしてしまったのか。

　私は専門家として反省するわけですが、このことを検討したことがなかったわけではありません。しかし、前の有罪確定判決は自動的に効力を失うものであると説明がつくということで、なぜ日本ではドイツとは違う法制にしてしてまったのかを、十分に検討してこなかったのではないかとも思うのです。さらに考えますと、

これは戦前の旧刑事訴訟法の時代からの規定ですので、どうして現行刑事訴訟法への改正の際に、この規定を維持してしまったのかということにもなります。

その理由として考えられるのは、結局、再審というのは、有罪判決が間違っていたから再審をするということではない、という考え方が日本の実務や学説の中に根強く残っているという実態と無関係ではなかったのではないかということです。

それは、第三次再審請求の際、先ほど触れられた西辻決定によって一旦再審が開始されたにもかかわらず、高裁で取り消された経緯にもかかわっていると思います。西辻決定には支える新証拠がないという理由によって高裁が取り消しました。

ご承知の通り、再審というのは新しい証拠を出さなければならないということになっているわけですが、そのことの実務的感覚での説明の一つは、新しい証拠が出てくるまでの有罪に至った判断は決して間違っていなかった。つまり、法廷に出てきた証拠に基づく限り、有罪判決が間違っていたわけではないという前提で組み立てられているのです。

これに対しては、実際の裁判の場面では有罪判決自体が確固たる証拠的基礎をもって、刑事裁判の原則からして有罪に間違いないという確定の仕方をしているとは限らないという指摘が行われてきました。ということで理論的には、確定判決の証拠評価の見直しを前提とした再審請求についての審査を求めてきましたし、そのような方法を採用したのが、白鳥決定の採った総合的評価という方法だったと考えています。

しかし、最近の再審をめぐる実情を見る限り、白鳥決定に示された理論的な到達点というものは、実質的には裁判所に受け入れられることにはなっていないと考えざるを得ません。ということの背景には、今申し上げたような、裁判についての裁判所の牢固たる発想があるのかもしれない。

そのことに対してどのように対応するかということを専門家も考えてくる必要があった、ということだと思います。その意味では免田さんが実感的にいま疑問に思い、問題を提起されていることにわれわれは謙虚に耳を傾ける必要がある。専門家的な発想でモノを考えることですべての決着がつくわけではない、と改めて感じざるをえないと思っています。そのことは実は報道の問題にもかかわっているのかもしれません。

メディアは刑事裁判の実相にどこまで迫ったか

　免田さんの事件をはじめとする再審無罪事件が、ご承知のとおり1980年代半ばに事件報道のあり方についての検討の機運を生み出しました。そのような中で、メディアによる再審事件や刑事裁判の扱いが、どこまで実相にせまる展開可能性を追求してきたのか、ということについては改めて検討の余地があります。もちろん、画期的な側面をクローズアップすることは大事ですが、そのことがセンセーショナルな事件の扱いになってしまい、問題の掘り下げとしては必ずしも十分でないということになり、全体として刑事裁判の問題性の本質に迫りきれていたのかということです。

　その結果、先ほど免田さんがおっしゃったように結局犯人視という事態はあまり変わっていないのではないかということです。免田さんはアリバイで無罪になったにもかかわらず、そのことがメディアを通して十分には伝わっていなかったということではないでしょうか。

　無罪判決から10年を経た時点で行ったアンケート調査、それに本日の熊日の本紙に私もかかわった25年目に実施したアンケート調査の結果（本書222頁収録）が掲載されていますが、それによれば犯人視という状態はなくなっていないことが明らかです。しかし、他方で免田事件を知っている若者たちは別の見方、つまり、免田さんを犯人視するのではなく、客観的に見て犯人だということは考えられない、という回答も見られました。それは何による結果なのかを見てみますと、学校教育という回答が返ってきている。つまり、報道ではなくて、学校で教えられることで若者たちは事件を客観的にみているのです。

　もう一点申し上げておきたいのが、裁判員裁判が始まることとの関連です。免田事件が起こった原因の一つは、密室での徹底的な自白の強要によって調書ができあがり、その自白調書によって冤罪が生み出されることになりました。このような刑事手続の経過自体が、よくよく考えてみると、報道の自由に反する裁判のあり方であることを改めて念頭に入れておく必要があります。ご存じのとおり、調書裁判という捜査段階の密室での調書の作成と、その利用を中心とした裁判というのは捜査過程から公開されている裁判過程までをも不可視的なものにしてしまいます。報道がその中身を追及するにあたって障害になっていることは間違いないのです。それは報道の自由を阻害することになり、結果的に民主主義や国民主権の問題にも関わってきます。裁判という場面で報道の自由が実質的に侵害されるような裁判しか行われていないとすれば、そのことをどのように打開するのかを考える必要があります。

裁判員裁判というのはいろいろな観点から議論の余地があります。今までの日本の刑事裁判の持つ問題性はどこにあったのか。民主主義国家における裁判、それが国民主権との関連で、国民にとって批判の余地があるような形で提示されているのか、それが報道が可能な状態にあったのだろうか、という視点からも考えてみる必要があると思います。裁判員裁判は、そのような問題提起にも応える裁判の方式になるはずだということを銘記していただきたいと思います。

裁判を評価できる記者の育成を

最近、警察庁が捜査の過程を録画する検討をしているという報道がありました。調書裁判の問題性を打開するにはこの方法しかないと私個人は考えております。この点から、メディアには裁判の全過程を傍聴し、裁判官・裁判員と同じように、裁判の内容を評価できる記者を育てていただきたいと思います。そうすれば、記者の方々が裁判の内容を適正に評価することが可能になると思っています。そのために裁判員裁判はあるのです。公判の可視化、今までどおり調書がでてきて、具体的に調書の中身についても従前どおりということで、要旨の告知しか行われないというようなことだとすれば、その裁判の異常さというものに問題提起をしていくのがメディアの責任だと考えます。それこそが報道の自由を生かす方法ですし、知る権利に応え、民主主義を守る方法だと私は考えております。

最後に一言だけ、この免田事件を通じて、熊本のメディアの方たちは希有な経験をしたと思います。熊本日日新聞のみならず、テレビも含め、報道機関として免田事件にかかわった方たちが、いまだに免田さんと交流を持ち、メディアが果たした役割というものについて考えるという機会をもっています。一つの事件を通じて、メディアが対象となった方々との関係で自分たちのあり方を考えるというのは貴重な経験です。熊本のメディアの方たちの免田事件との向き合い方を改めて見ていただくことが、いい教訓になると思います。

大出良知・東京経済大教授（当時）に聞く

冤罪の温床、今も
――国民が監視を

（2017年7月15日付熊本日日新聞）

　「免田事件」の再審無罪から34年。日本の刑事司法に教訓は生きているのか。東京経済大の大出良知教授（刑事訴訟法）に聞いた。
　――免田事件の再審無罪の意義は何ですか。
　無罪判決は確固たる物的証拠から免田さんのアリバイを認めた。しかも物証は、実は捜査段階から存在していた。当時、死刑判決に誤りがあるはずはないという空気があったが、どんな事件でも冤罪はあり得るということを突き付けた。
　――免田さんの無罪判決の翌84年には財田川（香川）、松山（宮城）の2事件でも死刑囚が再審無罪になりました。
　日本弁護士連合会は被疑者を早い段階から弁護する重要性を考え、刑事弁護センターを設置。大分や福岡を皮切りに当番弁護士制度が全国に広がり、起訴前から公費で弁護士を付けることができる被疑者国選弁護制度の実現につながった。
　裁判所や捜査機関がどう受け止めたのか公式には表に出ていない。警察や検察は治安維持を口実に捜査権限の強化を追求してきた。警察の留置場を拘置所代わりに使う代用監獄制度は残り、冤罪の温床となったままだ。取り調べ可視化が一部導入されたが、通信傍受拡大など捜査権限は強化された。「共謀罪」新設もその一つだ。捜査に関しては冤罪を生む危険性が拡大していると言えるのではないか。
　――免田事件後も冤罪はなくなっていません。
　事件が起きると、市民は解決を願い、捜査機関は犯人追及に手を抜くことはできない、と主張する。メディアも捜査情報を中心に追う。犯人かもしれない人物から自白が取れず、結果的に逃してしまった場合、国民やメディアは批判する。捜査機関は批判を避けるために無理な捜査をし、自白を迫るようなことになってしまう。

――裁判所の姿勢はどうでしょう。

裁判員制度が導入され、裁判所は判断基準を国民に説明しなければならなくなった。「疑わしいときには被告人の利益に」の原則を徹底するよう意識が変わってきた可能性がある。最近、再審開始決定が出た袴田事件（静岡）や大崎事件（鹿児島）、松橋事件（熊本）でもその傾向が表れているようだ。

――捜査や裁判について免田さんは「お上任せ」の国民意識にも問題があると指摘しています。

刑事手続の適正性・公正性を守らせる責任は、最終的には主権者である国民にある。裁判員裁判も含め、間違いは起こり得る。だからこそ「疑わしいときには被告人の利益に」を徹底するべきで、私たち国民はその意識を持って参加し、監視しなければならない。

おおで・よしとも
1947年仙台市生まれ。静岡大教授、九州大教授などを経て現職。免田事件の再審公判を傍聴した。冤罪防止と救済のための刑事手続実現を目指す。

松橋事件 1985年1月、熊本県宇城市松橋町の男性＝当時（59）＝が自宅で刺殺されているのが見つかった。県警は、男性宅で飲食中に口論となり、帰宅後に小刀を持ち出して男性を殺害したとして、将棋仲間の宮田浩喜さんを逮捕した。宮田さんは一審途中から否認に転じ、無罪を主張したが、熊本地裁は86年12月、自白の任意性と信用性を認めて懲役13年を言い渡した。90年に最高裁で確定し、宮田さんは99年まで服役した。高齢と病気の本人に代わって成年後見人が2012年に再審請求した。熊本地裁は16年6月、小刀と被害者の傷が一致しないとする鑑定結果などから、再審開始を決定。福岡高裁も17年11月、再審を認めたが、検察側が特別抗告した。

大崎事件 鹿児島県大崎町で1979年10月、男性＝当時（42）＝が自宅横の牛小屋から遺体で見つかった。県警は殺人容疑などで義姉の原口アヤ子さんと兄2人、死体遺棄容疑で男性のおいを逮捕。鹿児島地裁は80年、原口さんを主犯として3人に懲役10～7年、おいに懲役1年の判決

を言い渡した。原口さんは最高裁で実刑が確定。服役後の95年に再審請求し、地裁は2002年、再審を認めたが、福岡高裁宮崎支部が04年に取り消した。第3次再審請求に対し、鹿児島地裁は17年6月、有罪認定の決め手となった親族らの自白が誘導された可能性を指摘し、再審開始を決定。検察側が即時抗告した。福岡高裁宮崎支部も再審開始を認めたが、検察が特別抗告した。

袴田事件 1966年6月、静岡県清水市（現静岡市）のみそ製造会社専務＝当時（41）＝宅が全焼。焼け跡から刺し傷のある専務と妻子の計4人の遺体が見つかった。県警は強盗殺人、放火容疑で従業員の袴田巖さんを逮捕。いったん容疑を認めたが、公判で無実を主張した。静岡地裁は68年、金欲しさの犯行と断定、死刑を言い渡し、80年に確定した。袴田さんの第2次再審請求に対し、静岡地裁は2014年3月、犯人が着ていたとされる衣類に付いた血液のDNA型が袴田さんと一致しないとする鑑定結果を認定。再審を決定するとともに死刑執行を停止、袴田さんの釈放を認めた。検察側が即時抗告した。2018年6月11日、東京高裁は、地裁決定を取り消し、再審請求を棄却した。弁護側は最高裁に特別抗告した。

「免田事件」を巡る主な動き

1948（昭和23）年
 12・30 人吉市で祈禱師一家4人が殺傷されているのが見つかる

1949年
 1・1 新刑事訴訟法施行
 1・16 免田さんを強盗殺人容疑で逮捕
 1・28 住居侵入、強盗殺人、同未遂罪で起訴
 2・17 熊本地裁八代支部で初公判
 3・24 第2回公判。アリバイを主張
 4・14 第3回公判。犯行を全面否認

1950年
 3・23 熊本地裁八代支部で死刑判決

1952年
 1・5 最高裁で死刑確定
 6・10 第1次再審請求（棄却）

1954年
 5・18 熊本地裁八代支部に第3次再審請求

1956年
 8・10 西辻孝吉裁判長がアリバイを認め、再審開始を決定
    （即時抗告審で福岡高裁が取り消し決定、最高裁も棄却）

1972年
 4・17 第6次再審請求

1975年
 5・20 最高裁が「白鳥決定」。再審制度でも「疑わしきは被告人の利益に」

1979年
 9・27 福岡高裁が再審開始決定

1980年
 12・11 最高裁が検察側の特別抗告を棄却、再審開始が確定

1981年
 5・15 熊本地裁八代支部で再審初公判

1983年
 7・15 河上元康裁判長はアリバイを認め、無罪判決。免田さん釈放
 7・28 検察側が控訴断念、無罪確定
 11・21 免田さんに9071万2800円の刑事補償

1984年
 3月 香川県の財田川事件の死刑囚に再審無罪
 7月 宮城県の松山事件の死刑囚に再審無罪
 12月 玉枝さんと結婚

1986年
 最高検が「再審無罪事件検討委員会」の報告書作成。免田、財田川、松山の再審無罪事件を内部検討。免田事件では自白強要と捜査のずさんさを認める

1990（平成2）年
 12月 福岡県弁護士会が当番弁護士制度を始める

2006年
 10月 殺人など重大事件で被疑者国選弁護制度始まる。2009年に対象拡大

2009年
 5月 裁判員裁判制度始まる
 6月 免田さんが無年金状態の救済を国に申し立て

2013年
 6月 免田さんら再審無罪となった元死刑囚が年金を受給できる特例法が成立

潮谷義子元熊本県知事聞き書き

「命を愛する」から

　　　　前熊本県知事の潮谷義子さんの義父・潮谷総一郎氏は獄中にあった免田さんの無罪を信じて、東奔西走。再審開始に大きな力を発揮し、無罪判決後も免田さんを支え続けた。潮谷義子さんの聞き書き『命を愛する』（西日本新聞社、2017年6月刊）にも免田さんが登場する。その2回分を紹介する。

記す「目が澄んでいた」

「言葉に言い尽くせませんね。天国に行かれてしまったので、ちょっと何か、気抜けしたような格好でですね。あの人に会えたから今日あると言っても過言ではない。あの人が私を無罪に導いていただいた」

　福岡県大牟田市でお元気でいらっしゃる免田栄さん（91）は、夫愛一の父、潮谷総一郎について、そのように感謝の言葉を話されています。

　総一郎の著書『死刑囚34年』によると、1948年に熊本県人吉市で起きた強盗殺人事件の元死刑囚、免田栄さんと総一郎が出会ったのは、1951年春、福岡市の拘置所に免田さんが収監されていたときでした。カトリックに帰依した別の死刑囚を介し、洗礼を受けた免田さんと面会します。免田さんは罪を悔い改め、ざんげするのではなく、自分は無実と訴える手紙を頻繁に送ってきます。当初は疑っていた総一郎も、「叫びにも似た文面」に次第に考えを改め、ともかく真偽を確かめようと行動します。

　一審を担当した弁護士から公判資料を借りて帰り、「ほとんど夜の更けるのも忘れて」読みふけります。すると多くの矛盾点が見えてきて真犯人ではないと確信します。そして手弁当で事件の日の夜、同じ宿にいて、免田さんのアリバイを立証してくれる女性を捜し出したのです。この女性の証言が1983年7月の再審無罪判決への重い扉を開く契機になったのでした。

　2013年12月、熊本市で総一郎生誕100年の節目に、総一郎の功績を語り継ぐ「医療・福祉・人権を考える集い」を熊本市でゆかりの人々と開催しました。私が司会を務め、免田さんには「『冤罪（えんざい）』から30年」と題して講演していただきました。免田さんは、実の母が7歳のときに亡くなり、継母から徹底的にいじめられたこと、字も書けなかったことなどをとつとつと話されたうえでこうお話しなさいました。

「潮谷（総一郎）先生が生意気な私の意見をしっかりと、一生をかけて協力してくださいまして、そういう中で私が本当に学問のない愚かな人間でございますけれども、真実はどこにもいかないからといって再審されます」

総一郎は著書の中で、初対面の時の免田さんの印象を、「まだ二十五歳の青年で無口だった。目が澄んでいた」と記しています。免田さんから総一郎に届いた手紙は、ゆうに千通を超えているそうです。

信仰の証し　点筆握る

義父のクリスチャン、潮谷総一郎は、キリスト教の洗礼を受けた死刑囚、免田栄さんを支援するに当たり「信仰の証しとして社会奉仕の仕事をするように」と拘置所の免田さんに点訳の仕事を勧めます。私が東京の大学に通っていた1960年冬、免田さんは同じ舎の死刑囚に習って点訳を始めました。点筆を使って彫刻のように一字一字、紙にくぎで形を付けていくように打っていきます。

「あ」は一打ち、「い」は二打ち。根気のいる作業です。免田さんは「日本昔ばなし」や「窓ぎわのトットちゃん」「世界の民話」を点訳し、約300冊を盲人施設に寄贈することになります。

免田さんによると、午前4時ごろ、3畳の狭い独房で起床してから早朝の時間帯を点訳に充てていました。雑念が入ると打ち損じますから、集中してやっていたそうです。やがて点訳奉仕は死刑執行の恐怖に耐えるための、心の支えとなっていきます。

死刑執行は日曜・祝日と年末年始を除く平日の午前中に行われるのが慣例になっています。平日の起床時間から午前10時ごろまで、死刑囚は死の恐怖に苦しめられます。その時間帯は針を落としてもチーンという音が聞こえるくらいに静かになるそうです。最初、さーあーと風に竹の葉が揺れるような看守の細かな足音が、やがて靴の音になっていきます。死刑に処すため、誰かを呼び出しに来たのかとおびえ、もう「ぶぶっ」と身震いしたそうです。

免田さんは釈放された後、総一郎の勧めでしばらく、熊本市の熊本ライトハウスに身を寄せていました。朝方になると決まってうなされる免田さんの声を、隣室で寝泊まりしていた職員が聞いています。「看守の足音が聞こえ、周囲の空気が縮む瞬間を思い出す」と話されていたそうです。そこに当時、福岡県大牟田市で会社勤めをしていた玉枝さん（80）が訪れ、講演を依頼します。そのことがきっかけで2人は知り合い、やがて結婚に至ります。

2001年に亡くなった総一郎が晩年、病を得た冬の日、免田さんがシジミを届

けてくださいました。寒いのに、自分で川に入り採ってきてくださいました。シジミのみそ汁は総一郎の好物でした。免田さん夫婦は毎年欠かさずクリスマスに合わせて、慈愛園の子どもたちにミカンとリンゴを届けてくださっています。

座談会

免田事件再審を振り返る
免田栄氏夫妻を囲んで

2014年12月6日（土）14：00—
於：熊本日日新聞本社4階会議室

◎**出席者**（肩書きは当時）

免田　栄（めんだ・さかえ）

免田玉枝（めんだ・たまえ）

甲斐壮一（かい・そういち／熊本日日新聞）

高峰　武（たかみね・たけし／熊本日日新聞）

鳥崎一郎（とりさき・いちろう／元共同通信）

牧口敏孝（まきぐち・としたか／元熊本放送）

大出良知（おおで・よしとも／東京経済大学現代法学部・司会）

〔免田事件について〕

　免田栄氏は、1948（昭和23）年12月29日から30日にかけての夜半に熊本県人吉市の祈禱師宅で発生した強盗殺人傷害事件の犯人として、翌1949（昭和24）年1月16日に逮捕された。1月28日には起訴され、1950（昭和25）年3月23日に熊本地裁八代支部で、死刑判決が言い渡された。最高裁まで無罪を主張して争ったが上告が棄却され、1952（昭和27）年1月5日に死刑判決が確定した。

　その後、免田氏は、再審請求を続け、3回目の請求では、1956（昭和31）年に、八代支部が一旦再審開始を決定したが、福岡高裁で取り消された。6回目の請求になって、1976（昭和51）年4月30日に八代支部は請求を棄却したが、請求人の即時抗告を受けた福岡高裁が1979（昭和54）年9月27日、再審開始を決定した。翌1980（昭和55）年12月11日、最高裁が検察官の特別抗告を棄却し、死刑確定囚に対する初めての再審開始が確定した。

　再審公判は、八代支部で1981（昭和56）年5月15日にはじまった。八代

支部は、1983（昭和58）年7月15日、事件当時から存在した証拠を基に免田氏の事件当日のアリバイを認める無罪判決を言い渡し、免田氏は、即日釈放された。

なお、東京経済大学現代法学部では、2009（平成21）年1月15日に開催した学術講演会に、本座談会にご出席いただいた免田栄氏と高峰武氏をお招きし、ご講演いただいた。

はじめに

大出 本日は、免田栄さんと玉枝さんのご結婚30年をお祝いするということで関係者が熊本に集まることになりました。免田さんが1983（昭和58）年7月15日に、再審で無罪判決を獲得し、社会復帰されてからも31年余という時間が経ちました。ということで、あらためて免田事件の教訓というのは生かされているのかどうかというようなことを、ざっくばらんに話し合いたいと思いこの座談会を企画しました。

単に刑事司法制度の実情といったことだけではなく、刑事司法をめぐる環境や冤罪問題をめぐる意識の問題といったことまで含めて、免田さんがどう感じられてきたのか、またこの30年をともに歩んでこられた玉枝さんがどう見てこられたのかといったことを率直にお話しいただければと考えております。

また、そのお話をより内容豊かなものに出来ればと考え、私一人でお相手をさせていただくのではなく、ほかに4人の熊本のジャーナリストの方々にもお集まりいただいています。

この4人の方達は、後ほど自己紹介をお願いいたしますが、免田さんの再審無罪判決の前後に地元のジャーナリストとして免田事件の取材にあたられ、その後現在まで免田さんご夫妻と親しく交流をされてきた皆さんです。そこで、免田事件の取材からはじまり、その後の免田さんご夫妻との交流を通して何を考えて、何をされてこられたのかといったことについて免田さんご夫妻のお話に交えてお話を伺えればと考えております。

その際、私が一番気にしているのは、免田さんが、熊本日日新聞社編ということで、事実上、今日ご出席いただいている高峰武さんと甲斐壮一さんが書かれた『検証・免田事件』（日本評論社・1984年、文庫版『冤罪免田事件』新風社文庫・2004年、『新版 検証・免田事件』現代人文社・2009年）の中（文庫版39頁、新版13頁）で、免田さんの言葉として書かれている「本当の民主主

義、人権意識を社会の中にどう根付かせるか」という視点からどうなっているのかを振り返る必要があるだろうということです。

　全体として見れば、何がどう変わったのか、変わってないのかということですが、それを制度であるとか、それを支えている担い手とか、全体に関わる社会環境の変化などについて、今31年余経ったところでどう見えるのかということかと考えています。

　まず、最初に出席者の方たちをご紹介しておきたいと思います。まず、免田さんご夫妻です。

免田栄　免田です。どうぞよろしくお願いします。

免田玉枝　結婚して30年になりました。免田玉枝です。どうぞよろしくお願いします。

大出　次に、4名のジャーナリストの方々に簡単にで結構ですので、免田事件とのかかわりを含めた自己紹介をしていただきたいと思います。

高峰　熊本日日新聞（熊日）の高峰と申します。僕は1976（昭和51）年に熊日の編集局に入りまして、主に社会部で事件と司法を担当しておりました。免田事件については、南関という小さな支局の初代支局長で赴任してから、帰ってきた年に、その年が免田さんの再審判決の年で、3月でしたが「免田事件を担当しろ」と上司から言われて、事件の取材を始めました。

　実質的には再審公判そのものは全く見ておりません。いきなり勉強を始めて、再審の判決の日を迎えたと。それが私と免田事件の、まずはかかわりです。もちろん事件そのものについては、知っていたんですけど。

　判決を取材して、免田さんとその後ちょっとお話しする機会があって、一番驚いたのは、普通34年も獄中にいると、何て言うんですか、仏様と言うとおかしいですが、悟りを開いた人間みたいな人が出てくるのかなと思っていたら、出てこられた本人が、何というか非常に普通の人間で、酒も飲まれるしカラオケも歌われて、ちょっとやんちゃなこともされるというので、やっぱり人間だなあということを思いました。

　そんなふうに勝手に34年間の獄中のことを思っていた私のほうが、思慮が足りなかったと思うんです。というのも普通の人間だからというか、何というのか、冤罪に引っ掛かってしまったのかなという思いをしています。それから、これからの議論の中に出てくると思うんですけど、僕にとっては刑事事件、刑事司法を考えるときには、いつも免田事件のことを座標軸というんですか、羅針盤みたいにして考えるようなくせがついております。

それと、免田さんとの付き合いについては、いつだったか忘れたんですけど、免田さんとお酒を飲んでいるときに、「あんたは最後まで付き合うか」みたいなことを免田さんから言われて、思わず「はい」と言ってしまったということがあります（笑）。そんなに深く思わずに返事をして、その自分の返事に責任を持たなければと思って付き合っております。

鳥崎　鳥崎と申します。共同通信の記者をしていまして、熊本支局に、1980（昭和55）年に転勤になって来まして、すぐ司法担当ということになりました。その年の暮れに最高裁で再審開始が確定し、そのあと、八代で裁判が始まりまして、1983年の無罪判決までずっと取材をしました。

私自身はもう何回か言っていることですけども、この裁判そのものには、もちろん非常に大きな関心を持って取材もしていたんですけど、実を言うと、免田さんご本人にはほとんど関心がなくて、免田さんがどんな人間であるかとは関係ない話だと思っていました。

こういうことがあった、こういう捜査が行われて、こういう経過をたどって結局は無罪になったというこのこと自体のことばかり見ていて、免田さんご本人については、その後、取材をしたいと思ったこともなかった。出てこられたら、出てこられたでそれで静かに暮らしていただければいいと思っていたんです。

やはり、一つの組織におりますと、「その後の免田栄はどうなんだ」というようなことをずっといろいろ言われます。結婚されたときも、僕は、「もういいじゃない。結婚したんだ、良かったねということで、別に取材とかしなくてもいいでしょう」と言ったんだけど、「そういうわけにいかないでしょう」と言われて、結局私も結婚式をされている前でずーっと立っていたように覚えています。

そのうち福岡に転勤などがありまして、そういうことからだいぶ離れて、戻ってからも司法担当ではなかったので、その辺の仕事をすることはなかったんですけど、たまたま仕事を辞めて、法律事務所の仕事をするようになりました。法律事務所では刑事事件をそんなには扱わない状態だったんですけども、やっぱりそのときは、どうしても免田事件の教訓とか学んだことを、私にとっても随分一つの背骨になったかなと思います。

刑事事件に限らず、民事事件でもそうなんですけど、やっぱり一番学んだのは、予断とか偏見というのがいかに怖いかということです。自分はそういうものには捉われないと思っていても、いつの間にか最初の第一印象とか、「あの人はこういう人なんですよ」っていうようなことを、人から聞いたことが、頭の中に入ってきてしまうと、それを基にものごとや人を見るようになってしまう。そういうふうになり

がちなことを、実際の私の法律事務所の仕事も含めて、非常によく分かるようになって、これはすごいことをあの頃は学んだんだなと、あとになって初めて分かってきたような状態です。

その後、高峰さんから声をかけて頂いたことで、免田さんご本人と時々お会いすることができるようになって、覚えておられないかもしれませんけど、実にいろいろな話をそばで聞かせていただいて、すごく面白かったです。「あ、そうか」と思ったことが結構あるんですよ。この場で言えるかどうか分かんないですが。

そういったことで、今でもほんとに付き合いをさせていただいて、ありがたいと思っています。

牧口 私はRKK(熊本放送)の報道部の記者をしていましたが、私がRKKに入ったのが1974(昭和49)年です。で、報道部に行ったのが4年後の1978(昭和53)年です。報道部に行ったら1年後、福岡高裁での再審開始決定が出ているんです。その頃から、「こういう事件があるんだ」ということを、社内でもそれはもう話題になりましたし、先輩が以前に、「さびた扉」という番組を作っていたんです。

それを見て、「ああ、先輩が番組を作っている」ということをそこで知って、それで、いよいよ最高裁で再審開始が確定したときに、「番組を作れ」というふうに社命で受けましたので、1年ぐらいかけて番組を作ったんです。「嘘―33年目の証言」、この放送時期が一番問題になりまして、確か再審の第1回公判が始まり、第3回公判の前に放送したんですね。だから、判決前の公判中に放送しましたので、とても検察側の印象を悪くしました。

そのあとも、取材の続きをずっと判決まで続けましたけれども、私は残念ながら病気で入院しまして、判決の日を見ていないんですよ。でもその取材の中で、取調官の捜査官のお一人が、取り調べの中で暴行があったというのを取材の中で認められたんです。これは私にとっては、とても大きかったです。で、その番組の中でも当然それは放送しました。

また、番組の取材の中で、免田さんの八代拘置所の中での姿を独自にテレビカメラで撮影することができましたので、これはいち早く放送しました。逆にこれはあとから免田さんから教えていただきましたが、大変迷惑をこうむったと。これは、こうやって交流を続けさせていただいていて、自分の報道がどういう影響があったのかというのが、ほんとにあとから知ることができて、これはやっぱり、当時は考えもしなかったことでした。ただただみんな、取材競争をしている中で、この獄中で免田さんはどうしてらっしゃるだろうと、素朴にそこだけ考えてです。これはカメ

ラマンが、「撮れるよ」って言われたので、ベテランカメラマンが中心になって撮ったんです。

いざ自分がしている影響というのは、これはやっぱりあとからしみじみ教えられました。そして、甲斐さんに10年ほど前に連絡を頂いて、こうやって交流を続けさせていただいている中で、やっぱり、人間とは何なのかというのを、改めて考えさせられているところです。

大出 確か、免田さんが拘置所の中で、花に水をやっていられるところかなにかを撮った映像でしたよね。あれは結局、その結果として内部規制が強化されたということですか。

牧口 建物の外に免田さんが出られなくなって、大変不自由になった。

免田 ちょっと問題になりましたものね。

大出 もうお一方、どうぞ。

甲斐 熊日の甲斐です。私は1980年に入社しまして、すぐに当時の報道部に配属されました。警察担当ということでしたが、再審開始決定が出て、先輩の人たちが忙しそうにしているのを見て、「これは大変なことなんだな」というぐらいの感想だったんです。

再審公判が始まって、私も司法担当になって、取材に行くようになったのは途中からだったんですけど、そして、再審判決のときに、役割として法廷の中で無罪の瞬間に立ち会うという幸運に恵まれました。何も勉強してなかったんですけど、第3次再審請求審での再審開始決定だった「西辻（孝吉）決定」だけは読んでおこうと思って、「西辻決定」だけ読んでいたんです。再審無罪判決の中で、アリバイのところが出てくるわけですけど、「西辻決定」で言っていたことと構成が似ているなというようなことをそのとき感じて、そういうのをメモ書きして、法廷の外の記者に渡した記憶があります。

事件のことを深く知るようになったというのは、判決後に高峰さんと2人でこの事件を検証しようということで、180回ぐらい連載して。非常に異例で、新聞の読者投稿欄に連載するという、写真もない、非常に地味な企画だったんですけど、だからこそ続けられたというのもあったと思います。その新聞記事を本にまとめていただくということになりました。編集者は、当時法学セミナーの編集部にいらっしゃり、その後「季刊刑事弁護」の編集長になられた成澤壽信さんでしたけど、おかげで随分読みやすいものになったなと思います。

免田さんともお付き合いをさせていただいて、ほんとにこの間感じるのは、免田さんご自身が道を切り開いてこられたなということです。最近で言えば、年金を

獲得され支給されるようになられて、免田さんが声を上げなければ、そういうことにはならなくて、今も布川事件の方たちが、年金のことをおっしゃっていました。それが特別措置法というか、非常に限定的な法律なものだから、またそういう問題も出てきているなと思って、まだまだ現在進行形の問題だと感じています。

大出 どうもありがとうございます。記者の方たちには後でもう少しいろいろと当時のことをお聞きしたいと思います。その前に、玉枝さんは、当時まだ結婚されていなかったわけですが、この事件のことを報道では多分ご存じだったんだと思いますけれども、率直なところどのように見ていられたのか。全く関心がなかったのか、関心ぐらいはあったのか、思い出してみていかがですか。

玉枝 私は 1958（昭和 33）年に、三井三池炭鉱の労働組合に入って、その 1 年後ぐらい、1960（昭和 35）年に三池闘争が終わったんです。その 2 年後ぐらいに、三池労組の宮浦支部というところに入って、そこの図書館で仕事をしていたんです。その 2 年後辺りに大爆発が起こりました。私はほんとに普通の人間でしたから、その爆発事故で、何でこんなことが起きるのかなということで、ほんとに矛盾を感じながらおりました。

労働組合だから署名ぐらいはきていたんですけど、特別に免田事件がどうだこうだということは一切関心がなかったです。それより炭鉱では盛んに、大変な事故が起こっていたんで、それにきりきり舞いをしていたのが日常だったんで、事件には関心なかったんだけど、釈放されたあと新聞報道なんかを見て、「ああ、この人なんだな」ということを知るぐらいが関の山だったです。

そういう中で、大牟田の中でも私は市民運動をして、そのときは、合成洗剤追放の活動をやって、市役所の青年部の人たちと一緒にやっていたんで、集会を開いても、なかなか人が出づらいんですよね。だから、「今、旬の人だから免田さんを呼んだら、みんな来てくれるやろね」ということで、市役所の青年部の人たちと、その年の 10 月ぐらいに、当時免田さんが居られた慈愛園に電話をしたんです。

そしたらたまたま免田さんが出られて、「こんなして 5 人ぐらいでお話を聞きに行きたいんですけど、いいですか」と言ったら、「どうぞ」ということだったので、予定して 10 月に行ったんです。ちょうどそのとき青年部の人たちが来られなくて、私はもうそのときは別の民間の企業に働いていたので、フリーだったんです。

それで私 1 人で、10 月に慈愛園に訪ねて行って、私も自分自身まだ 1 人で暮らしていたので、34 年のあの闘いのその精神力を、この生きづらい世の中で、どんなにしてそういう精神力があるのかというところを学びたいということで行ったん

ですけど。

　行ったけど、普通の人だったのでびっくりしました。結局、さっき言われたんですけど、精神力はがちがちの人だろうと思って行ったら、普通の人で、こんな人が何で34年闘えたのかなということで、いろんな話を聞いて楽しかったんで、また次も、「また学ばせてください」ということで、月に1回ぐらい会いに行ったんです。だから、集会はとうとうできなかったです。

　そういうことでいろいろ行き来している中で、写真週刊誌にすっぱ抜かれてしまい、大変なことになりました。ほんとに私は、実感としては、この結婚はあの写真が出なかったらなかったと思います。ほんとにそれが実感なんです。私は今78歳ですけど、やっぱり私の20代の頃は、お見合させて結婚させないといけないというのが、親の使命だったんです。見合いも3回ぐらいしたんですけど、労働組合に出ていたということで、すべて断られたのだろうと思います。断りは私のところに来ないで、親のところに行くわけです。そういう意味では、親が私の結婚を一番心配していたのだろうなという気がしました。

　で、あれよあれよとなって、兄弟からも、「写真までこんなに出て結婚するというニュースになったら、おまえはもうもらい手がないぞ」と言われました。でも、結婚は反対です。だから、矛盾があります。グレーだというわけです。

　「兄さん、裁判で無罪になって何でグレーなの」と言ったら、「いや、それはグレーだ」と言って反対だったんだけど、「反対だけど、ここまで出たら結婚せい。おまえ、生涯結婚できんぞ」と。そういう矛盾の中で、本当に兄の失礼な言い方だったけど、あれよあれよという間に30年前の12月19日に結婚してしまいました。

大出　私は、認識がちょっと間違っていたようです。その写真が出たというのは、どういう写真が出たのですか？　みんなもちろん分かっていないので、玉枝さんと免田さんが？

玉枝　「FOCUS」（新潮社）に……。

免田　「FOCUS」にね。

大出　2人の写真が芸能人並みに撮られたわけですか。

玉枝　そう。「FOCUS」の人が大牟田の高校生たちに写真を持っていくからと。そしたら免田が、「大牟田なら堤玉枝さんがおるから、一緒に行きましょう」ということで私も呼ばれて、大牟田駅で待って、そして一緒に行ったんです。

　そして、その方が写真を渡して、大牟田のうどん屋さんでお昼を食べようということになったんです。そこでビールを飲みながらいろんな話をして、本職のカシャカシャカシャをして2人で……、その方もいるし、ビールを飲みながらいろんな話

をして、肩を組んだり楽しく飲んだりして、にぎやかな食卓というか、そういう時間だったんです。

　だから、私も何げなく身の上話をして、兄が炭鉱労働者でこんなかたちで育った人間だということ、いろんな実情を話しました。そうしたら、その肩を組んでいるのが写真に出たわけです。

大出　分かりました分かりました。

玉枝　そこで話した内容らしく「もうじき結婚」といったようなことも書かれることになったわけです。

大出　尾ひれが付いていたわけですね。

玉枝　尾ひれが付いた。

再審まで

大出　ところで、話をあらためて免田さんに 35 年間を簡単に振り返っていただきたいと思いますが、事件に関わって未だに記憶から離れないことはどんなことですか。

免田　私なんか、裁判になったときには、裁判長が何を言っているのかさっぱり分からん。ぽかんと座っているだけでしたから。最初の弁護士の先生が何も説明せんでしょうが。

大出　最初のときですね。

免田　はい。もう「紙に名前を書け」って言って、看守が持ってきたり、それに書いて出したり。ほんとそんなこと、何も分からなかった。面会も来ないでしょう。公判のときだって、法廷でちょっと話すだけで。面会するっち、俺の顔ばじーっと見てから、「元気でおれ」って言うだけです。

大出　弁護人は、どなたが依頼したんですかね。

免田　おやじの知り合いに元町会議員がいたんです。その人の息子さんがおられまして、その人の関係で依頼したですけど、何もせんかったです。

大出　しかも、それは裁判になってからでしょ。

免田　もちろん私も何も知らないし、もう裁判官とか検察官から尋ねられても、返答に困るような状況でした。なにほげなこと言われて尋ねるち思うてね。ほんとに夢物語やった。

　一審の裁判長の木下春雄さんが「死刑」と言われたときなんか、「何で死刑？」、ただそれだけですよ。それで、看守の方に、「死刑って、どがいなってるんですか」っ

―――― 第 3 部　判決以後の免田栄さん

て言ったら、「大変だぞ、おまえ。いろいろと弁護士さんに相談してまた控訴してからしっかりやらにゃ」と言われるばってん、田舎のぼんぼんですからね。何も分からんもんですから。

大出　看守の人がそういうことを言ってくれたんですか。

免田　はい。同情はしてくれてるんで、こっちは頭が勉強はないし、田舎の者で、おやじもまたおろおろしてるもんですから。

　死刑に確定してからは良かったですね。共産党の江藤という方が福岡拘置所で、まだそういう政治的な事件の関係の人がいた時代だったから、あの人がいてくれたお陰で今日があったんじゃないかと思ってますけれど。

　他にも、助けの神はありました。看守の人が、日曜日でも出てきて、私が言うことを書いて、書類を自分の家に持ってかえって、おまえちゃんと言うことがあるんなら、前後のことをいろいろ考えてから、一から書けって。

大出　看守の人がそういうことで、免田さんを助けてくれたというか、援助してくれたということですか。

免田　そのときには、字引から何から用意してくれて、そしてあの第3次再審で開始決定につながったんです。

大出　外の人たちが自分のことをどう思っているだろうかといったことを意識したりしたことはありますか。「普通の人間」なのか「強固な意思を持った人間」なのかといったことですが。

免田　そのことを考えるということは全然なかったんですけど、自分は何でこういう場面に置かれているかなと、それは不思議なところで、どうも解決できなかったもんですから、役人といろいろ話し合って、その指導で潮谷総一郎先生と文通を始めたんですね。それがやっぱり良かったんじゃないですか。

大出　潮谷先生は、免田さんが「普通の人間」だということは多分見抜いていたのではないですかね。

免田　それは分かりませんけれど、教誨にみえて1時間よう話し合ったもんですからね。で、「何か困ったことがあったらお手紙をください」と言って。それからは手紙の文字書きを猛勉強しました。

大出　潮谷先生が書かれた文章の中でも、免田さんの字がどんどんうまくなっていったということが確か書いてあったと思います（前出『新版 検証・免田事件』198頁参照）。

再審無罪判決へ

大出 少し飛ばしますが、1981年5月15日に再審公判が始まりましたが、再審の裁判をやっている最中、マスコミ関係の取材の人たちがいっぱい来ていましたし、毎回ニュースになっていたと思いますが、免田さんは、そのニュースを拘置所の中では見ていなかったのですか。

免田 ほとんど見てなかったですね。

大出 ところで、記者の方たちはどう見ていたのでしょう。牧口さんのところは、既に牧口さんが「嘘」という番組を作られていたのですから、この事件はおかしいという方向性を社として明確にして動いていたのでしょうか。

牧口 どういう内容にするかは、あくまでも取材をしている取材記者の感覚が中心になります。だから、最初から免田さんは白という方向で番組を作れということはありません。

大出 結果的にそういうことになったということだったのですか。

牧口 はい。取り調べの警察官の1人が、取り調べの中で暴行したということを取材の中で認めた。これは、やっぱり大きかったです。

大出 先ほどそれぞれ断片的にお話いただきましたが、取材を始めたときには4人とも若くていらっしゃったわけで、取材をしていく中でいろいろなことがあったと思うのです。公判が始まってから出てきた新証人も非常にインパクトが強かったとか、センセーショナルだったというようなことだったと思います。私が関東のほうで地元の話を聞いたときには、判決のときまで有罪無罪の感触はフィフティー・フィフティーの雰囲気だという。判決について、現場の取材陣も必ずしもみんな白だと思っていたわけではない。

つまり、無罪という結論になるかどうかということについては、必ずしも確信があったわけじゃないというような話もあったかと思いますが。率直なところ、その辺はどうだったんですか。今振り返ってみて。

鳥崎 完全に覚えているわけではないのですが、再審は再審で、それまでの裁判とは全く別に有罪か無罪かをきっちりと裁判するんだと、そういう流れで進んでいるんだなというのはもちろん分かっていたんですが、最終的には結局無罪になるんだろうなと私は思っていました。

そのときは、私はまだ本当に若造だったんですけれども、うちの支社のデスクとか、その辺の上の担当者も基本はその流れだなと。それは、再審開始の決定が出ているということが一つはやっぱり大きかったと思います。

ただ、アリバイを認める、いわゆる完全無罪というんでしょうか、真っ白という判決が出るかどうかについては、本当に確信はなかったです。両面の準備はしていましたけれども、判決内容を見て、「うわ、白で出してきた」という感じでびっくりしたのは確かにあります。

大出 新証人についてはどういう印象を持っていたんですか。

鳥崎 これは私の特ダネではなくて、最初はどこかの社が特ダネとして出したと思うんですけれども、実際に話を聞きに行ってみて、検察官の取材ももちろんして、それからご本人の取材もして……。

大出 みんな証人にはあたったのかしら。各個で全部行っていたわけですね。

鳥崎 それをした結果としての僕自身の心証としては、「この証言で黒にはできないでしょう」と思いました。

大出 牧口さんはどうですか。

牧口 私が新証人のインタビューを取りに行ったときに、「いやはや、これはすごい証人が出てきたな」と思いました。でも、実は、証人として八代支部に出たとき、証人尋問が行われる前に、私は支援者の人から当時の免田さんの家の間取りを聞いていたんです。そうしたら、証人の間取りの証言はそれと全然違うんですよ。それがあって、私は、「これはちょっとおかしいな」という印象を持ちます。

逆に、新証人が出たことで真っ白無罪のアリバイを認める判決につながったんじゃないかなと、僕は判決を読んで思ったんです。

大出 それはどの点でですか。

牧口 結局、新証人の証言は、アリバイを崩すための証言ですよね。30年以上たってああいう新証人が出てきたときに、裁判所がどういう反応を示したのか。そうしたら、アリバイについてきっちり白黒つける判決を出さないといけないと思ったんじゃないのかなと、僕は思ったんです。

大出 なるほど、逆にね。

牧口 はい、逆に。あのままそこに決着をつけないで判決を出したら、一般の人の印象として、「やっぱりグレーじゃないか」ということになると思います。だから、あれは逆に、アリバイ問題にきっちり決着をつけるという裁判長の意思を固めさせた証人になるんじゃないかなと、僕は思いました。

大出 さっきのお話につながるんですが、牧口さんの周辺では、公判を通じて最終的なところで無罪か有罪かということについては、そのことも含めてどういう雰囲気でしたか。

牧口 半々ですよ。

大出 やっぱり半々ですか。

牧口 はい。私は、これは無罪になると。

大出 熊日はどうだったですか。どちらからでも。高峰さんのほうから。

高峰 現場の記者で構成する「記者会」という熊日社内の記者の組織があって、判決の年の1月の記者会だったと思いますけど、管理職以外の記者が全部集まって飲むんですが、そこで、当時、免田事件を担当していた先輩記者が講師というか、報告するんですね。免田事件の説明と自分が取材をした印象と、そういう問題点みたいなことをしゃべって、判決がどうなるかについて、あのときはみんなに予想を挙手してもらったのか、あるいはこちらが講師の先輩に聞いたのかな、どちらか忘れたんですけども、答としては、完全な無罪というのではないかもしれないという趣旨の話が多かったのを、僕自身は覚えています。

大出 でも、無罪にはなるという雰囲気では見ていたわけですね。

高峰 そうそう。有罪ではないだろうけれどもということで。だから、そのときの感じでは、アリバイというふうなかたちでは判決の予想は多分なかったんだろうと思いますね。

大出 私の知る限りでは、アリバイが理由になると思っていた記者の人は多分皆無ですよね。それは何も記者だけじゃなくて、傍聴したり、関心を持っていた研究者だって、もちろんそうは思っていなかったと思います。

高峰 河上元康さんという無罪判決を言い渡した裁判長がいるじゃないですか、その方への甲斐さんのインタビューで河上さんが答えているのは、「調べていくうちにアリバイがポイントだと確信した」というんですね。多分、物証を見ていく中でそういう心証というのかな、とってきたんだと思います。で、鳥肌が立つような感覚を覚えたというんですね。そういう意味で、河上さんは意外だったのかもしれないな、と思うことがあります。「調べていけばこれはアリバイがあるんじゃないの？」みたいな感じでしょうね。

大出 開始決定との関係というのがあるじゃないですか。開始決定はアリバイには触れていないわけですが、裁判所としては、もう一度調べ直すんだというところで調べ直してということなんでしょうね。

高峰 もう亡くなられましたけど、弁護人の倉田哲治さんは、「結果的には新証人も出てきて良かったんじゃないか」という言い方でしたね。そういうのを除外してやると、どうせまた社会的な印象が残ってしまう。だから、出すべき証拠は全部出して無罪だよという、吟味したうえでというので、そういう意味では、倉田弁護士は河上コートの訴訟指揮については評価していたような感じがしますね。

大出 免田さんは、再審の裁判で当然ずっと法廷にいたじゃないですか。それで審理が進んでいく中で、裁判所が何を考えているのかというようなことについて思ったことでご記憶にあることは何かありますか。再審の公判になって新証人が出てきたとき、免田さんはどう聞いていたのかとか、最終的にアリバイが認められたわけですけれども、アリバイが認められるのじゃないかと審理の過程の中で思ったことがあったのか、どうですか。

免田 新証人、これはうそだっていうことは最初から分かっていました。

大出 免田さんはそう聞いていたんでしょうね。

免田 はい。すぐにうそだなっていう。

大出 玉枝さんは、その辺の過程でいろんな報道があったことには、あんまり関心はなかったということだったというお話でしたか。

玉枝 関心はなかったです。新聞で見て、「ああ、またこういう人が出てきたんだな」という、それぐらいの程度ですね。

大出 以前にお話ししていたかもしれませんが、私も、最後の１年ぐらいは、再審公判を傍聴していて、実は、裁判所はアリバイで心証を採っているのではないか思っていました。

　なぜかというと、免田さんはあまりご記憶はないかもしれないけれども、免田さんの被告人質問のときに河上裁判長が免田さんに確認していたことは、全部だったかどうかは記憶が定かじゃないけど、アリバイにかかわることなんですよ。

　つまり、免田さんに、「この点の記憶はどうなんですか。言っていたことが違っているんだけれども、どうだったんですかね」と言って、免田さんが、「いや、それはちょっと記憶がはっきりしません」と言うと、「じゃあ、こうだったんじゃないんですか」と言って裁判所が誘導するんです。そして誘導した方向というのは、免田さんにアリバイがあるという方向での誘導だったんですよ。

免田 それはそうでしたね。

大出 ですから、それを聞いていると、「裁判所はアリバイに関心を持っていて、アリバイを認めるという前提で確認をしている」というふうに思える点が何点もあったんです。判決自体がアリバイを認めるかどうかは、私も半信半疑でしたけれども、少なくとも裁判所はアリバイで心証を採っているだろうと見ていたんです。

　でも、それは皆さんの受け入れるところではなかったみたいなところがあるのですけれどね。

鳥崎 いやいや、僕は覚えています。大出さんがそういうことを指摘されたので、私もそのことを、「大出さんがこういうことを言っている」と東京の司法担当デスク

にしたら、「それじゃあ、アリバイのほうについても予定稿は準備しておこう」というような話だったんです。

大出 そうですか。今だからの話ですけれど、全国紙が東京でも前打ちの原稿を出すじゃないですか。東京の担当は、「これはもう無罪に決まっているだろう。ところが、地元はフィフティー・フィフティーの原稿を送ってきている。そんなのでは困るので、何とかしっかりした原稿を出したいんだけど、大出さんはどう思っているんだ」と言うから、今みたいな話をしたら、その全国紙は東京から、「アリバイを認めるかもしれない」みたいな原稿を数日前に出したんですよ。

鳥崎 そうですよね。

大出 ところが、それは東京本社の中で不評で大騒ぎになって、担当記者が問い詰められて、その担当記者が私のところに電話をよこして、「大出さん、あれ、絶対大丈夫だよね」っていう話になったんで、私は、「自分で見てきたことを言ったんで、間違いないよ」とは言ったんだけど、彼も出るまでは戦々恐々だったし、私は別に責任を取る立場でも何でもなかったのですけれども、結構気にはなっていました。

そういうことがあって無罪判決が出たということで良かったのですが、「その後の話」というところにつながっていくことについて、皆さんのご記憶を少し確認しておきたいと思います。私も当日傍聴席の免田さんのすぐ後ろに座っていたのですが、言い渡しが午後までかかったじゃないですか。で、無罪だっていうのがもう分かっていて、免田さんが昼休みに、「手錠をかけるのか?」と拘置所の職員に確認されていたというご記憶はありますか。

免田 覚えてない。

大出 つまり、無罪が言い渡されているのに、昼休みで一旦退廷するときに手錠をかけるのかということが一つ問題になったわけです。確かかけないで行ったと思うんですけども。

それと、何で昼休みを取ったのかですが。そのあとの財田川事件などでは大体昼休み前に言い渡しを終わらせるようなことになったんです。ところが、免田さんの事件だけは昼休みを挟んで、なおかつ3時ぐらいまでやりましたよね。

それは何でだったのかというと、もちろん判決も長かったということもあったでしょうが、今から考えてみると、もう1つは、釈放指揮の問題があったのだろうと思いますね。検察庁は、無罪ということになった段階でどうするかっていうことについて結論が出ていなかったか、少なくとも裁判所には伝わっていなかった。だから、釈放指揮を執るための手続の時間が必要で、裁判所もそのことを計算し

ていた可能性があったのではと思うのです。

　それで、言い渡しが終わった後、いよいよ釈放されるのだろうと、その瞬間を見届けようとしていたら、これもご記憶があるかどうか分からないけど、みんな退廷させられたでしょう。あのとき、法廷には誰が入っていたのかしら。熊日は誰が入っていたのですか。

甲斐　私は入っていました。

大出　鳥崎さんも入っていた。

鳥崎　入っていました。それで、退廷させられてから、僕は裏に回ったんです。

大出　裏から出てくるかもしれないっていうことで。

鳥崎　そうじゃなくて、昔、あそこの法廷っていうのは、廊下があって、廊下から裁判官の席に入るためにドアを1回開けて、もう一つドアを開けるんです。で、僕は裏に回ってドアを一つ開けて、要するに、ドア一つで裁判官の席がある所まで行ったの。何を言うんだろうと思いました。

大出　釈放にあたってということ。

鳥崎　そうです。

大出　それは聞こえたの。

鳥崎　はい、聞けました。

大出　何て言っていたの。

鳥崎　「長い間ごくろうさまでした」って確か言いましたよね。覚えてないですか。

大出　免田さんに。

鳥崎　はい。

大出　免田さんは記憶にないですか。

免田　いや……、大変でしたもの。ワーワー言って。傍聴人を全部出したりしてね……。

鳥崎　とにかく、みんなが表に出された。

大出　それで、何で出されたのかっていう理由は覚えています。

鳥崎　どうしてだったかな。

大出　それがこのあとの話につながる話だと私は思ってあえて確認しているのですけど、脅迫状問題ですよ。免田さんは聞かされていなかったですか。

免田　いやー、そこまでは聞かされてなかったですね。

大出　弁護人のどなたからか聞いたのではないかと思うのですが、免田さんの判決が近付くに従って、新聞社にも来ていたのじゃないですか。新聞かテレビかなんかにも。つまり、「免田を無罪にするのはけしからん。出てきたらば危害を加え

てやる」といった脅迫状の類が相当舞い込んでいたというのです。記憶にないですか。

免田 それは判決後に聞きました。

大出 そうですか。それで、裁判所は当然釈放することを考えていたし、検察庁も釈放指揮書を持ってきた。それで、検察官の伊藤鉄男さんと裁判長との間で目配せか何かしていて、裁判長が「じゃあ、閉廷します。」と言った後、いよいよ釈放かと思ったら、「傍聴人は全員退廷してください」ということで出された。そのあと私は、鳥崎さんから頼まれた原稿を書かなきゃいけないので気が気じゃなかったのですけども、ともかく免田さんが出てくるところを見ないでこの場を去るわけにはいかないと思って待っていた。でも、待てど暮らせど出てこないじゃないですか。

何をやっているのかと思ったら、支援グループの若手の人たちを裁判所の中に呼び込んで、免田さんのガード態勢をつくっていたのですよね。それで、免田さんを抱えてみんなが玄関まで連れてきて、ハンドマイクで免田さんが第一声をあげられた。その辺は覚えています。

鳥崎 そうだったんですか。

免田 あれは大変でした。

鳥崎 僕は、それは知りませんでした。

大出 それは、免田事件のその後に関わる部分があると思っていまして、熊日で、高峰さんと甲斐さんが連載をやられると聞いたときにも、私は、そういう経緯があったので無罪になった理由がちゃんと分かるように伝える必要があるというようなことを申し上げたのではないかと思うのですが、それは、偏見とか誤解が少しでも解消できるように、社会的な認知というか認識を変えるような努力はやっぱり必要だろうと思ったのは、そもそもそれが出発点なのです。

もう一つ、最初に、第一報で無罪というニュースが流れたときのことも気になっていました。多分第一報には、アリバイが成立するという理由は入っていなかったと思います。記者の人たちは、みんなアリバイが成立するというのを聞かないで飛び出したでしょう。

鳥崎 結論だけでね。

大出 そう。つまり、「無罪」と言ったもんで、みんな「わー」ってね。で、裁判長は、直ぐその後、アリバイが成立すると言ったのですが、マイクの調子が悪くてうまく聞こえなかったんです。それで、裁判長は、マイクを直してもう一度言い直したのですが、その前に一報は出てしまった。多分裁判長は、その部分も聞いて飛び出して欲しかったのではなかったかと思いますよ。最初に端的に理由を述べられ

第3部　判決以後の免田栄さん

たけれど、第一報では伝わらなかったのでは、ということも何となく気になっていました。

「無罪だ。しかもそれはアリバイが成立しているんだ」という、この判決自体はすばらしい判決だったと私は思っていて、当然のことを認めたといえば当然のことを認めただけですが、それが社会的に本当にちゃんと認識されることになるのかどうかということは、その後の免田事件にとっての重要なポイントということになるだろうと思っていたのです。その後、九州大学に赴任することになって、不十分ですけれど、学生達とアンケート調査（本書227頁参照）をやったりということをしたのは、そういうことがあったからでもあります。

無罪判決後の交流

大出 ということで、皆さんは、先ほど出ましたように、実際に判決が出るときまで、必ずしもその重要性といったことも確信があったわけではないという状況だったのかもしれませんが、そのあと普通の人が出てきたということで人間的な交流を深める中で、やはり、裁判の怖さとか、冤罪というのはどうして生まれてくるのかというようなことをあらためて考えられる機会を持たれたのではないかという気もします。

問題なのは、どこまで一般の人たちに理解が広がっていくことになったのかというあたりです。

免田さんは免田さんでいろいろと思いもある中で、あちこちに出掛けていろいろと講演をされたりして、それこそ免田さん自身も、そういう中で刺すような視線を感じながらみたいなことも含めてやられたと思うのですけれども、それ以降の免田事件をめぐる状況ということについて、それぞれどういうふうに感じていたのかといったことを次に伺ってみたいと思います。高峰さんあたりからどうですか。

高峰 ちょっと難しいですね。僕自身は、新聞記者になりたくて熊日に入ったんです。免田事件とのことで言うと、社会部の二年生のときに、1979（昭和54）年の9月27日かな、福岡高裁の再審開始決定があるじゃないですか。で、決定が出たときに、当時のデスクから、「熊本地検のコメントを取ってこい」と言われた。僕は事件のことは詳しくは知らなくて、回りに人がいなかったんでしょうね、何かよく分からないけど、京町の熊本地検に行きました。当時の次席に土本武司さんという方がいました。

大出 有名人ですね。

高峰 部屋に入って、次席に「コメントをください」と言ったら、「何の」と言うから、「免田事件です」と言う訳です。「今から出さなきゃいけないの」と言うから、「お願いしますよ」と言ったら、「出さないよ、そんなの」と言うんですよね。それで少し頭に来て、「分かりました。じゃあ、検事正のところに行きます」と言ったら、次席が「ちょっと待て」と言うんですね。

で、呼び止められて、「大体、おまえは、法律は何の勉強をしたんだ」って言うから、「いや、僕はフランス文学だから法律は知りません」と言ったら、「駄目だよ、そんなんじゃ」と言って、土本さんとはそれから仲よくなるんですけど。そういうことがあって、自分なりに司法の勉強を始めました。

それから検事たちにも随分知人が増えました。面白かったですね。その後、いったん南関という支局に出て、帰ってきたら免田事件の担当になった。

で、免田さんの判決を迎えて、これは非常に大変な事件だということを思いましたね。そこで、「とりあえず、判決文を１回きっちり全部読み直してみようや」ということで、甲斐さんと２人で編集局に小さな部屋をもらって、まず判決文をずっと読み直し始めた。そこでいろんな人に会ったりとかやって、「連載は半年ぐらい要るかな」という話をしていたら結果的には182回にもなってしまった。

そうやっていく中でいろんな問題が出てくる、一つは、熊日も人間がそんなに潤沢にはいないので、僕ら２人が免田事件にかかりきりになると、やっぱり物理的に他社に抜かれるんですよ。手が回らないから。当時の部長はいい人だったんですけども、あるとき、出稿会議と言って、夕方に、明日の朝刊をどう作るかという各部から記事のメニューを持ち寄る会議があるんですが、その席で、うちの社会部だけが「町から村から」という一番短い記事で、それも１本しかなかった。しかもそれは残しという、前に使ってなかった１本だけだったということがあって、別の部の先輩から、「社会部は見苦しいぞ」と言われたことがありました。で、僕がそのときに言ったのは、「半年あるいは１年、あるいはそれ以上たったら、僕らがやっている仕事のほうがうんと意味がありますよ」ということでした。実は強がりでもあったんですがね。

連載をやりながら、この事件をどう正確に伝えていくかというのは正直難しかったような気がします。それは、免田さんがいる前で言うのもちょっとどうかと思うんですが、当時の僕ら社会部のところに、いつまでこういう連載をやっているんだというような趣旨の手紙が来たこともありました。

免田さんの存在ということについて僕自身は二つ思っています。一つは、免田さんが獄中にあって異議を申し立て続けたことで、司法の誤りをチェックした。

チェックする機会が社会としてできたということは、それはまたありがたかった。

それから、その後の生き方も、自分が生きている生き方で社会にずっと問いかけをしてこられた。しかし、問いかけをされている社会のほうが大体忘れるんです。その忘れる社会に対して、免田さんがいろんなところに出ていってずっとしゃべっておられる。その姿が社会にとってありがたいというか、僕はそんな気がしています。

これはあとの話にもなるんでしょうけども、財田川事件とか、松山事件とか、それぞれ同じような境遇の方がいたんですが、その方たちと比べると、免田さんのほうがはるかに社会に対して発言をされていて、そういう意味ではありがたいなという思いがしています。

それでもすぐに世の中が変わるわけじゃないので、報道も含めて息長くやっていくということの意味があるんだろうと思います。熊日は、昭和40年代に、平山謙二郎という、編集局長もやった僕らの先輩が獄中の免田さんに会いに行っているんです。あとで本人に聞いたら、支援者ということで免田さんを支援していた潮谷総一郎さんと一緒に行ったらしいんです。そういうふうにやってきたことの意味はやはりあるような気はしています。けども、実際持続し続けるというのはなかなか難しいことではありますね。

一番みんなが分からないのは、例えば、自白っていうのがあるじゃないですか。そうすると、「免田さんは認めたじゃないか」と言う人がいる。ところが、免田さんから言わせると、それは自白調書を認めたんだということになる。その自白調書というのは警察が書いた、あるいは検察が書いたやつで、それを認めたということで、「自分がしゃべったことじゃない。犯行を認めたということじゃない」ということでしょう。僕もそう思う。

ただ、それは社会のほうがなかなかすっといかない。そこの壁みたいなものを破るのがマスコミの役割でもあると思います。そして、そこがまず問われ続けている。

これも非常に失礼な言い方になるかもしれませんが、個人的には、免田さんが今住んでいる場所がこういうことの意味を象徴しているような気がしています。今住んでいる福岡県大牟田市は、古里の人吉方面からはかなり距離がある。しかも、熊本県内ではない。でも、熊本に限りなく近い所っていう、絶妙の距離感がある。もともと玉枝さんが住んでいた所なんですけれども、何かそういうものも今の免田さんの31年間を象徴しているんだろうなという気はしています。

大出 甲斐さん、引き続き。今、高峰さんに話をしてもらいましたけれども、社会へ向けての発信とか、この判決自体をどう伝えていくかっていうようなこととか、それがどう伝わったのかという点についてどうですか。

甲斐　そういう意味では、連載もやったんだけれども、やはりそれぞれが持っている心証というんですか、そこがなかなか動かしがたいというか、そこを変えるのが難しいなという感じはしました。

　もう一つは、自分も含めてですけど、当時のマスコミの姿勢です。先ほどから出てきますけど、完全無罪であるとか、これはロッキード事件の影響があったと思いますが、灰色無罪であるとか、そういうことが大々的に言われていました。それは、ちゃんと見出しにもなったりするような。

　で、再審で無罪になって事件を自分で調べ直して、無罪には完全無罪も灰色無罪もないということが一番の自分の教訓というか。それは、社会一般にあるマスコミのそういう報道が社会に与えた影響はあったのかもしないなと。逆に、社会が映したものがそういう言葉になったのかなとも思います。

　だから、無罪は無罪なんだということを伝えるという意味では、ずっと連載していることではあるけれども、いったん有罪というものが出てしまうと、一般の人が持った心証を覆すことはなかなか難しい。当事者である免田さんが一番感じていることだと思いますけれども、それはやっぱり感じますね。

大出　さっき高峰さんからも、「あれの連載中にいろんな雑音が」という社内の話もちょっと出ましたけれども、それだけじゃなくて、対社会的な関係の中で、熊日に対していろんな投書があったりとかいうこともあったわけでしょう。

甲斐　そうですね。

大出　それで強く印象に残っていることって何かありますか。

甲斐　そんな強いクレームというか、それはなかったとは思います。というのは、先ほども言いましたけれども、ある意味目立たない面だったので、それは逆に伝えやすい。そういう意味で、読者の投稿欄だから読まれてはいると思うけれども、写真もない連載ですから、読者に与えるインパクトという意味では非常に地味な……。

高峰　僕らにすると、そう大きくなくても「新聞にどっか載ってりゃええ」ということだったんです。

甲斐　ええ、その当時はそう。どこに載ろうが、とにかくやることが大事だというのがあった。

大出　われわれの感覚からしてみても、本当によく続けたし、熊日もよくそれを容認していたなとは思うけれども、インパクトとしてどうだったのかという問題は、少なくとも連載の時点では残ったのかもしれないですね。

高峰　東京の倉田哲治先生にも取材に行ったもんですから、熊日が連載をやっ

ているということを当時の日本評論社の成澤壽信さんに、「連載を本にしてみないか」というボールを投げてもらったんですよ。

大出 ああ、倉田さんからだったのですね。

高峰 倉田さんからボールが投げられて、成澤さんが、「読んで面白いんでぜひやりたい」と言ってこられたんですね。

大出 そうなんですね。中身としては、本当にすばらしい中身をつくられたと私は思っているんです。牧口さんとか鳥崎さんは当然読んだんじゃないかと思いますけれども、どう見ていたのか。あと、ご自分の社内の中での免田判決以後ということとの関係で、どういう雰囲気を感じていたのかとか、それはどうですか。

牧口 テレビと新聞はやっぱり違うというのはどうしても感じざるを得ません。RKK の報道部としても、当然、その後の免田さんの取材をしているんですが、やっぱり新聞は非常に細かく、そしてきちんと文章にして残していきます。

　テレビは、印象は非常に強いです。でも、すぐに忘れられるんです。だから、新聞とテレビの違いを改めて認識させられたというのが本音です。ある意味、新聞というメディアの強さというのも感じました。きちんとこうやって文書で残る。そして、繰り返し読める。手元にあれば繰り返し見られる。

　テレビは、録画というのはあんまりしないんですよ。いつ放送されるのかという予告、一般の人に事前に分かることはそんなにない。新聞のテレビ欄でちょっと出るかどうかですね。そして、1 回放送すると消えていくんです。でも、新聞は残っているんですね。そういう意味で、新聞の強さというのを私は感じさせられました。

大出 鳥崎さん、どうですか。

鳥崎 社内の人でさえもそうなんですけれども、「無罪ということだったけれども、本当のところはどうなの」とか、「要するにどういうことなの」というふうに聞かれることが大変多くて、「『要するに』というのは、判決文を読んでよ」と本当は言いたい。でも、判決文を読まないで、「無罪ということだけど要するにどう」というかたちで聞いてくる。社内の側の人間でさえそうなんだから、世間一般はよりそうだろうなというのは確かにそのあとずっと感じていました。

　もちろん、聞かれればちゃんと説明はしていましたけれども、そういうのとは別に、「それじゃあ、僕がこれで学んだことを日常の報道でどういうふうに生かせるんだろう」というのはやっぱりすごくいろいろ考えました。

　警察の担当ではなかったんですけれども、「こういう事件があって、こういう人をこういう容疑で逮捕しました」という発表を警察がしたときに、じゃあ、それが本当なのかどうかっていうようなことをどうやったら取材できるんだろうと。もちろ

ん、本人に直接聞くわけにもいかないしというので、できるだけ弁護士を探すというか、ちゃんとした弁護士がいるかどうか。

それから、ちょっとしてからだったと思いますけども、起訴前から弁護士が、当番弁護士というようなかたちで付くようになってきたので、「そこら辺を探すようなことをなるべくしたほうがいいね」ということは社内でもいろいろ話し合っていたんです。でも、それが本当に仕組みとして完全にできあがっているのかどうか、私もそのあと取材現場から離れたのでよく分からないんです。

そういう日常の報道でどういうふうに生かせただろうかというと、なかなかうまくできてなかったのかなと思います。

もう一つ、連載を見る前からそういう感じはしていたんですけども、この取材をしていて、再審開始の理由になったのが一応鑑定論争だったんで、そちらのほうにどうしても傾きがちで、鑑定論争って、結局はよっぽどのものが出てこない限り灰色なんですよね。

だから、どうしても灰色のほうに頭が行ってしまって、その後のこととか連載を見て、何で西辻決定をちゃんと見なかったのだろうと。それはすごく反省しました。取材をしている途中で、僕も西辻決定をもっときちんと見ておかなきゃいけなかったなと自分ですごく反省したのを覚えています。

大出 法理論の問題としても、再審のシステムというものが法的にどう制度設計されているのかということ自体についての認識がやっぱり広がっていなかったということでは、多分、研究者の間でも議論が分かれていた部分があるとは思います。

高峰 そういう意味では、まずは免田さんですが、私も個人的には西辻孝吉さんに会えたのは本当に良かったなと思っています。

大出 西辻さんね。第3次再審請求での開始決定の裁判長ですよね。

高峰 あれで免田さんが救われたっていうのはおかしいんだけども、司法界の中の免田事件の位置というか、"アリバイのある死刑囚"といったような位置が大体決まったような気が僕はするんです。そういう意味では、西辻さんの非常に温厚なというか、朴訥(ぼくとつ)なというか、飾らない人柄で淡々と話す西辻さんという人の存在は、司法にとっても貴重ですし、取材者としても会えて良かったなという気がします。

最近娘さんとお話をする機会があります。ちょっと家に資料が残っとりゃせんかと、気になって、いろいろ聞いたんですが、「ほとんど何もありませんでした」ということでした。料理研究家をやられているんですよ。横浜で。

大出 結局、あの決定っていうのは、本当によく書いたなという決定だけれども、

理論的に必ずしも十分に詰められていなかったというか、議論自体がまだそんなになかったから、西辻さんとしては苦肉の策でああいう方策を取ったわけで、中身としてはまさに筋を突いていたということだとは思いますよね。

高峰 僕が非常に参考になると思うのは、法律上の判例はないけど、とにかく自分が裁判官として証拠を調べ直したらどうもアリバイがあると、これはこのまま執行というのはおかしいだろうというので書いたと思うんです。

そういうのは司法に携わる人たちにとっても、何のために自分が仕事をやっているのか、彼はそこを法律論じゃなくて実態として示したような気がして、参考になるなと思いましたね。

大出 確かに、免田さんの死刑執行が一旦止まったあの決定の意味は大きかったという感じがしますね。

高峰 大きいですよね。

大出 玉枝さんは、大牟田では熊日は読めていたんですか。読めてない。

玉枝 いいえ、全然読んでいない。

大出 そこまで熊日は売れてなかったのかな。

甲斐 部数は少なかったですけど。

玉枝 支局もありましたからね。

甲斐 ええ、支局はありましたから。

大出 でも、そういう連載が行われているというのは全然知らなかったんでしょう。

玉枝 全然知りません。

大出 免田さんは、連載は読んでいた。高峰さんと甲斐さんが、この本になる原稿を新聞に連載していたじゃないですか。

免田 あれは全然見ていません。

大出 それは、そもそも渡してなかったの。

高峰 免田さんに渡そうっていう発想はなかったですね。

大出 えー、何で。

免田 機会がない。

高峰 そういう発想がないんですよ。

大出 ああ、そうだったの。免田さんは、無罪判決を法廷で自分で聞いていたわけだから、裁判所がアリバイを認めてくれたっていうのはもちろん分かっていたでしょう。八代で河上裁判長が「免田さん、無罪」と言って、理由をずっといろいろ言ったじゃないですか。あのときはもちろん、「ああ、アリバイをちゃんと認めてくれたな」っていうのは分かっていたわけですよね。

免田 ええ。

大出 そのことが、判決を聞いていない一般の人たちにどこまで理解されたのかどうかっていう問題は、後々いろいろと尾を引くことになると思いますが、そういうことで人に聞いてみたりしたことはあります。

免田 私がちょっと感じたことは、新聞ってたくさん出ているようだけれども、個人的には案外関心がないんだなという感じはあったですね。

大出 それは当たっている。

高峰 それはそういうもんです。僕らは、1回書いたからっていう前提でいろんなことを次に書くけど、実はそうでもないんですよね。

大出 そういうことなんですよね。

免田 紙面も社会面よりは経済的なところはみんな読まれているようですね。

大出 読むけどね。社会面っていうのは素通りというか、なかなか記憶に残らないという。その限りではテレビとそんなに変わらないかもしれないですね。

高峰 鳥崎さんが昔おっしゃったことだけど、例えば、有罪判決が1回出るでしょう。その刷り込みがあるじゃないですか。そうすると、そこで1回自分なりのジャッジが済んでいるわけですよね。で、新しく再審があって無罪になったときにすっと入ってこないというか。だから、自分の前の認識をどこか消さないといかんわけでしょう。そこをどう消すかっていうのは僕たちの役割なんだろうけど、実はこれは意外と難しいことだっていう気はします。

大出 おっしゃるとおりで難しいですよね。

高峰 そこで、悪い言葉だけど、「うまくやった」とか、そんな話が出てきてしまうところがある。本当に難しいと思います。

免田事件の教訓

大出 そのとおりです。ですから、免田さんが言ったように、民主主義と人権が本当にちゃんと根付くということにするために何が必要なのかということ。人はやっぱり忘れやすいとか、繰り返し言ったからといってすぐに定着するわけでもない。それから、さっき甲斐さんが言ったと思うけども、刑事裁判の原則というのは何なのかということについての認識を広げることもそう簡単じゃないですよね。

例えば、1980年代に免田事件から始まって財田川事件、松山事件、最後は島田事件までいってというようなことで、その救済が誤判防止のために一定有効に機能した面がなかったわけじゃないですよね。さっき鳥崎さんが、そのあとのこ

とはあまりご承知でないという言い方をされたけれども、当番弁護士がスタートしたのはやっぱり画期的でした。

もちろん、これが絶対的な重みを持ったわけじゃないけれども、やっぱり免田さんの事件の無罪がなければこういうことにはならなかった。本当は、警察、検察、裁判所が反省して、何らかの手だてを講じるということがあってしかるべきだったけれども、それがない中でようやく始まったのが当番弁護士だったというのがありますよね。

当番弁護士が始まったからといって、免田さんのような事件が起こらないのかといえばそうではないにしてみても、少なくとも歯止めになるようなことを始めたことは間違いないです。

それが最終的には被疑者国選という、今、被疑者に国選弁護が付くということまでは一応来たわけです。それが今度拡張されるという話もありますけれど、裁判員制度導入のインパクトが大きかったもので、被疑者国選が実現したということがあんまり表立って喧伝されることになっていない。でも、実は、本当はそもそも被疑者国選制度を導入し、早い段階で弁護士を付けるようなことを実現するということが最重要課題だったわけです。

ただ、30年という間で制度的な改革ということで一定程度進んだことはもちろんあるけれども、制度が変わるというほどに意識を変えるところまで行ったのかどうかというあたりの刑事裁判の問題というのは、例えば、匿名報道とか小さな事件についての報道はしないというようなこととか、メディアなりにいろいろと苦労されてきたことってありますよね。

その辺のところは、どの程度までどういうふうに認識が結び付いてそういうことが動いていったのかどうか、そのあたりはどうですか。

高峰 教訓の話ですね。僕が思うのは、教訓といったときにとても難しいことだということです。というのは、主体がそれぞれあるじゃないですか。どういう主体がどういう視点で教訓を見るのかで、いろんな見え方が違ってくるような気がします。

そのときに、まずどこに自分が立つかっていうことで話すと、例えば裁判所ということを考えたときに、裁判官と言ってもいいのかな、例えば、彼らが免田事件からどういう教訓を得ているのか、西辻さんの西辻決定みたいなものが裁判所の中でどうやって評価されているのか、それがよく分からない。

個人的に知っている人とは何人かと話すんだけども、裁判所が裁判所として冤罪をつくってきたことについての主体的な反省……、「反省」と言ったら言い過ぎ

でしょうかね、何か光を当てるようなものが弱いような気が僕自身はしているんです。

例えば免田さんの場合も、最終結論まで34年かかっているけども、実はそれ以前に西辻決定があるわけでしょう。例えば東電のOL殺人事件だって、裁判所の中に異議を唱えた人たちもいるわけですよね。細かく見てみると。実は、それぞれの裁判の過程で裁判所の中でも結構疑問の声を上げている人がいる。しかし、それが否定されたり多数にならなかったりというかたちになっているんですよね。だから、日本の裁判官たちも全く真っ暗闇ではないだろうと思います。

そこのところを、例えば免田事件で言えば、昭和31年のときの西辻さんのような見方をした先輩裁判官がいるということを、裁判官の世界でどうやってまたつないでいくかということが一つ問われているのかなという気がする。

それと、一方で検察っていう組織があります。最高検の関係者と話す機会がたまたまあって、そこで僕が免田事件の話を言ったら向こうが言ったんですね。「そうは言うけど、高峰さん、僕たちは、クエスチョンマークがある人は結果的には執行してないんだよ」って。で、幾つも事件を挙げた。

で、話しながら、ひょっとしたら、それはそれで彼ら検察にとっての正義のバランスを取っているのかもしれない。しかし、1人の人間ということから考えればバランスなどという問題で処理されることではない。免田さんも拘置34年だし、今度の袴田巖さんもそうだし、自分らもクエスチョンがあると思うような人たちを何十年と拘置しておくというのは、正義という意味からすると多分違うだろうと思うんです。

免田さんの事件をはじめ、それぞれ担当した検事たちが死刑囚の再審無罪の三大事件の反省文を書きました。『再審無罪事件検討結果報告──免田・財田川・松山各事件』という文書で、法律時報61巻8号（1989年）85頁以下にその抄録があります。あれはよくできていると僕は思うんです。あれは「無期限秘」というふうに判を打ってあるんだけど、プライバシーにかかわる部分は配慮するとして、できればあれを社会的に公開というか、社会的な財産となるようなことを検察庁は考えたら良かったと思う。今でも遅くないと僕は思います。

例えば免田事件をやった検事の文章をずっと読んでいくと、無罪を求刑すべきだったんじゃないかと僕が思うような書きぶりなんですね。だって、疑問がずっとあるわけです。「ここが足りない」、「ここがおかしい」って、「おかしい」と書いていますからね。

そうすると、彼にとっては、結論は「無罪を求刑すべき」でも良かったかなと

僕は思うんです。で、最低でもあの作られたペーパーを公開するようなかたちで。そうすると、さっき言った無罪を受けた人たちの社会の受け止め方も少しは違ってくるような気がします。そういう面で、教訓の仕方もいろいろあるのかなという気がします。

それと、マスコミっていうことで言うと、例えば今おっしゃったように、一つは、死刑囚が再審無罪になったことで検証を強化されるようになったと思います。

僕は検証ということで言えば、今度の朝日新聞の福島の震災で起こった原発事故に関わる吉田調書の誤報問題でもそう思うんですけど、やっぱり何かがないとあれだけのものを取ってやろうということは出てこない。言葉で言うと功名心になるかもしれませんが、それは否定できないし、正直な話、そういうのがないと大きな壁を突破できないと思う。

その大きな壁を突破したことを僕は評価したいんだけど、そのあと仮に間違っていたということになったのなら、あのときと今と比べながらその時点で検証記事を書いて、結果的に正しい事実みたいなものを出していくことができるのではないかと思うんです。繰り返しになりますが、検証が多くなったことの背景には冤罪事件の報道が影響しているように僕は思っています。

ただ、反省することもあるんですよね、正直。実は免田さんのときに、牧口さんたちが拘置所の中の免田さんを撮影したじゃないですか。で、「やっぱりこっちも何かネタを出さないかんな」という話になりましてね、当時、弁護人の1人だった荒木哲也さんに、「何かないですかね」ってお願いして、免田さんから、「連行の図」っていうのを描いてもらったことがありました。これは免田さんが山仕事で行っていた一勝地の伊藤さんのところから大柄な刑事たちに囲まれて小柄な免田さんが連行される場面を描いたもので、リアリティーのあるものでした。これは、僕らが荒木弁護士に頼んだものなんです。

大出 まだ拘束されているときにね。免田さんが描いた。

高峰 ええ、免田さんが描いてくれました。

免田 何かそんなことがあったけどね。

高峰 あとで聞いたら、「裁判の資料にするんだ」みたいなことを、荒木さんは言ったらしいんですけど。

大出 免田さんに。

高峰 はい。で、「お手数をかけました」と言って、京町の荒木さんの事務所からもらってきました。「連行の図」というもののいきさつはこうなんですが、そういうことをやりました。その辺の反省は反省としてありますね、やっぱり。話を戻すと、

検証をやるようになったというのはマスコミとしてのいろんな反省の上にあるような気がします。匿名報道なんかも、その一端でしょう。

大出 それは、免田さんがいつも言っていることにかかわる話で、裁判官とか検察官は何で反省しないのかということについては、免田さんが一家言ありそうだったというところはあって、免田さんとしては、前から天皇制がどうのこうのというようなことは言っているけれども、やっぱりみんなの意識は変わらない。でも、変わってきているとも思っていますか。少しは変わってきている。

免田 ありますね。それはあるんだけれども、私はこの前も問題にしたんですけど、刑事で無罪になった人間がなぜ国家賠償できないかっていうところですね。二重の利益は与えたくないというのが強すぎる。そういう結果をつくったのはやっぱり司法ですから、そこのところは逃げんで一生懸命考えてもらいたいなという考えはあるんです。

大出 結局、それはまさに裁判官の誤りとか、検察官の誤りを認めるっていうことでないと認めないですもんね。

免田 そうですよね。

大出 さっきの話で、体質と言ってしまえばそれっきりだという部分もあるとは思うけれども、免田さんが言うように、確かに、それを変えられないと事態は変わらないという感じもするじゃないですか。そこは何で変わらないのかということと、本当に変える方策はないのかというあたりはどうですか。

　つまり、一般的に言うと、やっぱり流れていてどこかでふっと気にはなるんだけれども、方策と言われてみても、現実の問題としてそう簡単じゃないというのが先に立ってしまって、どうすりゃあいいのかという。だから、今、免田さんが言ったように、「国家賠償訴訟でもやって勝つしかないんだ」と言うけども、それ自体簡単ではない部分もあるわけですよね。

免田 私なりの考えですけど、天皇に対するやっぱり気遣いですね。何であんな生産力のない人間を天皇に据えているんだろうかというような考えを持っているんですけれども、それを公にできないところっていうのは、何か言いようのない歴史で育った層というか、何か知らないけど目に見えないものに縛られているということがあるんですよね。

大出 免田さんの世代の感覚からすると、そういう思いを非常に強くするということだと思いますけど、その辺のところで、さっき高峰さんが言った、例えば、「執行しなかったじゃないか」というのがエクスキューズになると検察は思っているというところが、ある意味ではすごい言い訳でしょう。

その辺の意識の問題というのはなかなか難しくて、メディアもその辺をどう批判していくのかとか、その意識を変えさせる方法があるのかといえば、そういったアイデアがあるわけでもないというのがあるじゃないですか。その辺はどうですか。
鳥崎 アイデアですか。
大出 アイデアとまでは言わないし、今後にということも含めてだけれども、その辺の問題をわれわれはどう考えて教訓化していくとか、具体的な方策を探っていくというようなこと。問題自体については共有している部分が多分あると思うのですけれども、どうですか。
鳥崎 すごくよく分かります。それはものすごいよく分かります。要するに、結果として間違ったということは認めても、誰がいつどのような間違いをしたのかというのをきちんと明らかにしないことにつながるわけですよね。国家賠償というものにものすごく壁がある。裁判官とか、検察官とか、捜査員とか、一人一人の公務員の個人的な責任については追及しないんだという前提みたいなのがあって、「よっぽどひどいことをしない限り、国としては賠償しませんよ」という仕組みの法律になっているわけです。

そういう仕組みになっているのが今度は逆に国家賠償を、要するに、そういうものをちゃんと調べようという気がもうしなくなっているという、そういう仕組みがもうできあがっているというのはものすごく感じます。それは冤罪だけではなくて、熊本で言うと水俣病事件もそうだったし、そういう構造が国や行政の中にあって、それがいろんな問題を引き起こしてきて、またさらに同じことをやってしまうという結果をもたらしているだろうと思います。

本当はそういうところを大本からちゃんと見直さなければいけないんだろうと思うんですけれども、それをどういうアイデアでというと、失敗をしたことに対して、「本当にこういうことが間違っていた」ということを失敗した側からやってもらうしか方法はないですもんね。それができないときは、マスコミがある程度しっかりとやるしかないのかなと思います。

そこでもどうしても、取材をしようと思っても分からないところもいっぱいあるだろうし、壁はいっぱいあるだろうなと思いますね。
免田 そういう意味では、やっぱり、なぜ天皇批判をしないかということですよね。同じ人間でありながら、彼だけが何か着飾って国民まで犠牲にして……。
高峰 免田さんの長年の持論で、日本の差別構造の原点に天皇制があるということでずっと言われている。「それがまず分かっていますか」っていつも強く言われます。この話をすると、なかなか終わらないですね。

大出 牧口さんに続きの話を伺えればと思いますが。

牧口 先ほど鳥崎さんが、水俣病事件も同じようにと言われている。実は、私は定年退職後も、水俣病に関しては自分で記録を取り続けているんです。そうすると、共通点が非常に多いというのはやっぱり実感するんです。じゃあ、水俣病事件の教訓は何かということと、免田事件の教訓は何かということを考えたときに、どちらも人間の心が問われているということだと思うわけです。だから難しい。

じゃあ、人間の心はどういうものかというと、自分にとらわれる。自分が一番かわいい。そこを離れきらないと人間の心はなかなか開いていかない、開かれていかない。「人間の心が問われている」と言われると、組織に入っていようが組織を離れようが、自分自身が全部問われることになります。これは、本当はものすごく厳しい問われ方です。

でも、自分自身に問われている、自分自身の心が問われていると感じられる人は少しでも前進していけると思います。そのことを考えない人は変わらないと思うんです。自分自身でも自分にとらわれているところはたくさんあります。結局、人間自身が問われているということを考えれば、これがなかなかいい方向に前進していかないというのは、人間自身が問われていることじゃないのかな。だから難しいのかな。

免田 そうね。

牧口 今の時点では、私はそこをものすごく痛感しています。

大出 否定的な言い方をするつもりはないですけれど、今の話は、やっぱり人間社会の難しさっていうことですかね。

牧口 はい。

大出 でも、それに働き掛けることによって、事態を少しでも前進させるということは当然あり得ることですよね。

牧口 はい。それがジャーナリズムだと思っています。ジャーナリズムも、組織ジャーナリズムと個人ジャーナリズムがあると考えています。で、組織は組織でジャーナリズムを考え続けることだと、私は思っています。教訓というのが一つ出てきたら、考え続けること、考えることをやめないことだと思う。

それは、ひいては個人もそうだと思います。個人もやっぱり偏見があるので、一つ決めた価値観が出てくるんですね。でも、そこで考えを止めずに考え続けること。これは訓練が要ると思うんです。個人も組織も訓練が要ると思います。どうやったらその訓練ができるか。そこは、やっぱりずっと試行錯誤だと思います。試行錯誤の中で、大出さんが言われたように、少しずつですけれども司法界は変

わってきている。これは、試行錯誤の結果だと思う。
　そうしたら、個人も試行錯誤を自分でやっていかなきゃいけないですね。組織ジャーナリズムから発信されたものをきちんと考える材料にするそのことは、個人ジャーナリズムの一つの出発点だと。疑問を持つということですね。

高峰　牧口さんと方向性は同じことなんだろうけど、少し異論というか、議論になると思うのは、やっぱり抽象化してはいけないというふうに僕自身は思っている。例えば、さっき「主体」という言葉を言ったんですけど、「社会が」と言ったときに、社会を構成しているどの部分の話をするのかということを心しておかないと、例えば、昔あった一億総ざんげだとか、何かそんなことになってしまう恐れも若干ある。そこは、牧口さんが今言った「個人は」というところを忘れないようにしないといけないというのが一点。
　それともう一つは、僕自身がマスコミに入って、たとえば、今度（2014年）の朝日新聞の福島原発の吉田調書問題や戦争報道なんかも考えるんだけど、ジャーナリズムというのはそもそも組織にはないような気がするんですね。あるとすれば、多分、個人だろうと思う。だから、どれだけ強い個人がどれだけそこにいるかとか、そういうことが問われるのかなという。
　「熊日はハンセン病、よくやっていますね」、「水俣病、やっていますね」とよく言われるけど、熊日がというより、多分、そこにいた記者たちが自分なりに感じて、僕は僕でやるし、甲斐さんは甲斐さんでやるし、若い人は若い人でやるという、個々の人たちがやったかたちが同じになっているんだろうと。あくまで根っこにあるのは組織じゃなくて個々、一人一人じゃないかなという気がしています。

大出　それは、日本にジャーナリズムというのが成立しているのかどうかという問題提起というのが歴史的にもあったような気がしますが、そういう問題提起にもかかわることでしょうね。

高峰　難しいですね。あんまり、格好よく言えないじゃないけど、どう持続させていくかという問題もあるし。

大出　甲斐さんからもその点について何かご意見を伺えればと思いますが、どうですか。

甲斐　やっぱり一番思うのは、先ほどの水俣病との比較というか、共通性というか、その辺も言われていますけど、被害を受けた人たちが、自分は水俣病であるとか、「かかわっていない、冤罪なんだ」ということの立証を負わされているというか、そこの理不尽さがあると思います。
　本来は、われわれがただすというか、認定する国なり行政なり司法機関にある

と思うんですけど、そこのハードルが高くて非常に大きな労力を払わないといけない。

大出 免田さんだって、今こうして元気でわれわれと一緒にいろんな話をしているけれども、はっきり言って、運が良かったとしか言いようがない部分がありますよね。

免田 ありますね。

大出 つまり、そういうことで、絶対的に本当にうまいこと歯車がかみ合っていい方向に動いたからということであって、可能性としては、一歩間違えばというようなことがなかったわけじゃないですよね。

高峰 ただ、僕はそこで少し異論があるのは、免田さんは自分でその道をつくっていった、あるいはつくっているんだと思うんです。

大出 もちろん、それもうまくかみ合ったというところだと思うんですよ。例えば、西辻さんの決定が出たのもそうだし、免田さんは諦めなかったということですよね。

高峰 そこから始まるわけじゃないですか。諦めない免田さんがいるから西辻さんの決定が出るわけです。

大出 それはそのとおりだと思います。

高峰 本人が諦めていればダメですよね。ただ考えてみると、被害者のほうが膨大なエネルギーが実は要るんですよね。おかしな話だけど。

大出 と思います。それで、さっき牧口さんから出たことにかかわって、今、甲斐さんの話もあったけど、変えていくためのきっかけをどうつくっていくのかとか、あるいは個人ジャーナリズムというか、そういうようなことでの発信力ということに最終的には行き着くのかもしれない。

　今出てきたこととの関係でいくと、今はITの時代で、発信する方法はあるところにはめちゃくちゃあるじゃない。私は全然やってないから分からないけれども、ブログでアクセス数っていうようなことを言うと、本当のところあれがどういうことなのか分からないんだけど、何十万回とか何百万回と言うじゃないですか。それは、今の既存のジャーナリズムというか、メディアというものをはるかに超えているとも言われているでしょう。

　でも、そう言われていながら、そのことの持つ効果とか、それが本当にどう機能しているのかということをどう見ているのかっていうのは私も全然分からないけれども、新たな時代のもとでのそういう情報発信のツールとか、それが持つ拡散力とか、さっき言った、個人から問題をどう提起していくのかというようなことについて、展望というものがあるのかどうかっていうことにかかわっている。

　それからもう一つは、さっき朝日のことが出てきたんだけど、今度の朝日の検証

というか、反省というか、どう言うのが適切なのか分からないけれども、それはジャーナリズムにとってどういう意味を持っているのか、今ここで話してきたことにまでつながっていくような意味合いを持っているのかどうか。

逆に、朝日バッシングが始まっているというところがあるじゃないですか。ものすごいバッシングが始まっていて、まさにぶっ潰せというようなことで、駅にまでステッカーが貼ってあるなんて東京ではあるんですよ。そういうこととの関係というのはどうですかね。

という今の社会状況の中で、そういう問題をどう受け止め、どう拾っていくのかとか、さっき言った、まさにジャーナリズムとしての果たすべき役割というのをどういうかたちで広げていくのかということについて何か。

さっき牧口さんが言ったことというのは、具体的な牧口さん自身のイメージの中では、どういう方策として考えられるのかというのはどうですか。

牧口 先ほど高峰さんがおっしゃったように、やっぱり個人が基本になると思います。個人がいかに考え続けるという作業を持続できるか。今、これだけいろんなメディアが出てきて、いろんな人が発信する。これ自体は悪いことではないと思うんです。そうすると、その中のどれが正しい事実を伝えているものなのかということを選ぶ力が必要になります。そこは、これからは逆に個人のそこを磨く、選び抜く力というのかな、それは高めていかないと、間違った情報に振り回されることになります。

いろんな情報が出ていること自体は決して悪いことではないと私は思います。最終的には、人間が試されているような気がしてしょうがないですけど。

大出 情報化時代と言われて情報があふれ返ることによって、今度は、まさに牧口さんが今言ったように、それをセレクトすることの難しさというか。で、結局、ああ言えばこう言うという、そのうちどっちを採るんだというのは非常に難しい話になってくるじゃないですか。さっき高峰さんが言った検察の言い方も、ある意味でそういうのに乗っかっている部分があったりするわけでしょう。

そういう中でどう選択を迫るというか、選択を認識してもらうかというようなことまで考えないと事態は動かないわけです。その辺のところっていうのは……。

私もよく言うのは、つまり、今度の新世紀の司法改革について司法取引の問題なんかが出てきたり、あるいは盗聴法（犯罪捜査のための通信傍受に関する法律）を拡張しようというようなことが出てくるじゃないですか。それはそれで検察・警察の論理があります。つまり、これだけ犯罪が国際化して、治安ということを本当の意味で維持していくとなったときに、新たな捜査の手法というものを手に入

れないことには日本社会自体がもたないと、そういう言い方をするわけでしょう。

もしくは、高峰さんが言ったように、冤罪になったときに起こってくる個人の被害というものは非常に重大だとわれわれは思うし、まさにそれこそが免田事件からわれわれが学ばなきゃいけないことだというふうに思います。

しかし、警察・検察は、「免田さんの事件はそれこそ何十万件、何百万件のうちの1件でしかない。有罪だって、99.9％ちゃんと有罪になっているじゃないか」という言い方を多分するんです。われわれとしてそれにどう対抗していくのかというか。

それは、最終的にはまさに個人の認識に働き掛けていくということかもしれないけれども、そういうところまで含めて考えないと、事態は動かないのかもしれないという気もします。簡単でないことは間違いないんだけど。

高峰 しかし、大出さんのその問いかけからしても、まずはそれぞれの主体でやる気がします。例えば、僕らと大出さんたちがスクラムを組んで何かするという話だけでは済まない、やっぱり、まずはその主体で変わっていく必要があると思う。

大出 さっき言ったのは、主体が変わっていくための働き掛けということは当然あり得るだろうと。もちろん、主体的に変わるということに対して、無理やり変えるわけじゃなくて、その認識を変えていくためのサポートというのはいったいどういうことが可能なのか、誰がやるのか、できるのかという問題だと思います。

免田 やっぱり、国民を教育によって成長させる。それしかないんじゃないですか。そういうことを思っても、果たしてそれができるかということですよね。これも少し論じられることがあるんですけど、完全でない人間が完全になるっていうことはできないというのが最終的な答えだと思いますけどね。

大出 免田さんもこの間、随分多くの人たちと接点があったと思うし、そういう中で免田さんの話を聞いて、改めて免田さんの事件について、「そういうことだったのか」ということで考えてくれる人たちと免田さん自身が随分知り合いになってきたことはあると思うんですよね。

免田 それはありますけど、再審が認められるまでは、再審なんかまでやって、「そういうちょっと変わった人間」って言いながら、私が今度無罪になったとなると、「免田くん、良かったね」とくるっと変わる、というようなことも多かったですけどね。

大出 そういうこともあるでしょうが、一遍そういうことがあるという認識を持つことによって、さらにそれが広がっていくということにはなるわけですよね。だから、まさにきっかけってどういうところで生まれてくるかという意味では、やってみなきゃ分からない部分もあったりする。そういう意味では、諦めないでやるしかない

ということだとは思うんですけどね。

牧口　これは適当かどうか分かりませんが、先ほど、水俣病問題とよく似ているということを話しましたけども、水俣病問題懇談会の中で、委員の1人の柳田邦男さんが、「官僚は2.5人称の視点が要る」と言っています。

　私は、この2.5人称の視点というのは、司法関係者にも共通して必要なことじゃないかなと思ったんですね。当事者の1人称、家族の2人称ではなくて3人称の冷たい視点でもない、その中間だと。人を裁くとき、また人を調べるときに、もし自分の家族であったらどうだろうかという視点です。それを持つ必要があるのではないかというのを、柳田邦男さんは指摘された。

　そうすると、これは、ひょっとしたら国の組織というもの全部に当てはまる提言ではないかなと改めて考えたときに、柳田邦男さんの言っていることはかなり普遍性があるのかもしれないなと、私は感じています。

大出　おっしゃることは非常に分かります。ただ、2.5人称というのは、今の説明だけでうまく働くことになるのですか。

牧口　だから、先ほど免田さんがおっしゃったように人材育成です。人材育成の中でそれを積み上げていくしかないんじゃないかと。ただ、今の組織の中でいきなりそれを言っても、「何を言っとるんだ」ということにしかならないだろう。人材育成の中でそれを積み上げていくという。だから、免田さんがさっきおっしゃったように、そういう人間を育てていくしかないんじゃないかなと。

大出　多分、そういう自覚を持った人間がそういう努力をしていくということなんでしょうね。

鳥崎　取材するときって、何かが起きたとして、何かが起きたことそのものを取材することはほとんどなくて、それを見聞きした人から取材をするわけですね。特に免田さんのことは、随分昔のことが一つあって、僕らはそれを取材するんだけれども、当然、それ自体を見ているわけではありませんから、そのときそれを見聞きした人とか、それによって作られた記録があって、間接的になっていって、それを取材する。で、いろんなことを調べて、「こうだったのかな」、「ああだったのかな」っていうふうになってくるんです。

　そういうのをやっていると、本当なのかどうなのかっていう問題の立て方自体が僕にはよく分からなくなってしまって、結局、裁判もそうなんじゃないかなって思ったんですよね。裁判を矮小化するつもりはないですけれども、裁判は裁判でしかないというところもあるので、そういう点をできるだけたくさんの情報の受け手に分かってもらいたいというところもあるんです。「これぐらいでしかないんですよ、

分かっているのはこれぐらいですよ」と。

　さっきのITメディアの件もそうですけれども、事実と評価がごちゃ混ぜになって出てきたものをそのまま受け止めることがいかに怖いかということを本当は分かってもらいたい。「事実と評価を分ける」と言いましたけれども、その事実が本当に事実かどうかさえ分からないんだという、そこのところに立ってものごとの評価につながっていくということなんだから、いかにそれが危ういものかということですよね。

　もしかしたら、そのことを「リテラシー」と言うのかなと思うんですけれども、そういうことをなるべく多くの人が冷静にきちんと頭に置いて情報に接するようになれば、本当は一番いいんだけどなと思います。

大出　時間の関係もあって、落としどころというのはそう簡単じゃなくて難しいし、でも、私はかなり重要な話をいろいろと伺えたと思うのですけれど、最終的に、今、話があったことの関連でいけば、いくらか唐突ですが、免田さんがこの間重視して取り組まれてきた死刑廃止問題との関連も考えてみたいと思うのですが。なぜ死刑が廃止されないのか。結局、死刑問題というのはなぜ動かないのかということに最終的にかかわっている部分が結構あると思うんです。

　そのようなあたりとの関連で少し議論をして、そろそろまとめの話をと思うのですが、つまり、刑事司法にかかわって、今の話でいくと、冤罪かどうかということでの判断の問題。それで、鳥崎さんが今話されたことの関係でいくと、社会学的な観点から議論する人の中には、「冤罪というのは、まさに冤罪だと言うから冤罪なんだ」みたいな議論の仕方があるのではないかと思うのです。

　つまり、司法の機能というものとの関係で、人権とか何とかということは捨象して考えて、結局、機能主義的に論じるということになると、そういう議論もあったりするじゃないですか。そういう関係のことでいくと、死刑問題がそれとどうかかわるかという問題はちょっと置いておくにしてみても、最終的に言うと、これだけ世界的に死刑の廃止ということが趨勢になっていて、先進国ではほとんど日本だけみたいなことになっているにもかかわらず、なぜ日本で死刑が廃止にならないのか。

　つまり、それはどういうことなのか。今議論してきたこととの関係で、それにかかわるようなヒントというのは何かあるのかどうかというあたりはどうですか。

牧口　先ほども話していましたが、高峰さんが『検証・免田事件』の一番最初に、「免田さんは普通の人でした」ということを書かれていますね。ところが、一般の人の認識はそうじゃないんですよね。極悪人だとやっぱり思うわけです。捕まる

人は悪い人だ、極悪人だ。普通の人という認識はほとんどないんですね。そこが変わらないので、つまり、死刑になる人は極悪人で、死刑判決が下る人も極悪人。その中に普通の人がたくさんいるという認識はなかなか広がっていないし、伝わっていない。

　免田さんは普通の人だというのは、私が知っている周りに、私も話したんです。理解してもらえないんです。完全無罪の判決が出ても、真っ白無罪の判決が出ても、なかなか伝わらない。そこは大きな壁だと思います。

大出　今おっしゃったことが重要な意味を持っているとも思うんだけども、それと同時に死刑という制度について、さっきも言ったように、現に世界的には廃止の方向に大勢は向かっているにもかかわらず、日本ではかなり強固な支持があって、維持するっていうことが正当化されている部分があるじゃないですか。その辺はどうですかね。

牧口　一番大きいのは山口県の光市の母子殺人事件の影響はあると思います。

大出　でも、その前からもあることはありますよね。だから、そのことで、世論調査の結果というのがありますよね。世論調査のやり方自体はアンフェアだと私は思うから、あれが使われること自体がおかしいと思うけれども、メディアもあれに乗っかっている部分があるわけですよね。だから、私は、その辺の意識が変わらないということ自体が先ほどからずっと議論していることの延長線上にあるような気がしています。今は死刑のない国のほうが圧倒的に多いでしょう。5倍ぐらい違うわけでしょう。にもかかわらず、日本はなぜ廃止に向かわないのか。

免田　日本の場合は、私も死刑を廃止すべきだという方々と話したことがあるんですけど、やっぱり政治の歴史というか、そうした面においての歴史が浅いという声が多かったですね。

高峰　大出さんはそうおっしゃるけど、その大勢の側というのは、多分、社会の安定をどう守っていくかということを最優先する意識がやっぱりあるわけでしょう。

大出　もちろん大勢の側はね。

高峰　それが、今のところ全体としては支持されているということでしょう。

大出　結果としてはね。

高峰　それは、例えば、免田さんのときに西辻決定を否定した福岡高裁の考え方も、「こういうことをやっていたら法の安定を壊す」というものでした、「法の安定」というのがきちっとあるじゃないですか。そこから来ている話だろうと僕は思うんです。

大出　だとすると、さっきからの話でいくと、その岩盤を崩すにも、やっぱり個人

個人がどう認識を変えていくのか、どう発信していくのかということに最終的には行き着く話かどうか。

高峰 いろんな制度は時代を反映していくんだと思うんですよね。で、今、進められている司法制度の改革も、「三方一両損」という言い方もできるし、逆に「三方一両得」と言ってもいいもので、まあ表現はどっちもできると思うんだけど、これもやっぱり時代の反映かなという気が、僕自身はしている。

しかし、時代は反映されているけれども、それぞれの主体がやるべきとことは変わらずにある。それは、まずはその主体というか組織が外に向かって必ず開かれていなければいけないと僕は思っています。マスコミもそうです。検察もそうでないといけないと思う。だから、外の風にいかに当てるかという意識をちゃんとシステムとして持っているかということがまず問われると思う。

それがあって、個々の組織の中のことで言うと、僕はどんな行為も無駄ではないと思っています。賽の河原の石積みをただ繰り返しているんじゃないんですよね。で、多分、それは一歩ずつ何かやっぱり変わっていっているんだろうと思う。

免田さんという人は、34年の獄中生活があって、「自由社会」に出てこられて30年があって、合わせると64年ありますよね。その間の人生そのものが僕らに問いかけているような気がしています。それをずっとちゃんと受け止めていきたいなと考えています。

免田さんからすると、僕らに足りないところがあったりすると思うんですよ。一方で僕からすると、免田さんの見方に、それはどうかな、と思うようなところがあったりした時に、失礼な言い方になると思うんですが、フランクに議論できればいいなとは思うんですよね。

大出 もちろん、免田さんとの間でそういうことで交流をしてきたことが、われわれがそういうことを考えていく糧になっているということだとは思います。ですから、可能であれば、それをわれわれなりに社会的にどう還元していくかみたいなことだとは思うんです。

高峰さんが、まとめ的なことを言ってくれたところがあるけど、時間の関係もあるますので、少し唐突に、延長線上の問題として死刑問題を採り上げたのですが、社会というもの自体がどう動くのかというのは、まさに時代によっていろいろと紆余曲折を経るのは当然のことだけど、先ほど来の課題との関係で、死刑問題のことも含めて少し意見を頂いて、そろそろまとめということにしたいと思います。鳥崎さん、どうですか。

鳥崎 分からないですが、ともかく、大出さんの言う、なぜ日本で死刑が廃止さ

れないのかというので僕が思い付くのは、一つは、被害者に対する同情というのがどうしてもやっぱり強くて、「こんなとんでもないやつは死刑にしてしまえ」みたいな風潮がすぐできあがってしまうことですよね。これはマスコミのせいだけではないとは思います。それが一つでしょう。

　それから、今あるものを変えるというのはものすごいエネルギーが必要じゃないですか。変えることのエネルギーが結構必要なんだけど、それをみんなが出すような状況に今ないというか、そういうエネルギーがまとまらないというのがひとつあるかなと。

　それと関連するもう一つは、やっぱりイマジネーション、想像力の欠如だろうなと思うんです。僕は、この取材をしたことで、「1人でもこういうことがある以上は怖くて死刑なんかできないよね」というふうに自分ではイメージがつくれるんですけど、そうじゃない人は大変多いんじゃないかと思います。

　やっぱり、自分のこととして考えることができないし、そういうことでイメージできるような状態であれば、さっき言ったようなエネルギーも出てくるだろうなと思うんですね。そういう点から言っても、なかなか変わらないというので、ああいう結果が出ているんじゃないかなというふうには思いました。

牧口　この死刑制度を考えるという意味で、裁判員制度ができたのは大きいと私は思います。それこそ、裁判員を経験した人は、死刑制度というのが直結していますから、少なくとも死刑制度は非常に身近に感じられたと思います。

　そうすると、そういう方がこれから増えていきますので、死刑制度をどうするかということについて考える人が増えていくと思います。司法制度の変遷の中で、この裁判員制度というのが今後大きな意味を持ってくるんじゃないかと思います。

大出　そこについてはいろいろと意見もあり得るかもしれませんけれども、甲斐さん、どうですか。

甲斐　冤罪事件から学ぶことは、裁判も誤るということですから、それからいけば、死刑制度は廃止すべきだろうということになるわけですけども、牧口さんが今言われた裁判員制度によって国民が死刑判決にかかわるようになるというか、始まる以前は、私としては、恐らく死刑判決は減るんじゃないかというふうに思ったんです。それぞれが向き合えば、自分が死刑ということを下すにはちゅうちょするものがあるんじゃないか。

　ところが、この5年を見るとそうではない。厳罰化の風潮というのもあるかもしれませんけど、やはり、死刑求刑事件については死刑が維持されると。なので、もう少し長い時間を見ないといけないのかなと思うけど、国民が死刑に向き合う

きっかけにはなっていると思うんですね。

　だから、鳥崎さんが言われていたように、被害者の参加制度というのもありますよね。被害者の感情のほうに非常に裁判員も影響受けているというか。そうではないという、被害者の側に寄り掛かっているわけではないという裁判員の判決後の感想も聞くのは聞くけれども、結果としては、死刑判決というのが思っていたよりは出ているなという印象です。

大出　というのは、さっき言ったように、向き合うことになっているけれども、結果的に制度をなくさないことには駄目なんじゃないか。つまり、量刑傾向というのがあるじゃないですか。つまり、量刑データね。あれが結局は参考にされるところがあるわけだから、何人死んでどういう事件だったらば死刑というようなことを突き付けられたときには、それを拒否するのは非常にしにくいという現状があることは多分間違いないことだとは思うんです。

　だから、制度を廃止させるということの方向性をどう見いだすのかということでないと、最終的なところでそう簡単に決着はつかないということかもしれないという気がします。ただ、考える機会が増えてきているっていうことは多分そうだとは思います。

　ということで、免田さんも、免田さんの大きな活動の1つとして、死刑廃止を訴えてこられたということもあると思いますが、何かその点について言っておくことはありますか。

免田　私は、死刑廃止ということで主張しているんですけど、人間に感情というものがある以上、いろんな面で犯罪はあると、私は思います。で、その場面では生命にかかわる問題もありますから、人間が生身の生活の中でふらふらした生活、人生を送っている中での問題ですから、やっぱりそういう極刑はなくしたほうがいいじゃないかと思います。それに対峙するときの何か方法をお互いが考えるという、私はそれがいいんじゃないかと思います。殺す権利はないんですからね。そうしたことを今後考えたほうがいい。

大出　免田さんがお元気な限りは、そのことを訴えていくというふうに伺っておきたいと思います。

免田　思ってはいるんですけども、人の前にはあまり立ちたくないですね。

大出　そうおっしゃらずに、お元気なうちはと思います。玉枝さん、免田さんと30年間付き合ってきて、「付き合ってきて」という言い方も変かもしれませんけど、最初のところできっかけがどうだったのかという話を伺いました。この間、社会的にいろいろと発信もされてこられたかと思いますし、普通の人間としての生活も一

緒にされてきたということで、この30年間を振り返ってみて、改めて、今、何か仰っていただくことはありますか。

玉枝　私も、勤めているときはいろんな集会にはなかなか行けなかったんですけど、死刑廃止世界大会に一緒に参加させていただいたし、仕事を辞めてからはなるべく一緒に行って、皆さんの活動報告などを聞いています。私は炭鉱の中で働いて、炭鉱労働者が無残にも事故で命を落とすということに遭ってきました。命というものはみんな平等なのに、やっぱりそこに差別があるような気がします。使用者側との間にですね。

それと同じに、犯罪を起こした人は悪だということで、これは許すことはできないということ。1人殺したから、2人殺したからといって死刑になる。炭鉱の場合は、458名が殺され800名もの人が傷付けられても問われないわけです。そういう中での矛盾というか、そういうことを思うと、やっぱり一人一人は平等じゃないかという意識が本当に欠けているんじゃないかなということを、運動を通じて感じます。

結婚して電話番号をそのままにしていたら、脅迫の電話がいろいろかかってきて、電話番号も変えたりしていたんですけど、それ以降3人の人たちが無罪になって、そして無期の人たちがいろいろ釈放されて立証されてきても、その中で一人一人の意識の変わる人もいると思いますけど、なかなか変えることができないというか、悪人だということを新聞やテレビで一度見たその頭の中は、人間一人一人がなかなか変えることはできない。その中で、水俣の人は患者自身が立ち上がっていく。

だから、被害を最初に受けた本人、免田も死ぬまでこれを叫んでいかないといけない。日本の中で問う役割がこの人にはやっぱりあるんじゃないかなと私は思いますし、受けた者がやっぱり叫ぶしかない、行動を起こすしかない。

私は炭鉱で働いて、一酸化炭素中毒患者、家族の人たちの苦しみを背負って生きている人たちの声を今も聞きますけど、その声を死ぬまで上げる。この日本の中で変えることはなかなか難しいけど、それをするしかないんじゃないかと私は思います。

大出　大事なまとめをしていただいた感じがします。私は、今、玉枝さんの話を伺っていて思い出したことがあるんです。それは、免田さんが言っていることにもかかわるのですけれども、「(戦後50年その時日本は4　三池争議激突)『総資本』対『総労働』」という三池闘争をドキュメンタリーにしたNHKのテレビ番組があったんです。

私はあれを見たときに、「残念ながら」という言い方が当たっているかどうか分

からないけれども、「総資本」対「総労働」というのは違うと。つまり、そんな対等な関係で闘争が行われるような力関係の中で炭鉱労働者が闘争を組めていたわけでは全くなくて、やっぱり、権力の恐ろしさとかそういうことの中でいわばあがいていたというか、もがいていたというか。

　しかし、そうするしかないし、そういう中で人権をどう守っていくかということを考えざるを得ないという、そういう闘争だったんじゃないかというふうに思ったことがあるんです。

玉枝　そうなんですよね。

大出　ところが、社会はなかなかそうは見ないわけで、まさにNHKのドキュメンタリー自体も、私はそうなっていたと思うのですけれども、「総資本」対「総労働」という、いかにも対等な関係の中で事態が動いているような見方をしているわけです。

　免田事件をめぐる問題状況もそれに似たところがあって、玉枝さんが今仰ったように、やっぱり、おかしいと思う人間がどう問題提起をしていくかということを続けるしか手がないんだろうというふうに思います。

　ということで、皆さんが納得いくようなかたちで話が収まったのかどうか、私は何とも責任の負いようがないのですが、何か言い足りないことがあったら一言でも二言でも言っていただいて終わりにしたいと思います。高峰さん、何か。

高峰　免田さんの人柄というか、非常に厳しい状況の中におられたからだと思うんだけども、物事の本質をつかむ表現の力があるなと僕自身は思っていて、前に労働組合のことを評して、「電信柱なのに根があると勘違いしている」とおっしゃったり、「日本の人権は虹みたいなもんだ」とおっしゃったりしたことがあります。その意味は近付くと実態がないということなんですが、そんな話も厳しい人生に裏打ちされているのかなと思います。

　それと、これは以前にも話したかと思うんですが、「自由社会」に出てこられてすぐ、保険金（殺人）事件の被告から手紙が来ていて、「こんなのが来た」と言って見せてくれたことがありました。検閲済みの印のついた手紙で、自分がいかに無罪かっていうことがずっと書かれてあって、最後は、「闘いのためにお金を貸してくれ」という、確かそんな内容だったんですね。

　「免田さん、これはどうしましたか」と聞いたら、返事を書いた、中身には、「闘いは自分でやるものだ」と書いたとおっしゃって、免田さん、なかなかやるなと思いました。今でも強く印象に残っています。

鳥崎　あんまり大したことはないんですけど、メディアの仕事から離れてもう随分

になって、今、私の住んでいる地域の社会福祉協議会の会長になって、高齢者の方と毎日のように話しています。今日も午前中に高齢者の集いがあって、じいちゃん・ばあちゃんたちとずっと話していました。

　それとの関係と言えるのかどうか分からないですけど、やっぱり、皆さん一人一人がいろいろな歴史をすごく持っています。でも、比べるわけにはいかないんですけど、免田さんほど濃いのを持っているのはなかなかすごいなってやっぱり思うんですよね。

　で、そういう取材の経験が今はどういうふうに生きているかなと思ったら、一番最初にちょっと言ったんですけど、やっぱり、予断・偏見で人と会っていては絶対にいけないんだなというのは、今やっている高齢者の対策なんかで一番感じることです。

　免田さんの事件とかいろいろなことを通じて、自分もそこを一番痛感していたはずなのに、それでもまだそういうところにとらわれがちな自分がいるというのはすごく感じます。そのたびに免田さんとの話をいろいろ思い出します。神様の話とか、宗教の話から天皇の話から、最初、私はちんぷんかんぷんなところがいっぱいありましたけども、今はむしろ、「ああ、そういうことか」と自分なりにつながってくるものがすごくあって、その分僕も年を取ってきたなという感じはします。

牧口　免田さんとお会いできることで、その後の問題をいつも突き付けられていると実感します。

玉枝　最後になりましたけど、結婚して私も31年、あれだけの苦しみがあって、いろいろ問題も起こして、本当にはらはらすることもいっぱいありましたけど、性格的に明るいというよりも、人を恨むことをしない。苦しかったこと、それは講演なんかでは聞きますけど、そういうことをねちねちと日常の生活の中で一言も言わない。それが私は本当に救いでした。

　実家に行くと、そのことが出るわけです。そうすると、鉛を飲んで帰りますが、そのことは免田の口から一言も言わない、聞かないんです。そういう大勢の矛盾の弾圧は聞きますけど、それは恨み言じゃないです。そういう社会の中で生きている階級的なものだということを、私は受け止められるわけです。

　そういう意味では、生活していても苦しかったことは本当になかったですね。それが本当に私にとっては救いです。

大出　玉枝さんから31年をまとめるお話が伺えたところで終わりにさせていただきます。皆さん、長い時間ありがとうございました。

(東京経済大学『現代法学第30号』2016年2月)

「歴史」になった3通の文書

高峰　武

「歴史」というものに直接手で触れた、そんな感じを久しぶりに持った。

「歴史」と書いたのは3つの手紙のことだ。当時の雰囲気をよく伝えているので、まず1通を原文のまま紹介したい。手紙の日付は昭和27年1月14日である。

　　　　免田　榮

　右の者は當所に収容中でありますが、今度死刑確定致しましたので執行された時は屍体を引取られますか、若し家庭の事情に依り屍体の引取が出来ず火葬に附し遺骨のみ受取られる場合は火葬料金（七百円位）を支拂って頂きます。

　尚屍体の引取もなく又火葬料の支拂いもない場合は九州大学医学部え解剖の為送付しても異存ありませんか。此の場合は家族から福岡市大学通り九州大学医学部庶務課宛に遺骨下附願を提出されたら後日遺骨は下附されます。

　右至急御回報願います。

刑務所用と印刷された黄ばんだ便箋。無機質で事務的な書きぶりだが、ここで伝えられているのは一人の生身の人間の究極の命の問題だ。

差出人は福岡刑務所で、宛先は球磨郡免田町の免田榮作殿。手紙の冒頭に書かれた「右の者」とは榮作さんの息子の免田栄さんを指している。

免田栄さんが強盗殺人事件の容疑者として逮捕されたのが1949（昭和24）年1月16日。死刑確定は1952年1月5日。日付からしてこの手紙は刑の確定を待って出されているようだ。

ほかの2通のうち1通は全く同じ内容で9月17日付。無実を信じていた榮作さんが返事をしなかっただめだろう、催促のために同じ内容を送ったものとみられる。「至急御回報願います」の文字が目立つ。

3通目は10月7日付である。これも全文を紹介する。

福岡刑務所
　　　免田栄作殿
　　　免田　榮
　　御依頼に係る右の者は本年六月七日福岡高等裁判所宛再審請求を致して居りますのでその手續が終了し且、法務大臣の命がある迄死刑の執行は存われ（ママ）されないのです。再審申立の結果が如何なるのか予測が出来ないのでありますが、當庁と致しましては一応事務處理上、貴意を承知致したいのであります。なお火葬手續料が火葬料金値上げに伴いまして八百円となりましたからご了承下さい。
　　甚だ簡畧になりましたが、右事情御斟酌の上至急御回報願います。

　再審請求が出されたため、再審の手続きが終了するまで死刑の執行は停止されることと、火葬料が800円に値上がりしたことが書かれているが、ここからは重要な事柄を知ることができる。それは、再審請求中は刑の執行が行われないことを明文化してあることである。関係者の間では長年そう言われてきたのだが、再審期間中は刑の執行がなされないことを対外的に文書で明言したのは、戦後刑事司法の歴史ではこの通知が初めてのことではないか思われる。
　3通の文書が示す、免田さんの死と生の軌跡。これらの文書はいずれも免田さんが保管していたもので、免田さんの冤罪が晴れたことで過去のものとして見ることができるが、免田さんが再審を訴え続けなければこの手紙は深い闇に沈んでいたはずだ。そういう意味でも貴重な戦後史である。
　正しい裁判は私たちの社会の大きな屋台骨である。「誤差の範囲内」という言葉があるが、それが許される世界とあってはいけない世界が厳然とある。「神ならぬ身だから」と言ったのは、戦後日本の刑事訴訟法をつくった団藤重光氏だった。団藤氏は東大教授の後、最高裁判事となったが、謙虚、抑制的というその姿勢は戦後司法の一つの象徴であった。免田さんの再審開始を最終的に認めたのは団藤氏も属した最高裁第一小法廷である。
　2015年、免田さんが90歳、卒寿を迎えた年のことだ。「ご挨拶」と小さな紙が張られた2016年用の手帳を免田さん夫婦は配った。「90歳を迎え、変わりなく健在に過ぎ、もう少し世に在し、お世話になります。宜しく。免田栄・90歳」「組合入社1年目で、三川坑爆発事故。すべて一番弱い労働者に押しつけの政治の正体を知り、人生の原点に立ち、仲間と共に行動あるのみ。免田玉枝・79歳」

ここには、卒寿という人生の大きな節目を迎えた免田さんのさりげないあいさつと、免田さんと共に歩く玉枝さんの強いメッセージがあったが、思えば卒寿という時間の三分の一強は獄中にいた免田さんであった。

　2016年4月の熊本地震では随分心を痛め、知人にさまざまな支援の品を送ったりもした免田さんだったが、その免田さんの無罪判決から34年をお祝いする小さな集いが2017年7月15日、大牟田市のホテルであった。7月15日はちょうど再審無罪の判決の日であった。

　その時、2人はこんなあいさつをした。

　免田さんはこう言った。

　「長いこと別の世界にいました。あれから30年余。考えたのは、何でおれが、ということ、ただそれだけです。あすこの30年は私を大人にしてくれました。皆さんと一緒にこうして生活している、感無量です」

　続けて玉枝さんはこう言った。

　「34年と一口に言うが、最初の5年間は嵐のようでした。交通事故、二年目は大腸がん、やっと落ち着いてきたと思ったら、講演先では自白したことを問われる。100％、理解してもらえない、100％話しても理解してもらえない、そんな時代とも思う。彼が91歳、私が80歳。一人で歩ける間は歩いていきたい。週2回、30分、安保法制の時から行っている行動をしないと皆さんと会うこともない。自分たちの動ける間はやっていきたい」

　3通の文書の日付から無罪判決お祝いの会のこの日まで、実に65年という時間が流れていた。

（2016年11月7日付熊本日日新聞掲載記事に加筆・修正した）

「あっちで覚えた」

高峰　武

　熊本市内の居酒屋にいつものメンバーが集まった。会の真ん中にいるのは免田栄さん。1983（昭和58）年7月15日、わが国初の確定死刑囚から再審無罪になった人である。囲んだのは熊本日日新聞社のほか熊本放送、共同通信社の記者、元記者などだ。再審公判を取材した当時のメンバーのほか、現役記者もいる。いつものメンバーと書いたのは、年に数回、免田さん夫妻を囲んでこうした会を開いているからだ。

　免田さんは今、奥さんの玉枝さんと福岡県大牟田市に住む。生まれた熊本ではなく、熊本と境を接する大牟田市という場所が、古里（熊本県球磨地方）との微妙な距離感を示している。熊本ではないが、熊本に限りなく近い場所。大牟田市はかつて三井三池の炭鉱があり、流動人口の多い街でもある。

　免田さんが熊本県人吉市で起きた強盗殺人事件の容疑者として逮捕されたのは1949年1月16日。自白中心から物証重視に変わった新刑事訴訟法が適用された重大事件第1号となった。原第一審第3回公判で明白な否認に転じたが1952年に死刑が確定。6度目の再審請求で1983年に熊本地裁八代支部で無罪判決を受け、確定した。

　免田事件の教訓は幾つもあるが、ここでは誤捜査、誤判について考えてみたい。

　免田さんの場合、1956年の第3次再審請求で、熊本地裁八代支部の西辻孝吉裁判長は、職権で取り寄せた記録や原審で出されていた証拠の再評価などから免田さんのアリバイを認め、再審開始決定を出した。この決定に対して福岡高裁は「法の安定を損なう」として取り消した。その理由をこう述べている。「裁判所において既に評価を受けた証拠それ自体を新たに発見された証拠として再審を許すことは、通常の訴訟体制を著しく破壊する結果となり、また確定判決の法的安定性はほとんど持ち得ない結果を招来する」。「法の安定」を第一において、強い調子で西辻決定を否定するものだった。再審にも証拠の総合評価を認めた1975年の最高裁「白鳥決定」のはるか以前ではあるが、もしあの時、再審が開始されておれば、免田事件の展開は全く異なるものになったに違いない。冤罪と後に指摘される事件をよくよく見れば、捜査段階や下級審で、容疑者あるいは

有罪とするには強い疑問符が付く判断が出されていることがある。なぜそれが生かされなかったか。私たちが司法を考える時の原点である。

最高検は1986年、免田、財田川、松山の死刑囚再審無罪3事件を検討する内部報告書を作った。「検察の失敗」をつづるこの報告書を読めば、確定判決とは別のもう一つの事件史が鮮やかに浮かび上がってくる。また再審判決に負けず劣らず、免田さんがなぜ無罪なのかを教えてくれる。しかし、残念ながらこの報告書は「無期限秘」との判が押されている。つまり検察内部限りなのだが、これがもし公表され、広く国民の目に触れることになれば、事件を見る目も随分違うものになると思う。少々オーバーな表現かもしれないが、こうした報告書は「国民の財産」でもあると思うのだ。公開されないのが実に残念である。

ある会合で、話が再審事案に関することになった時、最高検幹部が「問題があるケースは私たちなりに対処しています」と語ったことがある。要は検察なりの判断で死刑を執行していない、ということのようだ。つまり、ある一点で「止めている」ということである。検察なりの配慮という見方は成立するだろう。しかし、袴田事件の袴田巌さんのケースを見ても分かるように、拘置が極めて長くなっているケースを見れば、検察流の配慮がどれほど社会的な説得力を持つだろうか。一人の人間にとっては今の時間が全てである。

免田さんという人は直感の人だ。ストレートに日本社会を表現する。「日本の人権は虹のようなもの。近づくと消えてしまう」「日本人は『公』の犯罪に弱く、『私』の犯罪に厳しい」。芯には一本、厳しいものを持っている免田さんである。

1925（大正14）年生まれの免田さんは2015年11月4日、90歳になる。卒寿である。しかし、人生で最も豊かであるべき青壮年期は獄中だった。実際生まれたのは11月3日。明治天皇の天長節で、父親が、畏れ多いと1日ずらしての届けとなったという。そんな大正の時代に生まれ、戦争中の軍需工場への徴用、そして戦後の焼け跡闇市を生きてきたのが免田さんである。

居酒屋の後はカラオケになった。歌はうまい。古里の大河・球磨川の水辺で一人、練習を重ねてきた自慢の喉である。酒も入り、カラオケはやがて無礼講となる。免田さんの曲を入れていた同僚が「あれ」と大きな声を上げた。「みんな別れの歌だなあ」と同僚が言う。曲名は「哀愁列車」「赤いランプの終列車」「達者でナ」などである。春日八郎や三橋美智也の一世を風靡した歌だが、確かにどれも別れの歌である。

カラオケ店を出てから免田さんに聞いてみた。「どこで覚えましたか」。返事は実に短かった。「あっち」

1人、獄中にあって、どんな思いで別れの歌を覚えたのかと思い、しばらく言葉が出なかった。
(2015年9月10日　日本記者クラブ会報No.547　「リレーエッセー」に加筆、修正した)

免田さんの年金問題

「やっと人間として認められた。これから一人の人間として付き合ってもらえますか」。再審無罪から30年、免田栄さんは長年訴えてきた国民年金の受給が決まると、喜びをかみしめながらこんな言葉を漏らした。免田さんにとって年金を受給することは、奪われた人間としての権利を回復する証しだった。

再審無罪で刑事補償は得た。だが、それは冤罪で獄中につながれた過去の日々への補償にすぎない。免田さんは「自由社会」に戻って以来ずっと、老後の生活保障となる年金の受給資格がない無年金状態にあった。

国民年金制度がスタートしたのは、死刑が確定し獄中にいた1961（昭和36）年だった。免田さんは1998（平成10）年、「不当な身柄拘束のため国民年金に加入できず、年金受給権を侵害された」として日本弁護士連合会（日弁連）に人権救済を申し立てた。

日弁連は4年後、当時の坂口力厚生労働相に、年金支給のため早期に必要な対策を講じるよう勧告する。「誤判によって年金加入の機会を不当に奪われたと解釈するべきで、特別な法的、制度的手当てが必要」とした上で、「老後の唯一の所得保障である年金を支給しないのは『再度の死刑判決に等しい』との非難に値する」と迫った。

しかし、厚生労働省は保険料を納付していなければ給付できない、と原則論を曲げなかった。刑務所や拘置所を管轄する法務省にいたっては、すべての受刑者に国民年金制度の趣旨と、加入や保険料納付の免除申請の手続きを周知した、と繰り返した。

再審請求中とはいえ、死刑が確定した者に果たして年金制度のことを知らせるだろうか。もちろん、免田さんには説明を受けた記憶はない。

「憲法が保障した基本的人権をどう守るか。法の谷間に一人の人間が落ち込んだ時こそ、国の姿勢が問われるはずだ」

免田さんの訴えは自分一人のためだけでなく、同じような境遇の人々のことを考えてのことだった。国が動かない間に、救済されないまま亡くなった元死刑囚もいる。香川県の「財田川事件」で再審無罪となった谷口繁義さんだ。谷口さ

んは2005年7月、無年金状態のまま息を引き取った。

免田さんは2009年には年金受給資格を求めて、国の年金記録確認中央第三者委員会に申し立てるが、わずか1カ月足らずで「取り扱い事案に該当しない」と門前払いになった。

国会に動きが出るのは、政権交代によって民主党政権が誕生してから。再審無罪となった元死刑囚を対象に、年金を特例的に支給する特別措置法を議員立法で国会に提出しようという機運が生まれた。

年金への加入機会を奪われながら、受給資格を得ている先例があった。日本に帰国した中国残留孤児や北朝鮮による拉致被害者だ。民主党は先例と同様に未納期間の保険料を国が負担する案をまとめた。しかし、法案は政治に翻弄されることになる。

野党だった自民党は法案に賛成する交換条件として、児童ポルノの単純所持を処罰できるようにする法改正を持ち出した。「児童ポルノを入手する、譲渡するという行為があって初めて処罰するべきで、単に所持しているだけで処罰の対象にしては冤罪を生む恐れがある。党内には強硬な反対論も多かった」。当時、民主党参院議員で参院法務委員会メンバーとして年金支給特例法案づくりに携わった松野信夫弁護士（熊本市）は振り返る。

交渉は暗礁に乗り上げた。民主党単独で国会に提出する道もあったが、税と社会保障の一体改革で自民党はじめ野党の協力を取り付けたい執行部が首を縦に振らなかった。結局、法案は日の目を見ないまま、政権は再び自民党に戻った。

与党となった自民党は「既に刑事補償を受けており、保険料の納付が原則」と主張し、未納分を国が負担することに真っ向から反対した。結局、死刑確定から再審無罪になるまでの保険料未納期間を本人が追納できる期間とし、納付すれば年金受給の対象とすることで与野党が合意。年金支給特例法が可決、成立したのは、2013年6月のことだった。免田さんが日弁連に人権救済を申し立ててから、15年の歳月が流れていた。

免田さんは再審無罪までの未納分（約200万円）を納付し、特例法成立の翌2014年1月、88歳になっていた免田さんに、65歳から受け取るはずだった年金に相当する特別給付金（約1,700万円）が一括支給され、2月に年金支給が始まった。

特例法のもう一人の対象者は、静岡県の「島田事件」で再審無罪となった赤堀政夫さん。赤堀さんは現在、名古屋市の小規模多機能型グループホームで月の大半を過ごしている。

免田さんが訴えなければ、再審無罪の元死刑囚の無年金問題は明らかにならなかった。年金の受給資格がないことを、当初は妻の玉枝さんも「保険料を納めていなければ、仕方のないことだろう」と受け止めていた。しかし、機会あるごとに繰り返し訴える免田さんを見て、「私の意識も変わった」と打ち明ける。
　2018年3月末現在、免田栄さん92歳、玉枝さん81歳、赤堀政夫さん88歳である。

文庫版あとがき

　『検証 免田事件』の文庫化にあたって直接会って報告しておかなければならない人が、免田栄さんのほかにもう一人いた。被害者でただ一人生き残っている山本（旧姓白福）ムツ子さんだ。
　「古色蒼然」――免田さんに無罪を言い渡した熊本地裁八代支部判決（1983年7月）は、アリバイを認める拠り所とした物証を形容してこう言った。当時の取材ノートを引っ張り出して見る。「古色蒼然」とまではいかないが、色あせたノートをめくると、ムツ子さんを2度訪ねていた。1度は判決から3カ月ほどたった83年10月末、唐津くんちを数日後に控えた日、次は翌84年の2月末だった。
　ムツ子さんを訪ねて、20年ぶりに佐賀県唐津市のJR唐津駅に降り立った。おぼろげな記憶を頼りに、駅から20分ほどの道のりをたどりながら、前日の電話のやりとりを思い出していた。「今さら何（の本）を出すの。会っても話すことはない」。そう言って、ムツ子さんは夫の淑人さんに代わった。それでも「午後3時すぎなら、手がすく」と言う淑人さんの言葉にすがる思いで、来訪の意思を伝えたのだった。
　目指す喫茶レストランに「営業中」ののぼりを見つけた時は、正直言ってホッとした。ドアを開けて店内に入ると、どうも勝手が違う。聞けば、カウンターが半分になっていた。20年前、夜はスナックをしていたが、今はやめて昼食を中心に午後6時ぐらいで店を閉めるという。カウンターの奥の棚にはもう故郷の球磨焼酎はなく、コーヒーカップが並んでいるだけだった。
　ムツ子さんは66歳、淑人さん72歳。2人の髪には白いものが目立ち、長年の立ち仕事がこたえてムツ子さんの腰は少し曲がっていた。「この店があったから、気を張って何とかやってこられた」と淑人さん。一人息子は結婚。孫は大学生と高校生になるという。20年という月日をあらためてかみしめた。
　以前会った時もそうだったように、ムツ子さんは時折、人なつっこい笑顔を見せながら話してくれたが、口数は多くなかった。「事件のことは忘れようとしていた」という言葉とは裏腹に、「じゃ、真犯人はだれなの」という思いが今もくすぶっているようだった。頭を切りつけられ、確かに残る2つの傷跡。「今も痛み止めの

薬は欠かせない」（淑人さん）という。

「殺され損、切られ損。犯人は分からないのだから」。短く漏らしたムツ子さんの言葉が胸に刺さった。淑人さんも穏やかな口調ながら「犯人が間違いないかのように思わせてきたのはマスコミでしょ」とつぶやいた。

免田事件の教訓は生かされたのか。犯罪報道は容疑者の人権、被害者の人権に配慮するようになったが、特ダネ競争は変わらず、自分がなおその渦中にいることも確かだ。「マスコミの責任も含めて、地元紙としてこの事件の教訓を語り継いでいかなくてはならない」。ムツ子さん夫婦に告げた言葉を、自分に言い聞かせながら唐津を後にした。

新風舎の米山勝己さんから、『検証 免田事件』を同社の「日本を震撼させた事件」シリーズに加えたいという話を頂き、編集部の上鶴久幸さんのお手を随分と煩わせた。免田事件が問い掛けるものを、多くの人に提起したい思いを実らせることができ、心から感謝したい。

取材や対談に協力していただいた人々の中で、既に亡くなられた人もいる。「検証 免田事件」で紹介した、獄中の免田さんを支援した中心的な存在で、無罪判決後も免田さんを支え続けた「心の師」潮谷総一郎さん、「七人の侍」といわれた免田弁護団の尾崎陞団長、倉田哲治、佐伯仁、荒木哲也の各弁護士。倉田弁護士と対談していただいた横山晃一郎九州大学教授。みなさんのご冥福をお祈りしたい。

「自由社会」に出て21年。免田さんはこの11月で満79歳になるが、社会で生活した月日は45年に満たない。社会で生活したという意味で同世代としての自分を重ねながら、「壮年期」を迎えた免田さんが、ますます元気で免田さんらしく生きられる世の中であってほしいと願う。

文庫化にあたっては、「検証 免田事件」の明らかな誤記などを訂正したほか、一部加筆したが、判決が言い渡された時代の雰囲気をできるかぎり知ってもらうために、なるべく原文のままとした。

第1部のインタビュー（免田栄さんインタビュー）は報道部の渡辺哲也記者が受け持ち、第3部の「免田再審・判決10年の意味」は当時社会部の松尾正一（現文化生活部次長）、荒木昌直（現報道部次長）の両記者が担当している。取材、出版に協力していただいたすべての人に心から感謝したい。

2004年7月

熊本日日新聞社　報道部次長　甲斐壮一

『新版 検証・免田事件』あとがき

　再審免田事件の無罪判決から26年。折しも国民が刑事裁判の審理に参加する裁判員制度がスタートした2009年初夏に、事件の検証記事を三たび出版できることになったのも「人の縁」と感謝している。判決から1年後の1984年8月、『検証 免田事件』が日本評論社から出版されたが、その時、編集を担当していただいた成澤壽信さんがその後、現代人文社をおこされ、その現代人文社から今回、声を掛けていただいた。長年のご厚情に感謝するばかりだ。

　出版が決まり、高峰が再審当時の弁護団だった眞部勉さんと古原進さん、それに主任検事だった伊藤鉄男さんに話を聞き、甲斐が裁判長だった河上元康さんにインタビューした。

　実は河上さんには、もっと早く話を聞きたいと思っていた。それが、この時になったのは「裁判官は弁明せず」で話してはもらえないだろうと、勝手に思い込んでいたからだ。河上さんが勤める法律事務所に電話を入れると、「いいですよ」と快くインタビューに応じてもらえた。法壇の上の姿しか知らなかったが、法服を脱いで弁護士となった今も、刑事裁判官としての矜持を持ち続けていた。

　「批判に耐えられる判決」を書こうと心掛けた、と河上さんは言う。再審免田事件と甲山事件という二つの冤罪事件にかかわったことが、裁判官人生を決定付けたのだろう。インタビューに答える語り口は自信に満ちていた。

　河上さんの言葉を聞いて、主任検事だった伊藤さんのことを思い出した。再審無罪判決の後、免田事件の教訓は何かという問い掛けに、伊藤さんは「風雪に耐える捜査」をすること、と答えたのだった。

　免田さんは今年、7回目の年男だ。冤罪被害者の中で、ほとんど唯一といっていいほど社会に向かって発言を続ける免田さんのエネルギーは、どこから来るのか。それは自身の再審無罪判決に、再審を請求したことに象徴的に表れている。ひとは「晴れて無罪になったのに、なぜ」と思うだろう。ところが、社会の厳しい視線は変わらない。その原因の一つは、一度確定した死刑判決が無罪言い渡しの際にも取り消されなかったから、と免田さんは思っているのだ。しかし、人権回復を求めた訴えは、法の壁にはね返された。

免田さんは公的年金の受給資格がない。いわれなき罪に問われ獄中にあったから、保険料を納めようにも納められなかったのだ。これも人権が回復されていない一例で、免田さんは2009年6月、年金受給資格を求め国の年金記録確認中央第三者委員会に申し立てた。

　今回の『新版 検証・免田事件』には『検証 免田事件』（日本評論社）のほか、新風舎文庫になった『冤罪 免田事件』の中から、免田栄さんの心の師である故潮谷総一郎さんの寄稿と、最高検が免田事件などをずさんな捜査だったと報告書で批判したニュース記事、連載「免田再審・判決10年の意味」、免田さんのインタビューを再録した。

　再録にあたっては明らかな誤記などを訂正したほか、執筆時点から状況が変わった事柄や説明が必要な事柄には補遺を付けた。

　さらに、2008年9月に熊本市で開かれたマスコミ倫理懇談会全国大会での免田さんと大出良知・東京経済大教授の対談、免田さんが「真の人権回復」を求めて起こした再審請求の棄却決定のニュース記事、河上さんのインタビュー（第1部に収録）を新たに収めた。

　執筆は高峰、甲斐のほか、松尾正一（現生活情報部長）、荒木昌直（現編集一部長）、渡辺哲也（現水俣支局長）、奥村国彦（社会部）が担当した。

　裁判員制度が始まった今、この本が刑事裁判を考える一助になれば幸いだ。成澤さんをはじめ出版に尽力していただいた多くの方、取材に協力していただいたすべての方に感謝したい。

　2009年6月

　　　　　　　　　　熊本日日新聞社　地方部長兼論説委員　甲斐壮一

『完全版　検証・免田事件』あとがき

　免田事件の再審無罪判決から34年が過ぎ、35年目に入った。免田栄さんが冤罪で死刑囚として獄中にいた歳月と「自由社会」での歳月がやっと並んだ。

　再審無罪後の免田さんの人生を振り返ると、「人間免田栄」を取り戻す闘いの日々だったと思う。社会の厳しい視線、偏見を払しょくするため「死刑判決を取り消してほしい」と、自身の再審無罪判決に再審を申し立てたこともある。再審で無罪にはなったが、一度確定した死刑判決は社会的事実として残るからだ。切なる願いはかなわなかったが、誤りを認めて謝罪することをしない刑事司法への怒りでもあったのだろう。

　年金の受給資格を得るのに、訴えを起こしてから15年かかった。一人の冤罪被害者の訴えに、厚生労働省は保険料未納者に年金を支給できないという原則論に終始。国会も特例法立法化の優先順位は高くなく、先送りした。

　免田さんは意志の強い人ではあるが、一人の闘いを続けられたのはそばで支え励ました妻玉枝さんの存在があったからこそだ。

　『完全版　検証・免田事件』を出版するにあたって、『新版　検証・免田事件』を出した2009年7月以降に熊本日日新聞紙上などに掲載された原稿や座談会、免田さんに関係する動きとして年金問題の経過などを追加した。

　このうち「35年目の免田事件」は田口貴一朗（現編集一部次長）、「大出良知・東京経済大教授に聞く」は中村勝洋（現編集一部）が執筆した。2人とも社会部記者時代から免田さんを継続して取材。2人をはじめ、これまで関わってきた多くの記者が取材にとどまらず、免田さんご夫婦との交流を続けている。

　そのほか新たに収めたのは次の通り。「歴史になった3通の手紙」（高峰）、「あっちで覚えた」（同、日本記者クラブ会報No.547〔2015年〕）、「免田事件再審を振り返る―免田栄氏夫妻を囲んで」（東京経済大現代法学第30号〔2016年〕）、「免田さんの年金問題」（甲斐）、「潮谷義子さん聞き書き」（『命を愛する』西日本新聞社刊）。

　転載を快諾していただいた関係者のみなさんに感謝したい。34年前、日本評論社時代に『検証免田事件』を世に出し、『新版　検証・免田事件』に続いて完全版の出版を引き受けていただいた現代人文社の成澤壽信さんには大変お世

話になった。

　冤罪は今も私たちが向き合わなくてはならない問題であり、再審が狭き門である状況は変わっていない。本書が啓発の一助になれば幸いである。

　2018年5月

　　　　　　　　　　　　　　　　　　　熊日サービス開発社長　甲斐　壮一

完全版 検証・免田事件
けんしょう めんだ じけん

2018年7月15日　第1版第1刷

編　者　熊本日日新聞社
発行人　成澤壽信
発行所　株式会社 現代人文社
　　　　〒160-0004　東京都新宿区四谷2-10八ッ橋ビル7階
　　　　振替　00130-3-52366
　　　　電話　03-5379-0307（代表）
　　　　FAX　03-5379-5388
　　　　E-Mail　henshu@genjin.jp（編集）／hanbai@genjin.jp（販売）
　　　　Web　http://www.genjin.jp

発売所　株式会社 大学図書
印刷所　株式会社 ミツワ
装　丁　Malpu Design（陳湘婷）

検印省略　PRINTED IN JAPAN　ISBN978-4-87798-707-7 C0036
ⓒ 2018　熊本日日新聞社

本書の一部あるいは全部を無断で複写・転載・転訳載などをすること、または磁気媒体等に入力することは、法律で認められた場合を除き、著作者および出版者の権利の侵害となりますので、これらの行為をする場合には、あらかじめ小社また編集者宛に承諾を求めてください。